培智学生
实践学习空间的
建构与应用

—— 基于培智学校课堂教学的实证研究

奚英 主编

文匯出版社

目录

序 …………………………………………………… 刘春玲 / 001

生活语文

创设"混合式"学习空间，提高朗读训练整体质量 ………… 沈丽晶 / 003
创设情境学习空间，提升智障学生写作能力 ………………… 滕润溥 / 010
创设实践学习空间培养智障学生古诗审美能力的研究 ……… 唐蕾蕾 / 017
打造综合性学习空间，提升培智生活语文学习能力 ………… 严蓓洁 / 024
构建生活化情境，提高字词学习的有效性 …………………… 沈诗逸 / 032
关于培智学校生活语文阅读空间创设与运用的思考 ………… 王培华 / 041
生活语文虚拟学习空间的创设与运用 ………………………… 严嘉怡 / 049
为自闭症学生创设生活化情境的语文教学 …………………… 谈君杰 / 056

生活数学

创设多元生活体验式学习空间，促进培智学生数学运用的
　能力 …………………………………………………………… 蔡　新 / 065
创设生活数学虚拟学习空间的实施路径 ……………………… 宋晓慧 / 073
为自闭症学生构建有效的数学学习空间 ……………………… 潘　佳 / 082
家校合作数学学习空间的创设与运用 ………………………… 董依伊 / 087
微视频在数学教学情境创设中的应用 ………………………… 杨陈笑 / 094
依托多样教学具，探索数学情境创设 ………………………… 夏培艺 / 102
自制教具辅助学习空间建设 …………………………………… 乔彧豪 / 110

组合式动态学习空间的创设与运用 ………………………… 唐思洁 / 119

生 活 适 应

创设单元综合活动学习空间，促进培智学生有效学习 ……… 刘松芸 / 129
创设虚拟学习空间，提高培智学生生活适应的有效学习 …… 赵熠帆 / 138
创设真实的实践学习空间，提升培智学生劳动技能 ………… 顾永芳 / 147
让自闭症儿童在实践学习空间中动起来 ……………………… 顾　燕 / 156
家校协作，提升虚拟学习空间的有效性 ……………………… 赵雨薇 / 164
提高中重度智障学生生活自理能力的实施策略 ……………… 倪春虹 / 171
学前特殊儿童生活体验式学习空间的创设与应用 …………… 陆易佳 / 181

运 动 康 复

创设学习空间，提升培智学生运动康复教学效果 …………… 张　凤 / 191
创设主题式运动空间，提升学生学练主动性 ………………… 姚　方 / 198
虚拟实践学习空间，促进培智学生心理课程的有效学习 …… 宋克霞 / 204
智障学生韵律操教学中情境空间的创设与运用 ……………… 仇伟伟 / 214

艺 术 课 程

唱游与律动学习空间的创设与运用 …………………………… 祝静雯 / 223
创设多元的学习空间，促进培智学生有效学习 ……………… 朱　萍 / 231
创设音乐学习活力课堂，提升学生感受与欣赏能力 ………… 张　蓓 / 237
小学培智音乐游戏学习空间的创设与运用 …………………… 蒋亦文 / 243
绘画游戏学习空间的创设与运用 ……………………………… 朱怡婷 / 250
利用"活动木偶"创设绘画与手工学习空间的实践研究 …… 翁雪琪 / 259
为智障学生构建愉快的美术教学实践空间 …………………… 黄　旭 / 267

后记 ……………………………………………………………… 奚　英 / 275

序

培智学校的教育对象是智力障碍、孤独症、脑瘫及多重残疾学生,他们的障碍程度较重,障碍情况复杂,在学习中面临诸多困难,包括对学习材料的感知、记忆、理解、迁移等,需要更丰富的感知体验、更直接的生活经验、更真实的学习场景及更多样的实践机会。传统的培智学校教学受限于教学场所、时间及教学方式等诸多因素,教学实施难度大。如何促进学生有效学习,提升教学质量,是培智学校各学科教学普遍面临的挑战。《培智学校义务教育课程标准》提出,"教师应根据教学需要,依据学生已有的生活经验,因地制宜地发掘和利用学生学习与生活环境中的各种资源,为课程的有效实施提供必要的支持",由此可见,创设并充分利用环境资源,是落实国家课程校本化的基本要求,也是提升特殊教育学校教育教学质量的重要策略。

任何学习活动发生的场所都可称为学习空间,学习不仅在课堂内发生,也可以发生在课堂以外的任何场所,学校的一草一木、一砖一瓦,都可能被设计、赋予教育的意义,成为学习的资源。随着教育改革的推进,教育教学的关注重心从教师的"教"转向了学生的"学",学习空间创设逐渐受到更多的关注,学习的情境性、建构性日益受到重视。学习空间的创设有助于学生学习兴趣的激发、学习资源的利用和学习活动的设计,打破了课堂内外、学校内外的空间与时间壁垒,使教学得以延伸,教学成效得以提升。

为了有效促进培智学校学生的学习,提升教学质量,致立学校于2022年立项上海市教育科研项目"创设实践学习空间促进培智学生有效学习的实践研究",项目组充分挖掘利用学校已有资源,通过创设实践学习空间,如多功能生活体验室、"果蔬汇"基地等,探索基于学习空间的培智学校学生有效学习的途径与策略,提高学生学习的主动性和有效性。项目组以培智学校一般性课程为主线,从生活语文、生活数学、生活适应、运动康复及艺术课程这五个课程模块探索了实践学习空间的创设与运行,遵循培智学校学生的学习特点与发展规律,既关注与学生生活密切相关的学习体验,也关注虚拟学习空间的创设;既关注特定学科的目标任务,也关注跨学科的学习整合;既关注校内资源的充分利用,也高度关注家校协同。我们欣喜地看到,学校的实践学习空间创设工作持续推进,为落实国家课程、有效提升培智学校教育教学质量积累了宝贵的资源。

华东师范大学教育学部教授

2023.11.12

生活语文

语文是一门博大精深的学科。学习语文不能局限在书本上，更不能受困在课堂中。智力障碍学生的识记速度缓慢，思维多停留在直观、具体、形象的发展阶段上，封闭的空间只能限制学生的活动，较难使学习的过程丰富而生动，久而久之会出现学生缺乏学习兴趣、教师缺乏教学激情、课堂缺乏生动氛围的窘境。《培智学校义务教育生活语文课程标准（2016年版）》中提到，"教师在倾听与说话的教学中，应以真实生活为基础，设计丰富的教学活动，采用示范、模仿、游戏、表演等手段，结合生活情境体验活动开展语言训练，为学生创设丰富的语言环境，提供倾听和交谈的机会；识字教学要符合学生心理特点，充分利用学生熟悉的识字情景、生活环境和已有的生活经验，运用多种识字教学方法和形象直观的教学手段，培养学生识字的兴趣与主动性"。以此为指导，我校语文教师积极开展语文教学中实践空间创设与应用的教学研究。"空间"特指物质存在的广延性，而语文的外延无限广阔，在自由的学习空间中进行语文教学，学生的身心才得以解放，思绪才得以放飞，学习欲望才能被激起，生命活力才得以体现。学生在这样的空间中才能自如地享受学习生活，真正成为学习活动的主人。教师可以借助多媒体创设虚拟学习空间，增加课堂的丰富性，让识字、阅读不再枯燥；可以利用生活环境营造自然学习空间，增加课堂的生动性，让吟诗、写作不再干涩；可以利用创设时空情境打造沉浸学习空间，增加课堂的趣味性，让情感共鸣不再空白，使学生能在多元化的语文实践活动中感知语言、丰富体验、有效参与，促进学生学习和运用语文知识技能，满足其特殊的学习需求，为其健康发展、融入社会打下基础。

创设"混合式"学习空间，提高朗读训练整体质量
——以《悯农》朗读教学为例

沈丽晶

摘要：朗读是培智语文教学的一项重点训练项目，课堂朗读训练和线上朗读训练各有侧重，单纯地采取其中一种训练方式难以满足培智学生的朗读需求。本文以《悯农》为例，探析如何利用线上线下双重优势创造"混合式"朗读学习空间，为培智学生重构朗读学习环境，实现线上线下融合的新型朗读训练模式。

关键词：培智学生　朗读　混合式学习　学习空间

一、案例背景

朗读训练在培智语文教学中占有重要地位，它既是将无声的文字转化为有声语言的过程，又是帮助培智学生理解、感受文章思想内容和情感的桥梁，更是提升培智学生听说读写能力的抓手。但是在实际的培智课堂教学中，经常会发现朗读训练存在一些问题，如：课堂受时间与空间的限制，朗读训练难以到位；课后朗读训练不受重视；缺乏对朗读氛围的营造，最终朗读训练效果不尽如人意。学生表现为朗读时没有兴致，缺乏情感投入，常出现读错字、读漏字、读破句等现象。

新冠肺炎疫情期间学校进行线上教学，在线教学的逐渐推进改变了传统教育十年如一日的模式，朗读训练也有了新的尝试。线上教学突破时空上的限制，改变了以往"面对面"的授课方式，学生能够随时随地进行朗读。但线上朗读教学的弊端也显而易见，隔着冰冷的屏幕，师生眼神、肢体的互动减弱，且教师难以全面把握学生朗读学习的真实情况，也无法及时给学生提供必要的

指导。

课堂朗读训练与线上朗读训练各有利弊,但二者的优缺点可以互补,将二者结合创造"混合式"朗读学习空间(即结合线下、线上的双重优势来开展朗读训练)能大大提高朗读训练的整体质量。

本文以古诗《悯农》为例,具体阐述如何创设"混合式"学习空间,提高培智学生朗读能力,希望能给其他培智教师提供有效的参考和借鉴。

二、案例描述

"混合式"学习空间,是指包含了物理空间和虚拟空间的组合,混合学习课堂须根据学习者、技术和对学习的理解而变化。"混合式"朗读学习空间,是线上朗读学习空间与线下朗读学习空间的结合,创设这个空间的关键在课前、课中、课后三个节点。课前,学生在线上利用网络学习空间进行初步朗读练习,完成朗读学习任务单;课中,教师先对课前线上朗读环节中学生存在的一些朗读问题进行反馈,然后利用各种技术和教学方法组织学生多形式朗读,强化正确的朗读技巧和发音;课后,教师根据课堂朗读实际情况,在网络空间进行个性朗读作业的推送和指导,并在线下课堂组织朗读活动,实现学生朗读水平的拓展与提升。通过课前、课中、课后三个关键节点,将线上网络学习空间与线下课堂教学有机地结合在一起,创设打破时空限制的"混合式"朗读学习空间,帮助学生便捷地在不同的朗读空间穿梭,引导学生利用空间参与课内外朗读活动,提高朗读训练整体质量。

(一)线上空间:发布课前朗读任务

教师基于网络学习空间开展"混合式"朗读训练,需要课前对培智学生进行精准的学情分析,包括学生认知特点、学习起点、朗读能力等,还要对教学内容进行分析,然后设计课前学习任务单,并在网络学习空间发布。在利用网络为学生提供朗读平台的同时,也为他们提供了多样化表达与分享的机会。

例如,古诗《悯农》描绘了农民伯伯在炎炎烈日下锄草松土、辛苦耕种的场景。这样的感受培智学生没有体会过,因此很难理解这首诗所传达的情感。教学时应该让学生看一看农民伯伯耕种的情景，感受那种在炎炎烈日下面朝黄土背朝天的艰辛。基于此，教师从互联网上搜集动画视频素材，展现农民伯伯辛苦劳作的场景，然后通过微信发给学生，学生打开资源观看朗读，初步把握诗词文本的内容，随后进行跟读练习，矫正发音。在完成朗读任务之后，学生录制自己朗读古诗的过程，然后把朗读视频发送给教师。教师根据学生朗读视频中出现的问题，进行针对性的课前朗读指导，比如，字词的读音、句子的停顿、语音语速、抑扬顿挫等。这样，一方面可以让学生明确自己的课前朗读任务，另一方面可以提高学生朗读的意识。《悯农》预习任务单如下：

《悯农》预习任务单	
朗读任务一	听视频跟读古诗
朗读任务二	在家长帮助下录制朗读诗词的过程，并将视频上传至微信群

（二）线下空间：实施朗读课堂教学

根据线上朗读学习空间学生反馈的朗读情况，教师针对性地修改教学设计。在教学过程中，通过对媒体技术和各种教学方法的融合，创设多形式朗读训练方式，帮助学生理解文本含义，体会文本的韵律美。例如，课文以图文结合的方式呈现了古诗《悯农》的场景图，既展现了农民辛苦劳作的景象，又表现了古诗的意境。理解诗意是本节课的教学重点和难点，教学时教师带领学生将识字、看图、朗读相结合，引导学生在读中理解古诗含义。值得注意的是，初读古诗的时候，要允许学生以较慢的语速朗读或跟读，但不能一字一顿地读，初步培养学生的语感；精读古诗时，教师指导学生带有感情、抑扬顿挫地朗读，读出古诗的音韵美。为了避免学生产生倦怠感，教师在朗读教学中需要不断地改变朗读的形式，来吸引学生的注意力和兴趣。除个读、跟读、齐读、小组读、自由读、师生读等常见的朗读形式外，还可根据文本特点增加分角色朗读、配乐朗读等趣味性较强的朗读形式。《悯农》古诗朗读教学设计具体如下：

教学环节	教师活动	学生活动	设计意图
导 入	1. 多媒体播放收集到的学生线上朗读的视频，教师对学生存在的朗读问题做初步的总结	认真听朗读音频	将线上朗读学习资料与课堂朗读教学融合，激发学生的朗读兴趣，为新授奠定学习基础
	2. 多媒体播放图片、视频、音乐激趣导入课题。播放古诗《悯农》朗读视频	再次完整欣赏一遍，初步感受古诗	
新 授	1. 初读古诗，扫清识字障碍 教师通过多媒体播放农民伯伯种地的画面，结合配乐范读古诗，随后进行生字词的学习，对易读错的字词重点强调	开火车读、齐读等多种方式朗读生字、词	1. 引导学生从整体把握古诗，对这篇古诗有一个直观、立体和感性的认识 2. 让学生学习朗读的方法技巧，体会古诗中蕴含的情感
	2. 细读感悟，体会情感 （1）教师出示古诗图片，逐句讲解，引导学生理解古诗含义，在讲解中，教师可以适当地范读 （2）撤除图片支架，跟着教师看着文字朗读古诗，教师纠正学生发音的同时适当地指导朗读方法	观察图片，回答老师的提问，跟着教师逐句朗读 学生看着图片，跟读古诗	
	3. 精读古诗，读出感情 组织学生进行反复的、多形式的朗读训练，重点引导学生读出情感	领读、齐读、个别读。通过对古诗的精读，掌握诗词的朗读节奏和停顿，读出古诗的情感	
评价与作业	对学生的课堂朗读效果做出精准评价 布置针对性朗读作业（课后微信推送）	学生按照教师的要求，在规定时间内完成作业	培养学生课后朗读习惯

在课堂朗读训练过程中，及时反馈学生朗读情况，并加以鼓励性评价是非常必要的，这弥补了线上朗读空间不能面对面指导的缺点。培智学生识记新材料慢，而且遗忘快、再现不全面，因此，在课堂朗读训练过程中，当学生第一次读错时，教师要马上对其进行指正，并且要直接予以示范正确的朗读。除

了使用口头性的评价外，肢体语言也可以适当加入其中，如，用手轻拍学生的头部、向学生竖起大拇指、给学生一个惊喜的表情等。这些都能让学生受到感染，尝到努力朗读后的甜头，不仅能让学生体会到朗读的愉快和成功，还有利于学生潜能的激发。

（三）线上空间：巩固课后朗读效果

朗读是一种从生疏到熟练、从无到有的过程，适当的巩固对培智学生来说必不可少。教师将课堂上出现的朗读问题进行归类整理，将针对性作业发布在网络学习空间，学生利用网络学习空间，个性化学习并精准接受辅导。课后线上朗读，作为课堂朗读训练的延伸，能帮助培智学生及时对学习材料进行巩固。例如，在完成《悯农》朗读课堂教学后，教师要求学生把自己的朗读通过微信发送到班级群里，教师根据学生的朗读，在语速、停顿、重音等方面进行及时的指导和鼓励性的评价。教师可以给朗读比较好的学生发放小红花，以资鼓励，其他学生也能听到，学习其优点。对朗读有问题的学生，教师能及时地强调和纠正，也可以采用录制视频的方式进行范读指导。培智学生的学习遵循模仿、吸收、驾驭、运用的发展规律，教师范读得好，学生会自然地进行模仿，时间久了，朗读能力就会慢慢地提升。

（四）线下空间：提升朗读训练水平

诵读因其难以检测、难以评价的特点，使得教师的重视程度不够，常被视为可有可无的环节，然而该环节既是检验朗读教学成果的最佳工具，也是帮助学生进一步提高朗读能力的最佳途径。作为"混合式"朗读学习空间的最后一环，教师可以根据教学内容，针对性地给培智学生创设有趣味的诵读空间，给学生提供一个展示的平台。比如，教师可以适当地布置教室，给学生准备诵读服装，创设诵读情景激发学生的诵读兴趣。只有在轻松欢快的氛围中开展活动，才能激发学生的朗读兴趣，情感也能得到升华。通过诵读展示，学生之间互相学习、评价，既能提高学生的积极性，又利用了学生愿意向同伴展示的心理，促使其将朗读成果不断完善、不断进步。例如，在《悯农》课后朗读水平提升环节，教师创设朗读比赛活动。为丰富比赛的多样性，教师根据课文特点进行情景表演式朗读。教师提前准备好道具（毛巾、草帽、锄头）对学生进行装扮，将学生异质分组，小组轮流上台进行比读表演，有的学生配上了符合情景的动作表情，效果十分出彩，整体氛围轻松热烈。以比赛的形式反复进行朗读训练，也是用模拟情境锻炼学生的思维转换能力，能增加他们的直接感性经验，有利于智障学生对本篇古诗进行解读，并加入属于自己的情感色彩。

三、思考与分析

"混合式"朗读学习空间，脱离了单一化的教学模式，充分利用网络即时性、共享性的特点，使得朗读教学的整体质量有所提升。当然培智学生的线上朗读空间的推行有赖于家长的支持，所以，家长的参与意识也会影响朗读训练最终的效果。

（一）"混合式"朗读学习空间，帮助实现朗读"课堂延伸"

一节语文课只有几十分钟的时间，在课堂上教师需要完成相应的教学任务，虽然大部分教师在讲解的过程中会用到"朗读教学法"，但是为了追赶教学进度，课堂上的节奏比较紧凑，很难给朗读训练腾出较多的时间，学生也只能对所学文本进行简单的朗读，即使给学生安排了多样朗读的环节，也无法充分发挥朗读的作用，这样一来学生的朗读能力自然也无法得到大幅度的提升。"混合式"朗读学习空间，突破了传统课堂教学的时空限制，它涵盖校内校外和课前、课中、课后。以网络为纽带打破物理空间限制，将线上朗读学习与线下课堂朗读教学相融合，能帮助学生便捷地穿梭于不同的学习空间，引导学生利用空间进行课内外朗读训练，解决了线下课堂朗读训练不充分的问题。

（二）"混合式"朗读学习空间，促使朗读评价即时性、多元化

在传统的朗读教学中，一般是教师在课程快结束的时候，给学生布置相关的朗读练习，让学生在课后独立完成，然后等到下一节课统一检查和反馈，这样的评价、反馈不够及时，教师很难有充足的时间对学生展开一对一的指导，效率比较低下。学生获取的评价信息滞后，朗读兴趣会随之淡化。在《悯农》课堂朗读教学后，教师让学生线上进行朗读巩固练习，并将练习情况利用在线通信工具上传。教师可以及时地接收学生的朗读音频和视频，不用等到下一节

课再对学生的作业情况进行点评。网络的共享性让教师可以采取师生共评、生生互评等多种形式进行多样化评价，充分结合教师评价的专业性和学生评价的多元化，再通过录制微课等形式为学生提供反馈，指出学生的不足，这样的朗读训练更直观、高效、便捷，从而优化朗读学习的效果，促进学生朗读兴趣和能力的提升。当学生再次走进课堂时，教师针对学生线上朗读中存在的共性问题，结合文本加以指导，能更加省时高效地完成课堂教学中的朗读任务，提升教学效率。

（三）"混合式"朗读学习空间，有赖于家长的参与

与传统的"我讲你听"教学模式相比，线上学习方式更加强调学生的"自主性"，而培智学校的学生恰恰缺乏这个能力，线上朗读学习大多有赖于家长的支持与监督，有些智障程度较重的学生，更需要家长帮助操作手机或电脑，若是家长没有协同教学的意识，那么该学生的线上朗读空间就起不到作用，朗读教学效果自然也会大打折扣。所以，教师在进行"混合式"朗读训练的同时，要增强家长的参与意识。

总之，新课程标准下的朗读教学，教师要加强对"混合式"朗读学习空间优势的挖掘和利用，汲取传统课堂教学、网络线上教学的双重优势，为学生提供更广阔的朗读学习资源和空间，采用多种形式增强学生的参与意识，培养学生的朗读兴趣，并着力加强对"混合式"朗读学习空间的充分利用，将线上、线下的各种资源用到位，能有效提高朗读训练的整体质量。

参考文献：

［1］吴南中.混合学习空间：内涵、效用表征与形成机制［J］.电化教育研究，2017（1）.

［2］李润方.网络学习空间支持的初中语文自读课文教学策略研究［D］.兰州：西北师范大学，2022.

创设情境学习空间，
提升智障学生写作能力

滕润溥

摘要：智力障碍学生是一个特殊的学习群体，他们在认知、表达和学习方面存在显著的差异和困难。其中，写作能力的发展常常成为智力障碍学生面临的重要挑战之一。对于培智生活语文写作教学来说，培养学生写作的兴趣比让学生掌握语文知识更加关键，学生只有在对语文写作产生热情之后，才能积极主动地清楚表达及奋笔疾书。针对智力障碍学生在写作方面存在的挑战和差异，本研究将从故事情境、音乐情境、表演情境、生活情境四个方面创设学习空间并引入教学实践，同时提出应用策略。通过实证研究发现，在创设情境学习空间后，智力障碍学生的写作表现得到了显著的提升，不仅在写作内容上有所突破，而且在表达和组织结构方面也有明显改善。

关键词：情境学习空间　智力障碍学生　写作能力

培养智力障碍学生的写作能力是培智生活语文教学的重要目标之一，对智力障碍学生来说，写作能力的发展显得尤为重要。写作是表达思想、展示创意的重要方式，通过写作，学生可以更好地组织语言，表达情感，培养自信心，提升与他人沟通的能力。对智力障碍学生来说，通过写作，他们能够更好地理解和消化所学知识，增强对学习内容的记忆和理解。同时，为了让智力障碍学生能够更轻松融入社会，寻求到更适合他们的职业，提升写作能力势在必行。因此，关注和促进智障学生的写作能力发展，具有重要的教育价值和社会意义。

情境学习空间是一种以情境为核心的教学环境，其主要目标是通过情境创设、故事情节和角色设定，为学生提供一个情感饱满、真实感强烈的学习体验。在情境学习空间中，学生可以更加积极主动地参与学习，发挥自身的创造力、想象力、沟通力和叙述力，同时也能够在情感上与生活实践产生共鸣，从而为写作提供素材。在实践中，情境学习空间的设计可以灵活多样，可以应用于不同的写作教学内容，为学生打开一个全新的学习世界。

在生活语文教学中，适当的情境既可以调动学生思维的积极性，又可以促进师生之间及生生之间互动，使课堂教学变得有活力。因此，教师在进行写作教学时，提供适合的情境学习空间就显得极为重要。那么，在生活语文写作教学中，创设怎样的情境学习空间，才能够更加有效地唤起学生的生活语文习作共鸣，吸引他们学习写作的兴趣，高效率地掌握写作技巧，并能学以致用，应用于生活，成为学习语文的主人？下面，谈谈笔者的几点做法与应用策略：

一、创设故事情境学习空间

"没有兴趣的学习，无异于一种苦役，没有兴趣的地方，就没有智慧和灵感。"兴趣是促进学生进行探索学习的源动力，而人的兴趣又总是在一定的情境中产生的。我们要培养智力障碍学生的自主表达与写作，首先要培养学生的学习兴趣。故事是每个孩子都喜欢的，智力障碍学生更是如此。在故事情境学习空间中，课堂教学内容能更深地触及学生心灵，激发学生探求新知。于是，笔者在教学中经常创设故事情境学习空间，以故事贯穿整节课堂，吸引学生的注意力。例如，在上《左右》一课时，笔者带领学生进入"故事情境学习空间"，这一课内容较抽象，课文内容又相对单一，为了提高学生学习兴趣，高效掌握文本内容，笔者创设了故事情境学习空间。从道具、多媒体、故事创设，都花费了很大心思。整节课贯穿了学生帮助松鼠一家整理采摘过冬食物的故事：天气渐冷，松鼠一家准备冬眠食物，采来的橘子放在左边的篮子里，苹果放在右边的篮子里，分不清左右的松鼠宝宝为难了，这时就要请学生和小松鼠一起学习，分清左右，一起来帮松鼠妈妈。和小松鼠一起采食物，再帮助他们，让孩子们有代入感，寓教于乐。

课程结束后，学生都能兴高采烈地讲出故事，这样既可以有效实现教学目标，又激发了学生表达的兴趣，强化了清晰表达与逻辑思维的应用，在写作时，就会使自己的文章更加生动、有趣，全面提升写作技巧。

二、创设音乐情境学习空间

生活语文教材中的课文,既贴近生活,又不乏文质兼美,作为美的信息载体,是学生可以学习效仿的典范佳作。而音乐会细腻地表达人们的情感,用音乐能点燃学生思想的火花。欢快的乐曲让人身心愉悦,铿锵有力的节奏让人奋发向上,深沉舒缓的旋律令人无限遐想……所以,在语文课堂中,我们要巧妙地运用音乐的情感功能,创设音乐情境学习空间。

上课前,音乐导入,让学生听一听、哼一哼,用音乐调动学生学习兴趣;课堂中,优美的课文语段,配上柔和的音乐,让学生读一读、背一背;课后,配乐朗诵,让学生演一演、学一学。俗话说,"熟读唐诗三百首,不会作诗也会吟",学习写作,想会写,想写好,一定要先会读、会背、会仿写。例如,笔者在上《美丽的陆家嘴》之前,让学生看一段配乐朗诵视频,当感情饱满的课文范读朗诵配上优美的旋律与视频,定然冲击了学生的心灵,唤起了对美好的追求。

视频中,放眼望去,陆家嘴高楼鳞次栉比,这里美丽而又繁华,是我们大上海最时尚、最现代化的地方,怎能不让学生迫切地去感受她、接近她呢!这自然就唤起了让学生和教师一起走进这篇课文、学习这篇课文的欲望,对理解课文的字词句有很大的帮助。以此为契机,笔者开设了一节介绍《我最喜欢的一个地方》的作文课,模仿《美丽的陆家嘴》来介绍一个自己最喜欢的上海景点。在讲解《美丽的陆家嘴》这节课时,笔者有意从介绍景点需要关注哪几个方面来进行课文分析,学生也因为创设的音乐情境学习空间能很高效地掌握本课学习内容,因而为下一节的写作课做好了充足的准备。

三、创设表演情境学习空间

生动活泼的表演既能吸引学生主动参与,又能为学生提供展示自己的舞台。寓知识教学于活动中,为学生提供了互动的机会。表演课本剧,可以让学生对文本内容有更深刻的理解,对文本中的人物性格能有更深入的体会。文以载情,对文本深刻的理解,能有效帮助学生提高自己的写作能力。例如,笔者在上《捉青虫》时，带领学生来到小舞台，让学生挑选服饰，进行角色表演。不少学生都自觉地钻研起所要扮演的角色特点，揣摩说话语气、捉青虫时的动作……每个学生对人物的理解不一样，他们演出的效果也大相径庭。这样既调动了学生的自主性，也让学生对课文人物的性格特点有了极为深刻的认识，学会了运用生动形象的动作、心理描写来突显人物性格特征，取得了很好的教学效果。在之后的学习过程中，笔者经常让学生挑选自己的作文来进行朗诵或表演舞台剧，让学生有了另外一种享受。

四、创设生活情境学习空间

"生活无处不是语文"，教师要为智力障碍学生创设生动的生活情景，让学生在轻松愉悦中学习，在学习中感悟生活，在生活中体悟语文。例如，笔者在上《我的爸爸》一课之前，给学生布置了一个任务，让他们回家仔细地观察一下自己的爸爸，和自己的爸爸聊一会儿天，并将观察到的和聊天内容都记录下来。现代繁忙的生活，让家长和孩子的沟通越来越少，停下匆忙的脚步，观察自己的爸爸，和自己的爸爸聊聊天，这让孩子们瞬间成长了许多。小蒋同学情不自禁地说："爸爸居然有了许多白头发。"当学生学习这篇文章时，就很容易理解文中父亲的形象了。与此同时，学以致用，让学生仿照课文写一篇《我的爸爸》。通过仔细观察和课堂学习，很多学生能做到准确描述、以事感人、以形象取胜，让一个个伟大的父亲形象跃然纸上，此次写作培养了学生的感恩之心。

五、情境学习空间的应用策略

生活即语文，语文即生活。语文是一门工具学科，应用范围非常广泛，尤其对智力障碍学生，学好大语文，不仅能够提高他们的生活质量，还能帮助他们拓展今后的人生道路。写作又是语文课中的一项综合性学习，创设有效的情境学习空间，为学生习作创造自由想象的空间，提升智力障碍学生习作能力极为重要。为了使学生在写作中有内容可写，笔者从以下三个方面进行了研究。

（一）利用情境学习空间，培养学生的观察力

让学生写作时有话可写，首先就要让学生学会观察，养成观察的习惯，因此，写作教学要教会学生观察方法，并启发学生创新，做一个生活中的"有心人"。例如，在教学写《校园一角》时，笔者把学生带到学校果蔬汇实践基地，组织学生分组进行观察，不同组别的学生分别完成教师的教学任务单。如，你在果蔬汇实践基地看到了哪些蔬菜、水果？它们都有哪些特征？可以运用描写、比喻等修辞手法来突出它们的特点，也可以用手摸一摸、用鼻子闻一闻。这时，很多学生都主动发表自己不同的见解，果蔬汇里，黄瓜是绿色的，长长的，有小小的刺，吃起来是清脆的……课堂不应局限于教室，要带着学生走出教室，走进大自然，增强他们在感官和触觉上的敏感度，这样有目的地指导学生进行观察，不仅培养了学生的观察能力，还使学生积累了丰富的知识和大量的写作素材，这样，写作时才有话可说、有感而发，才能写出一篇真情实感的好文章。

（二）利用情境学习空间，培养学生的想象力

智力障碍学生的情绪往往在情境学习空间的学习中更高涨，想象力也随之发散。当在生活语文教材中遇到抽象的课文内容时，教师如适当引入一些与教材有紧密关系的、学生爱听的形象或有趣的材料加以联系，便能引起学生学习写作的兴趣，也能深化学生所学的知识。例如，在教学《不上当》这一课时，怎样把"不上当"这一抽象概念教给学生，让学生能具象地理解"不上当"的意思呢？笔者创设了视频故事这一情境学习空间，让学生充分感受到生活中我们要学会保护自己，不要上坏人的当。同时，还让他们进行演一演、说一说，把想到的内容具体地表达出来，在交流合作中相互沟通、相互学习，给他们一个自主学习的环境。说是写的前提，要先学会说，才能学会写，这样才会激起学生写作的兴趣，让学生学会用自己的双手去描绘多姿多彩的生活场景。

（三）利用情境学习空间，增强学生的直观感受

真实情境学习空间的创设，往往能引起智力障碍学生的学习兴趣，与生活

经验产生共鸣，激发起学生的内在学习动力。例如，在教学《传统节日》时，考虑到母亲节即将到来，于是，笔者选择让学生在课堂上制作手工贺卡，送给妈妈一句暖心的话。在课中，引导学生想想母亲节要和妈妈说句什么暖心话，大家一起把它写在卡片上，笔者边讲解边演示在贺卡上写一句暖心的话，同时引导学生一起参与，把自己最想说的暖心话写在贺卡上。随后，笔者让学生与其他同学分享自己在贺卡上写给妈妈的暖心的话，然后启发他们说一说母亲节还准备为妈妈做些什么。此时的学生都很积极，他们有感而发，很愉快、很顺利地完成了本次小练笔。所以，在作文教学时，教师要全面地考虑学生的需求和爱好，尽量创设各式情境，让学生感到写作也是很开心、很快乐的。教师还可以将语文教材中所涉及的日常生活情境进行加工，例如，在教授学生完成《我的老师》写作时，笔者让学生观察我们的每一位老师，要求他们说一说喜欢哪一科目的老师？为什么？从学生亲身感受的生活情境出发，能调动学生的校园生活情感，增强了他们写作的乐趣；又如，学会了写请假条，那么请假时自己可以试着写写请假条；学会了写书信，同学之间平时可用书信的方式互相沟通；学会了写通知单，可让学生试着帮老师写一份通知单给大家；等等。把学生带入特定情境学习空间之中，通过亲身体验、观察，在愉悦的氛围中写出自己的切身体会，在实践中感受写作的乐趣。

生活情境学习空间的呈现形式有很多种：现实生活场景，如社区、学校、班级、家庭等。让学生在生活情境中学习写作，可提高他们学习写作的积极性。多媒体课件、录音故事、插图等教具展示生活情境，能使学生身处情境之中，通过多种感官参与，自主地去探索、主动地去发现。

通过教学实践可以发现，创设情境学习空间，提升了智障学生的写作能力。情境学习空间提供了一种意境化的学习环境，通过情节和角色设定，激发了学生的情感体验和学习动机，为学生的写作提供了更具启发性和创意性的学习体验和素材。在情境学习空间中，学生可以通过情境化的角色扮演，将自己融入氛围中，发挥自己的想象力和创造力，自由表达自己的思想和情感。情境化的学习方式，能够激发学生的学习兴趣，增强他们写作的积极性和主动性，且对不同层次的智力障碍学生都具有适应性和实际效果。同时，情境学习空间还可以为智力障碍学生提供更多样化的学习资源，帮助他们更好地理解和掌握写作知识和技巧。通过在情境中学习写作，学生可以更好地将写作知识应用于实际生活,提升写作的实际应用能力。

参考文献:

[1] 梁钟钦.创设情境教学法在小学语文教学中的应用[J].中国校外教育:中旬,2015(01):105-106.

[2] 章海兵,张丽.巧设情境,激活课堂——谈小学语文情境教学策略的运用[J].考试周刊,2020(60).

创设实践学习空间培养智障学生古诗审美能力的研究

唐蕾蕾

摘要："诗中有画""诗中有情""诗中有理"。古诗作为中国传统文化的瑰丽结晶，字里行间彰显着文字的美、意蕴的美、情感的美。诗中饱含的思想、情致、意蕴、风骨，至今依然魅力四射。在培智语文教学中，古诗教学是一个重要的教学内容。智障学生虽然不能完全理解千百年来的诗作中蕴含的深厚情感和深刻寓意，但他们并不缺乏一双发现美的眼睛和感受美的心灵。智障学生的能力缺陷决定了教师在古诗教学中不能采用单一的教学模式和方法，而是要根据学生的认知水平、理解能力、思维潜能等进行大胆的创新，最大限度地拓展学习的空间，让教学时空变得更为开阔，让学习过程变得更为生动，让互动感悟变得更为丰满。

关键词：智障学生 学习空间 审美能力

腹有诗书气自华。每个人年少时读的诗，无须倒背如流、熟稔于心，只要在触景生情的那一刻，能情不自禁地娓娓吟诵，便是一种惬意、愉悦的事。笔者曾多次亲见智障学生在外出活动时，见到湖中的天鹅会脱口而出："鹅鹅鹅，曲项向天歌。"看到吹拂的杨柳，会好奇地问："老师，这是不是万条垂下绿丝绦？"听到悦耳的鸟鸣，会兴奋地说："处处闻啼鸟。"这是学生在理解诗义的基础上，有效地运用知识并恰如其分地表达真情。学习古诗的过程犹如在诗情画意间徜徉，染其色、闻其香、尝其味，不断地开阔视野、提高审美、净化灵魂。

《培智学校义务教育生活语文课程标准（2016年版）》指出，生活语文课程要促进形成健康的审美情趣、积极的生活态度，要求学生能够诵读或者背诵18至50首古诗、童谣等内容，并在附录中推荐了20首建议学习的古诗，旨在通过让智障学生浸润在古诗的氛围中，在传统文化的熏陶下，一定程度上促进他们认知、思维和情感的发展。此外，古诗作品中蕴含着丰富的文明礼仪、关爱友善、勇敢坚持等教育因素，这对智障学生人格品行的建立及修炼发挥作用，为其更好地适应社会生活奠定基础。

一、当前古诗教学的困境

本着用事实说话的原则，笔者针对智障学生古诗学习状况、学习兴趣及愿望和特教教师的教学方法、教学困惑及需求等方面做了前提调查。调查采用了问卷、座谈、访问等方法，对象包括学校中年段3个班级的学生、全体语文教师及部分家长。通过调查发现，大部分学生及家长喜欢古诗，仅有少部分表示不喜欢，认为其实用性不高；大部分教师及家长认为古诗对学生产生影响，少部分则表示没有影响。在座谈及访问交流中，语文教师普遍反映适合智障学生古诗教学的资源比较匮乏，部分多媒体课件制作粗糙，能刺激学生多重感官的手段比较单一，学生反应平淡导致教师的教学状态下滑，课堂呈现出乏味、沉闷的现象。

古诗教学对智障学生来说，其优势是诗句朗朗上口，韵律娓娓动听，但是古诗无论是语言结构还是内容形式，都与现代语言的表达方式有很大不同。古诗文字精练、信息量大、意义抽象、表达含蓄，这都给智障学生的古诗教学带来很大的困难。智力障碍学生大多生活阅历较少，对事物的认知处于起始阶段，对情感的体会能力还未建立。认知能力与自身知识水平的受限，阻碍了学生对古诗文的理解与感受，倘若教师的讲解呈现"灌输式""独角戏"的情况，以串讲为主，将字、词的认读作为重点，古诗大意略作解释，且忽略古诗教学中的审美教育，学生就不能产生共情，更不会受到美的熏陶。在古诗教学过程中，智障学生受限于多重障碍，难以真正融入其中，长此以往，会使学生对古诗学习提不起兴趣，教师对古诗教学提不起激情。

由此可见，古诗教学绝不能采用传统的教学模式和单一的教学手段，而要根据学生的理解能力创设可感知、可体验、可参与的学习空间，通过环境及氛围的渲染、多重感官的丰富体验，使学生有身临其境之感，理解古诗的情、境、义，从而不断地激发学生感受美、理解美的能力。每一首古诗词都蕴含着一幅充满意境的画卷。教师带领学生走入不一样的学习空间，感悟古诗的意境，这不仅符合诗画一体的学习特点，同时也体现出对文化的重视。

二、整合学校的古诗学习空间

（一）利用自然生态学习空间，感知真实画面，体会语言之美

大自然是孩子学习、成长最天然的空间和资源。自然界中的日月星辰、河流山川、风云雷电、雨雪霜露、花鸟虫鱼、牛马鸡鸭……所见所闻所听所感是美丽的画面，亦是动人的诗歌。将学生置身于大自然这个资源宝库中，让他们与自然链接，体验不同的感官刺激，能帮助他们认知和理解、发现与探索，将自然景物与古诗联系起来，能引导学生在真实的生活情景中，感知古诗所表达的画面，进一步领会和感悟古诗词的意境美。例如，春天到了，万物复苏，生机勃勃，教师把课堂迁移至大自然中，引导学生观察破土而出的小草，一字一顿地说出："离离原上草，一岁一枯荣。"让学生感受春风拂面，看小草扭动腰肢，教师讲述小草顽强的生命力，领着学生继续吟诵："野火烧不尽，春风吹又生。"这样的教学方式充分利用了学校的资源优势，打破了固有空间，使学习变得自然有趣，充满惊喜。学生真实地沉浸在自然中学习，将古诗的内容与自身的感知进行交融，形成有效的知识整合，加深知识的理解水平和深度。同理，结合生活中所观察到的春天，感悟经典诗句"好雨知时节，当春乃发生""春眠不觉晓，处处闻啼鸟""碧玉妆成一树高，万条垂下绿丝绦""草长莺飞二月天，拂堤杨柳醉春烟""人面不知何去处，桃花依旧笑春风"等所描绘的春景春色。这些诗句富有画面感，学生通过亲眼所见、亲耳所闻，易于理解和掌握，因此，学生的学习兴趣极其浓厚，学习积极性大大提高。学生见到柳条、桃花、湖面能主动吟诵，俨然一位"出口成诗"的小诗人。

（二）利用古风小屋学习空间，创设多重情境，品味哲理之美

在特教教师的眼里，每个智障学生都是可训练的，都是有潜能的。培智的语文课堂更应该尝试改变封闭的教学环境，创设出一个能让学生主动参与、理

解和适应的学习空间，这对于古诗教学尤为重要。在课前准备阶段，设计教学策略之初，就必须充分考虑到学生的认知特点，预设出学习的兴趣激发点。教师有目的地引入或创设生动具体的、带有情绪色彩的场景，能在帮助学生理解古诗字面含义的基础上，引起学生一定程度的情感共鸣。教师所要做的就是尽可能地发挥学习空间对智障学生古诗学习的促进作用，让学生更充分、全面地融入教师所创建的情境之中。

学校在果蔬汇实践基地的一角打造了一间极具古风古韵的小屋。屋外是一片田园风光，竹林错落，篱笆围栏，藤蔓缠绕，石径小道，让人仿佛置身于古代农舍，放眼望去，新鲜蔬果品种繁多，各类农具一应俱全。古风小屋采用古代雕花门窗的样式，微翘的屋檐下系挂着清脆的铃铛，古色古香。屋内分为教师授课的"致书院"和供学生休闲阅读的"藏书阁"两小间，门口挂着名字牌匾。书院是教师日常给学生教授古诗文课的地方，拥有小几、蒲团、书案、木简等古代学堂用具，其他布置则根据古诗的主题做出相应调整，衣柜里放着古人的服装及头饰供教师和学生上课使用，同时配备了屏幕、投影仪、音响等多媒体设备，最大限度地让学生进入古诗的意境，各种外在刺激促进了学生对古诗的理解和感受。书阁是储藏古诗文书籍地方，类似于现代的"图书馆"，可以供有需求的学生自由阅读，也可以作为储藏上课需要用到的特殊课本的地方。其中，书籍以古籍的形式呈现，教师再根据古诗不同的主题编排书籍，例如，把所有描写花卉的古诗集合成《拾花集》，把所有描写动物的古诗集合成《动物记》等。

古风小屋学习空间的打造为角色扮演创设了充分的客观条件，从实际使用效果来看，确实发挥了推波助澜的作用。课前，教师让学生穿上古人的服装，带上古人的发冠，站在镜子前仔细端详自己的模样，学生从好奇欣喜到理解接受，这是一个体验初期的过程。课中，教师在仔细分析诗情诗意的基础上，给学生分配不同的角色，利用媒体成像、音效氛围等手段，在创设的"穿越"情境之中引导学生学习字义，朗读古诗。在氛围的渲染下，学生不由自主地将自己想象成诗人，想象着身处彼时彼刻，诗人在创作时会产生怎样的思想情感，这是一个深度体验的过程。通过角色转换促使学生进行心理的揣测、情感的体验，从旁观者变为当事者，从赏析诗歌变为经历生活，从感受他人情感变为自我情感流露。角色的转换成为引导感悟的纽带，最大限度地缩小学生与古诗人物之间情感与心理的距离，或喜或悲，或恨或怒，真切地体会到诗人的心路历程。利用画面、音乐等其他媒介的渲染，教师引导学生在情感发生的过程中试着诵读，学生的记忆就有了提示和依托，可谓是水到渠成。例如，在教《游子吟》这首古诗时，教师根据诗意将小屋布置得比较昏暗，桌上放置一盏幽暗的油灯。一名学生装扮成古代老妪，佝偻着背，坐在桌前为即将远行的儿子赶制衣物。教师声情并茂地解析诗意：寂静的深夜，在微弱的烛光下，一位两鬓斑白的母亲为即将远行的儿子缝制衣裳。细细地缝、密密地缝，母亲的脸上满是忧伤，生怕儿子此去归期茫茫。一针一线，一线一针，缝进了母亲的不舍和牵挂、希望和祝福。妈妈的爱就像春日的阳光哺育着小草，做子女的将何以回报？其余学生则为孩子的角色，在教师的引导下说说自己内心的感受，谈谈怎么回报母亲的付出。单纯的孩子有的情不自禁地抚摸母亲的头发，有的轻轻地给"妈妈"捶背揉肩，场面非常温馨感人。跟着教师，跟着音频认读几次之后，学生便能顺畅地诵读全诗，着实令人惊喜。教师也不失时机地引导孩子要体会父母养育的艰辛，要懂得爱和感恩。个别孩子回家后主动做起了家务，让父母颇感欣慰。孩子的变化给原本愁云惨雾的家庭照进一抹温暖的亮色，幸福感逐渐增强。古诗学习不仅有效助推了语言能力的发展，还对智障学生的文明礼仪、品德修养、行为习惯和社会交往等方面起到了积极的作用。

三、探索古诗学习空间的思考

（一）学习空间重构古诗教学全新的模式

随着时代科技的发展、课堂模式的重构及教学理念的不断更新，学校在发生结构性的变革。这种改变是为了应对学生的需求和技术的发展而进行全方位的空间优化。学习空间作为学习的媒介，也在发生着变化，从一间教室到整个校园，再到社会场所，学习空间的边界在不断延伸拓展，且逐渐呈现出广泛性、多元化的特点。学习空间不再只是一个单纯的物理概念。学校大力拓展古诗教学的学习空间，力求借助更为丰富的载体，创设适切的学习空间，打开学生思维，具象学习内容，展现古诗魅力，引导学生深层次感悟古诗中蕴含的物境、情境、意境。

实践学习空间的价值在于从学习的本质需求出发，创设丰富的学习体验，引导有价值的、有意义的学习，为教与学提供更加符合智障学生认知特点与教育需求的外部支持，更有效地促进学生的认识发生和情感体验。古诗的语言美、画面美、意境美、哲理美为培养及提升智障学生的审美能力提供了平台。在学习空间具有的辅助认知功能及优化环境功能双重作用下进行的古诗教学，势必能打破智障学生学习古诗困难重重、成效寥寥的枷锁，将学生的知识、技能、情感、态度、文化素养等带入其中，能促使其得到进一步的升华，和诗人所表达的情感产生共鸣，随其悲而悲，随其喜而喜，进而拨动心弦，影响思想，塑造美的心灵。

（二）学习空间激发教师提升更多的能力

学习空间对学生的身心成长能够产生浸润式的影响。融合多重元素的古诗学习空间有利于激发学生的想象力和创造力，鼓励他们主动开展探究、行动和思考，学生的审美情趣在学习体验的过程中潜移默化地得到了培养。创设学习空间的深层意义在于强化和支持学生的自主学习，强调学生的自我构建与能动性，真正发展学生积极影响自己的生活和周围世界的能力与意愿。需要注意的是，学习空间构建更强调学生的可参与性及适应性，强调学生与伙伴间及教师间的互动性，这对教学设计者而言，需要思考的远不止环境的装饰、道具的使用、意境的营造、氛围的渲染等，还要预设学生对空间变化的反应和具体表现，以及应对各种状况的有效措施，这势必对执教者的能力提出了更高的要求。如何从实际需要出发，创设有导向、有意义的学习空间？如何打通周围界面，突破空间的限制，使得空间得到充分利用？如何满足不同学生的差异化需求？这些都是教师需要在课前准备阶段解决的问题。课中，教师要进行充分的引导和细致的观察，课后要进行详细记录和深刻反思。教师要不断探索多种角色的转变，成为课程的建设者、活动的设计者、空间的创建者、学习的促进者。

21世纪教育变革的重要特征是走向"情境化"。开放、自由、灵活、丰富、个性的古诗学习空间将文学作品、审美元素融为一体，让空间拥有自己的性格与故事，兼具以情感人、以美育人的浸润功能，帮助学生做到观其景、品其文、悟其蕴、明其道。

参考文献：

［1］李银环."多刺激"结合，让智障学生爱上"古诗"［J］.学校教育研究，2018（26）.

［2］王爱红.情境教学法让智障儿童古诗教学鲜活起来［J］.人文之友，2019（03）：15.

［3］张雪华.特殊生学习古诗的重要性［J］.汉字文化，2020（07）：101-102.

打造综合性学习空间，提升培智生活语文学习能力

严蓓洁

摘要： 在培智生活语文的学习过程中，教师想要用传统单一的教学方法进行教学，对于提升培智学生各方面的能力很难。培智学生大多存在情绪控制、多动和注意力不能集中的问题。在教学实践中，为了让培智学生语文学习的效果更好，教师需要着力构建对学生有利的综合性学习空间。综合性学习空间的设计，会使培智语文课堂更具活力和生命力，学生在课堂上学习语文的能力得到有效的提升。只有打破"教材是信息的唯一来源，教师是信息的唯一传递者，课堂是信息的唯一传递"这一定律，努力达成"培智生活语文向生活实际延伸"，才能使智力障碍学生的语文综合学习能力得到提高。

关键词： 培智语文 综合性学习空间 学习能力

《培智学校义务教育生活语文课程标准（2016年版）》指出："要关注学生的个体差异，通过情景化、个性化的语言学习体验活动，促进学生主动参与、积极体验、能动发展。"在培智生活语文的教学实践过程中，打造帮助智障学生生活语文素养能力提升的综合性空间是尤为重要的。综合性学习空间，区别于传统单一的课堂模式，是整合多形式课程教学资源，帮助培智学生理解生活语文学科知识，激发培智学生主动学习兴趣，拓展培智学生知识与技能应用练习方式，辅助开展教学活动的教学媒介与支架。例如，希沃白板的融入、自制音频视频、情境体验或课本剧表演等。那么，如何根据学生的特殊需要，制定并开展一系列的教学活动，提升培智学生语文学习能力呢？

一、打造综合性学习空间，激发培智学生语文学习兴趣

在培智生活语文的学习过程中，教师想要用传统单一的教学方法进行教学，对于提升培智学生各方面的能力很难。培智学生大多存在情绪控制、多动和注意力不能集中的问题。在培智语文课堂教学中，结合具体的教学内容，运用多媒体技术，创设丰富多样的情境，使学生身临其境，能激发学生强烈的求知欲望，充分调动学生的学习热情、兴趣，提高学生的重视程度。教师也可以整合学校开设的其他课程内容或者在其他任课教师的协助下，将这些设计融入教学环节，对智障学生有效进行语文学习会有很大的帮助。例如，在学习古诗《梅花》时，可以联动美术教师在课前指导学生学画梅花，在课堂上展示学生的作品，既激发了学生的兴趣，又使学生对梅花的形态、色彩有了更深刻的认识，有助于理解诗词所要表达的深意。在学习课文《我家的电冰箱》后可以带学生到烹饪室参观，请生活课教师具体介绍电冰箱的外形和结构性能，巩固了课堂知识的同时也让学生对电冰箱有了更直观、更全面的认识，在兴趣中帮助他们将课文中的内容成功迁移到生活中。通过整合其他课程打造的综合性学习空间，既能提高所学内容的深度，也提升了培智学生的学习兴趣，而兴趣的提升是培智学生开展学习的内在驱动力，是首要任务。

二、打造综合性学习空间，提升培智学生倾听与说话能力

随着融合教育的快速发展，很多普通学校不仅开设了特教班，还有随班就读。智力障碍学生可以有更多的机会跟其他人接触。如果想被这个社会公平地对待和接纳，最首要的问题就是建立和社会中他人之间的平等关系。因此，倾听和倾诉是最重要的语文素养。

在倾听与说话的教学过程中可以融入生活类主题绘本，打造以真实生活为基础的综合性学习空间。以社会故事为题材的绘本包含了正确的价值观及生活中应该知道的礼仪和规范，具有一定的社会属性。通过对绘本中呈现的人、事、物进行仿照学习，让智障学生在学习的过程中将绘本中的内容转化成自己

的行为。绘本中丰富的形象包含了吸引智障学生的大量信息，学生容易在情节发展上与绘本故事内容产生共鸣，更有利于在轻松愉快的情节中学习绘本中的语言信息，从而达到帮助学生学习社会性知识的目的，促进学生培养倾听和倾诉的能力。

（一）共读绘本故事，提升培智学生倾听能力

任何形式的共读活动，都能使学生在言语能力发展的基础上，提高听力水平。研究表明，使用图画书来展开听力活动能更好地培养孩子的听力专注度，使用图画书也是增加词汇量的有效方法之一。

这种形式对于培智学校的学生来讲再合适不过了。共读可以是听教师读，可以是跟着教师读，也可以是一人一句地读。在绘本共读的过程中，培智学生通过教师的引导，在聆听故事的同时，还能将自己的探索精神发扬光大。例如，绘本故事《小蝌蚪找妈妈》中，小蝌蚪看到别人都有妈妈，就也想知道自己的妈妈在哪里，于是，它们根据虾公公给的特征开启了寻找妈妈之路。结果一路上一直认错，但最终找到了青蛙妈妈。学生被精彩的故事吸引，聚精会神地听着故事的发展，每次听到小蝌蚪认错妈妈时，都会哄堂大笑，并且争先恐后地模仿金鱼、螃蟹、乌龟的样子。学生的课堂参与度得到了提高。

（二）体验绘本角色，增强培智学生言语表达能力

选取社会主题的绘本进行教学，可以贴近培智学生的生活经验，经过教师引导，学生能在代入角色后有感而言。绘本创造了语言学习的条件，能更有效地让培智学生感知和体验倾听与说话的魅力。例如，绘本故事《稻草人》讲述的是一只安静不下来、没有心思写作业的胖胖熊，因为妈妈希望她向稻草人学习，于是抓了一把稻草想成为稻草人，其间发生了很多有趣的故事，最后，她发现做个稻草人真不容易。胖胖熊为什么会觉得稻草人不容易？过程中发生了什么才让她有这个感叹呢？笔者让学生分别扮演了胖胖熊、胖胖熊妈妈、小花狗、小花猫和小狐狸。在学生体验绘本角色的过程中，引导他们用自己的语言进行表达。对于语言表达能力差或者无语言功能的学生，让他们通过表情或者肢体进行表达。

（三）运用绘本语言，增强培智学生生活适应能力

绘本语言简单精练又富有童趣，吸引智障学生的同时也能通过相同句式的反复训练提高他们社会生活和人际交往的能力。例如，绘本《买梦》中的小松鼠想要做个美梦，于是想要买个梦，它看到了红鲤鱼、白天鹅、小白兔都会用句子："某某某，我想买个梦，你有吗？"通过这种反复出现的相同句式让学生模仿着说一说，并且学会迁移到类似的生活场景时也能用类似的句式去进行表达。课后可以和家长联动，建议家长在生活中也这样引导学生说一说。通过课外的延伸能提升培智学生的沟通与交往能力。

三、打造综合性学习空间，增强培智学生识字与写字能力

信息技术手段可以融入创建综合性学习空间。从视觉、听觉、触觉等维度激发学生的感官，增强他们探索知识的热情，培养他们敏锐的观察力、丰富的想象力和对美好生活的感受力，在教育教学中起到了重要的作用，尤其是希沃白板的运用。智力障碍学生观察力、感知力、记忆力等方面的发展严重滞后，这对其学习语文学科产生了较大阻碍。信息技术在教学中的合理运用，激发了他们学习语文的兴趣，进而在记笔画、认生字、写汉字等方面取得了显著的效果，促进了培智语文课堂教学实效的提高。

（一）利用希沃动态演示，增强培智学生识字能力

在生字教学过程中可以发现，"大、人、水、风、日、口"等一些汉字笔画简单，最容易观察它们演变的过程。例如，通过动画演示各个汉字如何从甲骨文开始，逐步演变成现在的样子，再结合"想一想""猜一猜"等环节，对比古今汉字的差异，感受中华文明的博大精深和劳动人民集体智慧的力量。再如，在教学生"人"字时（如图1），教师先亮出它的甲骨文字形，请学生猜猜这是什么字，再请学生用身体照着字的样子摆出同样的姿势，让他们感受到"人"的字形像人侧立的样子；接着出示其楷书字形做对照，最后播放完整的"人"字由甲骨文演变为楷书过程的漫画，使学生对其内涵、结构的认知和古今演变的过程印象更深刻，增强了学生的民族自豪感。

图1

培智学生的空间概念发展较滞后，他们对于左右、上下、全包围、半包围、独体字等字的结构难以理解，不知道独体字"独"在哪里，半包围"围"的又是什么。教学中通过播放相关动画视频并配以恰当的音频讲解，有效地突破了这一难关。例如，在教学"哭"字的时候，在动画中可以看见上面有两张大嘴，下面有一个"大"字，形如喷泉似的眼泪代替了笔画"点"，再配以"哇哇哇"的哭声，即便是从来没见过这个字的学生，也会不自觉地说出"哭了！哭了！"这时，教师再结合楷体"哭"的字形讲解其结构，形象、生动、有趣，一下子就抓住了其结构特征，难点不攻而破。

（二）利用希沃交互性，增强培智学生写字能力

汉字的笔画顺序不像别的国家的文字那样普遍是从左往右写，每个汉字都有自己的书写要求，点撇横捺，应该先写什么再写什么，还有先写完里面的笔画再封口，还是先封口再填充里面的笔画？这些问题常常困扰着学生，简单的汉字也不例外。例如"火"字，甚至很多成年人都不能按照正确的笔顺进行书写。教授这个字的时候可以先播放完整书写顺序的视频，让学生有个整体认识，利用卡通动画提醒学生尤其要注意这个字的笔顺。然后，请学生用手指跟随视频同步书空并在道具字卡上书空进行巩固。最后，让学生在白板上正确描写生字，系统会根据笔画顺序正确与否以及描写是否整齐给出对应的语音反馈。

四、打造综合性学习空间，提升培智学生阅读能力

朗读是培智生活语文阅读课中一个极其重要的项目，对于培智生活语文的阅读能力也是一种重要培养手段。学校每个年级段的朗读要求在课程标准中是不同的。低年段是"用普通话能念出简单句"，中年段是"用普通话能正确地、连贯地念出一段话"，高年段是"能正确朗读课文"。可见，在整个培智语文阅读的教学过程中，是以层层递进的方式，将朗读教学贯穿始终的。但智力障碍学生多伴有不同程度的言语障碍，在正确连贯地朗读句子、段落和篇章时有一定的困难。将学生带入一种趣味交融的情境，通过变换形式进行朗读，能在视觉上、听觉上、情景上给予支持的同时，也突破了朗读的障碍，激发学生的阅读兴趣。以《庄稼》片段的教学为例，课文语句为："稻子、麦子、黄豆、玉米、棉花、油菜等作物，皆为庄稼。"先是教字，让学生认读这六种农作物的名字。因为其中几种作物在生活中比较常见，学生看录像时，A、B层的学生忍不住喊出"玉米""棉花"，C层的学生也兴奋地用手指着。教师顺势引导学生认读（如图2），看图说话，图文并茂，去图留文。然后是教"（玉米）就是（农作物）"这一短句。教师用语言描述、肢体表达等方式逐词连成短句。最后是教课文句子。教师利用白板拖动功能，在引导学生用多种形式读准词组后，再将词组的竖排位置移动，使竖排变为横排的完整语

图2

句。连词成句后，按学生的程度引导朗读：A层学生朗读完整的句子，能独立地朗读，正确地朗读，流利地朗读；B层学生在教师的提示下朗读某句话；C层学生在教师的提示下跟读词组，或在听读词组（词语）中指出对应的图片。在寓教于乐的情境中，朗读效果有了较大的提高，使不同层次的学生都能体会到朗读所带来的愉悦。

　　课文重点语句的表达意蕴和文字内涵，往往因智障学生抽象思维能力差、理解感悟能力弱而难以理解，影响其阅读能力的形成。因此，教师在教学过程中要将智障学生的认知能力和文字水平进行考量，采用恰当的教学情境，创设丰富多彩又贴近现实的生活情境，调动智障学生积极投入情感，展开思维。生活语文教学内容贴近现实生活，和生活息息相关，组织教学时可将生活情境通过模拟表演、视频展示等方式再现出来，帮助学生感悟人文内涵。例如，教《下巴上的洞》一课时，让学生通过表演娃娃吃饭的形式，学会餐桌礼仪，同时懂得要节约粮食；上《晒被子》一课时，通过视频再现动漫情境，引导学生珍惜友情，学会如何与朋友相处。学生在情境中受到人文熏陶，品德得到提高，为良好素养的形成奠定了基础。

　　在培智生活语文阅读教学过程中，如果有要创设情境的环节，应该以学生为本，注重得体合理，贴近生活，突出情趣，立足于学生的生活阅历和阅读需求。创设情境的手段和方法要能够灵活运用，融会贯通，有效地服务于培智学生阅读能力的培养和语文素养的提高。

五、打造综合性学习空间，提升培智学生综合性学习能力

　　在综合性学习活动中，可以组织学生制作小报、表演课本剧、举行诗文朗诵会、开展书画大赛等。这样的形式有利于学生主动学习、愉快学习，学以致用。

　　例如，爸爸妈妈对于智力障碍学生而言是最亲密的。如果可以将学生父母和课文内容整合在一起，就可以让智力障碍学生更有兴趣也更深层次地感受家庭的温暖，由此让语文课堂变得更有趣。可以先引导学生阅读课文或有关主题的课外读物，唤起他们的情感共鸣，激发他们的活动兴趣。然后，引导学生通过回忆跟大家说一说爸爸妈妈平时是怎么关心呵护自己的，更深层

次地激发智障学生主动去探索实践的意愿。接着，学生用观察、询问等方式，体会家长平时是如何劳心劳力对待家庭的，对自己所观察、了解、感受到的内容，用短文、日记或绘画等方式记录下来，讨论如何为父母做些力所能及的事情以表达自己的感恩之心。最后，在教师的带领下把活动的成果展示出来。

综上所述，在培智生活语文教学实践过程中，综合性学习空间的设计会使培智语文课堂更具灵动性和延展性。只有打破"教材是信息的唯一来源，老师是信息的唯一传递者，课堂是信息的唯一传递"这一定律，努力达成"培智生活语文向生活实际延伸"，与各学科协作互动，才能使培智学生的生活语文综合学习能力得以全面提升。

参考文献：

［1］范云彦.如何提高农村小学中年级学生的语文综合性学习能力［J］.中国科教创新导刊，2013（18）.

［2］詹秀玉.情境教学在培智语文阅读教学中的有效运用［J］.绥化学院学报，2019（01）.

［3］吴静.培智学校语文阅读教学的实效性探析［J］.散文百家新语文活页，2021（08）.

［4］王振香.构建有生长力的综合性学习课堂［J］.中国多媒体与网络教学学报，2020（12）.

构建生活化情境，
提高字词学习的有效性

——以一年级（下）生活语文《自然与社会》单元为例

沈诗逸

摘要：字词学习是低年级段生活语文教学的重中之重，但由于特殊学生学习障碍程度普遍较重，他们对课堂字词教学常常会出现注意力不同程度分散的情况，学习过的字词往往转头就忘，无法理解和迁移应用到实际生活中。针对智力障碍学生在字词学习方面存在的困难与挑战，本研究将以一年级下册《自然与社会》单元为例，从学生的实际情况出发，创设生活化情境教学空间，并引入教学实践。通过实证研究发现，在通过不同方式构建学生熟悉的生活化情境空间之后，智力障碍学生对字词的接受能力明显有所提升，他们不仅能更好地理解和记忆字词，也一定程度上提高了在生活中运用字词的能力。

关键词：生活化情境　字词教学　有效学习

一、案例背景

语言文字是人们日常交流的工具，也是学习其他学科的重要基础。

培智学生的学习应当注重源于生活，最后回归生活。《培智学校义务教育生活语文课程标准（2016年版）》提出："在教学中，教师要依据生活语文教育中的听说先行，读写跟进，多认少写的教学原则，尊重和利用学生已有生活经验，运用生活化教学，突出语文教育的功能作用，发展学生运用语文知识和技能解决生活问题的能力"。同时，"应充分利用学校、家庭、社区的语文教育资源，拓展学习空间，增加实践机会，促进学生不断积累和丰富生活语言及经验，提高生活语文的综合应用能力"。对于低年级段学生，生活语文课程标准也强调了字词在生活情境中的体现。

低年级阶段，由于培智学生刚踏入学校，对周围的环境和事物大都抱有新奇感，构建生活化的教学情境，正是依托于一年级学生好奇的特征，好奇的天性使他们乐于在生活中探索，在环境中感知，从而获取信息，更容易学到知识。贴近学生实际生活的教学情境，更能激起学生的熟悉感，使他们能够打开心扉，主动地融入学习中。

本届一年级学生障碍程度较重，且自闭症学生较多，在课堂字词教学中，注意力会不同程度地分散，学习过的字词往往转头就忘，或者无法迁移应用到实际生活中，课堂教学推进较为困难。但通过一段时间的教学，笔者发现学生对学校生活中一些感兴趣的点和事物记忆起来十分迅速且持久。由此可见，学生的字词学习更需要依托于个人生活化情境的建立，强调在生活中的体现。增加课文字词在生活中出现和使用的频率，能使他们能够通过真实的生活实践和情感体验，将课堂学习与生活经验和感受结合起来，能给予学生动力和兴趣，从而增强学生的学习效果和学习效率，提高学生在实际生活中对语言文字词汇的应用能力和理解水平。

于是，笔者尝试着把学生生活中的一些特定情境搬到日常教学中，依据主题设置丰富的活动和实践体验，在这个过程中推进课文字词学习。通过一段时间的实践，笔者发现学生的字词学习是有进步的。因此，构建生活化情境确实是一种有效的针对学生学习字词的教学策略。

本文主要介绍在一年级下册生活语文《自然与社会》这一单元中，如何通过构建生活化情境，提高语文字词学习的有效性。

二、过程描述

（一）课前准备

1. 析课文，确定教学方向

《过生日》一课，以图文结合的形式展现乐乐过生日的场景和相关字词。教师通过构建真实过生日的场景，帮助学生回忆"过生日"的场面，理解词语"生日"的含义，鼓励学生说出在此情境下的常用祝福语"生日快乐"。

《儿童节》一课，围绕儿童节教学内容展开，通过课文插图，呈现了孩子

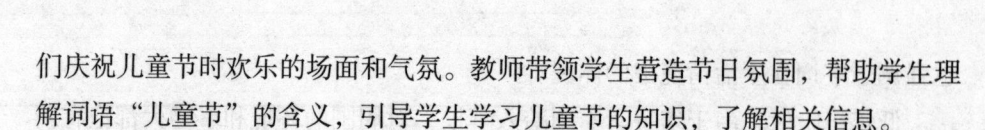

们庆祝儿童节时欢乐的场面和气氛。教师带领学生营造节日氛围，帮助学生理解词语"儿童节"的含义，引导学生学习儿童节的知识，了解相关信息。

《花草树木》一课，以自然界中常见的花草树木为主题展开教学。教师可以把学生带入大自然，比如学校的果蔬汇基地，有意识地培养学生主动观察、主动发现自然界中的花草树木，帮助学生理解词语"小花""小草""大树"的意思，同时渗透爱护环境、保护环境的意识。

总体来说，《自然与社会》这单元的三篇课文以节日和自然为主题，比较贴近学生的实际生活，适合构建生活化情境来激起学生对相似场景的回忆，从而帮助学生更好地学习课文。

2. 析学情，确定分层目标

依据生活语文课程标准的相关要求，课前通过对学生语文基础能力及单元内容的仔细分析，来准确把握学生学习的整体方向。具体情况如表1所示：

表1 学生学习情况分析

能力目标	能力要求	A 层		B 层		C 层		
		张**	薛**	季**	金**	王**	杨**	鲁**
		中度	自闭症	中重度	中重度	自闭症	重度	重度
听	听懂字词并指认图片：生日、儿童节、小花、小草、大树	★	★	★	★	√	√	—
读	结合生活情境认读生字：日、月、大、小	★	★	√	√	—	—	—
读	结合生活情境认读词语：生日、生日快乐、儿童节、小花、小草、大树，理解词语的含义	★	★	√	√	—	—	—
	跟读句子：生日快乐、六月一日是儿童节	★	★	√	√	—	—	—

（续表）

能力目标	能力要求	A 层 张** 中度	A 层 薛** 自闭症	B 层 季** 中重度	B 层 金** 中重度	C 层 王** 自闭症	C 层 杨** 重度	C 层 鲁** 重度
说	结合场景说词语：生日、儿童节、小花、小草、大树	★	★	√	√	—	—	—
说	结合场景说句子：生日快乐、六月一日是儿童节	★	√	√	√	—	—	—
认字	认识生字：日、月、大、小	★	★	√	√	—	—	—
情感态度	感受"过生日""庆六一"等愉悦的节日氛围；树立爱护花草树木的意识	★	√	√	√	—	—	—

备注："★"表示能独立完成，不需要任何辅助形式；"√"表示需要外在辅助或口头提示才能完成；"—"表示不能完成。

通过以上课前评估，笔者发现大部分学生对本单元内容有一定的熟悉度，但对课文相关的字词理解和记忆相对困难，有的学生只会机械地跟读跟说。由此可见，生活语文字词教学需要利用生活化的特定情境，让学生能够在情境中反复接触相关字词，主动把字词和其代表的含义联系起来，以真正达到内化于心的学习效果。

（二）课堂教学

基于课前对单元和学生情况的分析，笔者充分利用学校和学生家庭已有的教学资源，增加了许多生活化的情境和趣味环节。以下由两个真实教学片段来具体说明：

1. 利用多媒体技术和场景布置，构建生活化情境"过生日"

（1）课前环境布置

教师在教室里提前装饰好了生日蛋糕、包装好的生日礼物、五颜六色的彩带和写有"生日快乐"的气球，营造真实过生日的氛围。

（2）上课过程

①【呈现学生在家过生日的视频和照片】初步了解"过生日"。

②【呈现课文图片】结合课文情境进一步了解"过生日"。

③【呈现教师提前布置好的背景】在真实的场景中巩固词语和句子，感受过生日的氛围。

教师出示一位C层学生的照片，并提问：今天是谁的生日？

生：今天是×××的生日。

师：我们一起来给他过生日！那过生日会做什么呢？

生（自由回答）：……

教师组织学生说"生日快乐"、唱生日歌、吃生日蛋糕、赠送生日礼物等，以贴一贴小卡片的形式巩固学习的生字词。

④【呈现刚刚过生日时的照片】教师进行总结。

⑤ 教师设置班级生日墙，并布置作业：过生日时，在爸爸妈妈的帮助下拍摄一段短视频分享给同学，并说说你是怎么过生日的。

（3）总体说明

首先，呈现给学生事先收集好的影像资料，帮助学生集中注意力，主动自发地从头脑中调取相关记忆，初步构建对"生日"的印象。其次，结合课文插图，引导学生观察，找一找过生日的标志性物品（比如生日蛋糕），帮助学生抓住关键点，以更准确地识别过生日的场景，更好地理解词语的含义。再次，当然也是最重要的，笔者把一场真实的生日会搬进了课堂，并且把需要教授的字词巧妙地融入环境布置和物品中，增加字词在学生面前出现的频率。其间，学生可以在真实的"过生日"情境中学习字词、说话表达、体会情感。在这样真实体验的基础上，学生能更好地对课文中呈现的场景产生熟悉感，进而理解其意义，以达到预设的教学目的。最后，以设置班级生日墙和拍摄短视频的方法，将字词学习融入班级文化和家庭生活中，让学生能够在长期的过程中反复接触、反复记忆、交流表达，这是一个相当有效的学习过程。

2. 利用学校和社会资源，构建生活化情境"大自然"

（1）课前环境布置

首先，教师用KT板和学生一起制作大大小小的花草图案，布置在教室的各个位置，让教室充满自然的色彩，从而达到把课文内容巧妙地融入班级文化，让学生时时刻刻接触到和字词相关的图片，加深学生的记忆，提高他们主动学习和巩固的意愿。学生亲自动手参与制作和布置的过程，也是一种变相的对课文内容的预习，使学生能够在活动中学习、在活动中感知，从而更能加深学生对相关事物的印象。其次，教师还在教室的角落开辟了班级植物角，将学校果蔬汇里的花草植物搬进了教室。最后，还制作了主题为"我与花草做个朋友"的植物喜爱榜。

（2）上课过程

①【呈现学校果蔬汇基地视频】导入课题，初步感受自然的风光。

师：在我们的果蔬汇基地里你看到了什么？

生：小花、小草、大树……

师：是啊，我们的果蔬汇里有许多的花、草和树木，今天我们就一起来学习课文《花草树木》。

②【呈现乐乐和兰兰在花园里画画的场景图片】引导学生仔细观察图片，进一步学习花草树木的特点。

师：远处有哪些景物？近处有哪些景物？再看看大树周围盛开着什么？它们分别是什么样的？

生（自由回答）……

③ 带领学生实地逛一逛果蔬汇基地，让学生拿着制作好的字词名片，在果蔬汇园地中找一找相应的植物，并请学生来介绍一下找到的植物。

师：你能给同学们介绍一下找到的植物吗？

④【揭示班级植物角和"我和花草做个朋友"植物喜爱榜】布置作业。

师：这是我们班的植物角，请同学们各自认领一盆喜欢的植物，仔细关心呵护它，每周完成一份简单的植物观察日志，这样才能得到小花小草们的喜爱哦！

⑤ 课外社会实践：请学生在学校组织的上海鲜花港一日游活动中和家长一起继续找一找、说一说，拓展自然教育。

(3)总体说明

首先,充分利用教材设置的"乐乐和兰兰在花园里快乐地画画"这一情境,引导学生仔细观察图片中出现的事物及其特点,培养学生观察图片的能力。其次,结合学校特色——果蔬汇基地,在学生熟悉的场景中巩固课文中的字词,丰富学生的感知,了解字词含义,知道小花的颜色是丰富多彩的,以及花草树木的种类有很多。再次,班级植物角的设置,以作业的形式要求学生观察和照顾植物角里的花草,再通过主题为"我与花草做个朋友"的植物喜爱榜验收成果,鼓励学生主动关爱花草,养成爱护花草树木的意识。最后,利用学校组织的社会实践活动,让学生能够在更广阔开放的真实的大自然中,进一步巩固课堂上学到的字词,拓展自然教育,领略大自然的风光。

(三)教学策略

构建生活化情境是一种有效的教学策略,能够提高学生的字词学习效果。以下是笔者在教学过程中采用的一些教学策略,可以有效地构建生活化情境,以提高语文字词教学的有效性。

1. 创造真实情境

在教学中,教师可以通过创造真实情境,让学生更好地理解和运用学习过的字词。例如,《儿童节》一课中,笔者在教室里搭建了一个小舞台,以一个小型"六一"联欢会的形式帮助学生理解词语"儿童节",体会儿童节欢快的氛围;《花草树木》一课中,笔者组织学生在校园中寻找各种小花和小草,为它们贴上名片。通过这些真实的情境和丰富的实践活动,让学生能够在一个愉悦的氛围中学习和巩固字词,增强学生的实际体验,促进学生主动将字词和现实含义联系起来,以更好地理解和记忆生字词。

2. 充分挖掘和利用学生的生活经验和感受

学生的生活经验和感受具有多样性和差异性,可以让学生在课堂上分享自己的生活经验和感受,从而构建个性化的教学情境。

3. 制作个性化的字词卡片

教师可以让学生在生活中找出本单元学习过的字词,例如,小花、小草、生日蛋糕等,然后在家人的帮助下把这些字词写在卡片上,并用图片或图形加以说明。学生可以在课堂上互相交流这些卡片,也可以贴在相应的物品上。

4. 充分利用课外社会实践活动

学生在校外参加各种活动时,可以把这些活动和字词学习结合起来。例如,学校春季实践活动组织学生去鲜花港游览,在这个过程中可以让学生拿着学习过的词语卡片找一找小花、小草和大树,有能力的学生可以试着寻找和记录各种花草和树木的名称。通过将字词学习与生活场景相结合,可以增强学生的学习兴趣和体验感,提高他们的学习效果和学习积极性。

5. 利用故事情节

故事情节是一个很好的教学工具,可以帮助学生更好地理解和记忆语言文字词汇。教师可以在教学中利用故事情节,让学生在相似的情境中体验和运用课堂学习的字词,提高学生的学习兴趣和学习效果。

6. 利用丰富多彩的游戏

游戏是学生最喜欢的活动之一,可以通过在某个特定场景中设置丰富有趣的游戏,比如,在《儿童节》一课中,构建"六一"联欢会情境,设置一些有趣互动的小游戏,让学生能够在轻松愉快的氛围中学习字词,积极运用字词,体会儿童节欢快的氛围。

7. 利用多媒体技术

多媒体技术是现代教学中不可或缺的一部分,可以通过多媒体技术辅助教学,构建生动、形象的教学情境,提高学生的学习效果。教师可以利用多媒体技术,设计生动、形象的教学课件,通过视觉和听觉的双重刺激,让学生体验到真实的场景,从而更好地理解和掌握新的字词和语言表达方式。

构建生活化情境需要教师不断探索和实践,通过多种教学手段和策略的运用,提高学生的学习效果,如,情景模拟教学、语言交际、启发式教学、差异化教学等,帮助学生在具体的情境中学习语言文字词汇和知识。同时,教师还应该注重激发学生的学习兴趣,创造趣味性,利用多媒体技术,注重差异化教学,并与家长积极互动,共同关注学生的学习进程和成长。

三、效果与反思

(一)效果

通过一段时间的实践,笔者发现对一年级的字词教学来说,生活化情境教学是一种行之有效的教学策略,很好地提高了学生字词学习的能力。

1. 通过构建生活化情境,将学习内容与学生个人生活和实际情境相结合,可以提高学生的学习兴趣和主动性,让学生在轻松自然的氛围中学习、理解并掌握相关字词和知识。

2. 通过多种教学策略的组合运用,可以让学生在不同的情境中学习和应用语言文字,培养他们的语言表达和交流能力,为以后更高层次的语言文字学习打下良好的基础。

3. 生活化情境教学还能够激发学生的创造力和想象力,帮助他们更好地理解和掌握语言文字词汇和知识,培养他们的学习兴趣和学习习惯,从而提高他们的综合素质和未来的发展潜力。

(二)反思

在实践中,生活化情境教学也存在一些挑战和难点。

1. 学生的生活经验和感受具有多样性和差异性,如何在教学中体现个体差异,满足不同学生的学习需求,还需要在实践中加以探索。

2. 特殊学生主动学习的能力较差,如何让学生在日常生活中积极主动地发现、探究和运用语言文字词汇,需要教师在教学中不断地创新和尝试。

3. 如何更好地评价和反馈学生在生活化情境教学中的学习成果,需要教师在教学中注重评价和反馈机制的建立和完善。

在教学实施过程中,教师需要注意选择适合学生学习的情境和材料,引导学生发现语言文字词汇的规律和规则,创设合理的学习任务和评价方式,以及关注语言文字词汇的实际应用等。这些注意事项,可以帮助教师更好地实施生活化情境教学,从而提高学生的学习质量,促进学生的不断进步。

关于培智学校生活语文阅读空间创设与运用的思考

王培华

摘要：阅读空间包含两个维度：阅读的深度和阅读的广度。培智学校低阶段学生缺乏阅读兴趣，注意力集中时间短暂。创设生活语文阅读空间，具体而言包括两个方面的内容：一方面，进行扎实有效的课堂阅读教学，营造阅读氛围，采取梯度式的阅读方式，逐渐深入阅读；另一方面，把课堂阅读延伸到课外阅读，扩展阅读的广度，促使学生在阅读空间的拓展中提升语文素养。

关键词：培智学校　低阶段　阅读空间

《培智学校义务教育生活语文课程标准（2016年版）》对低阶段阅读有明确的要求。解读课程标准，阅读要求分为三个方面：① 阅读姿势。能以基本正确的阅读姿势阅读。② 阅读图片。能从图片中找出熟悉的人、物和生活情景，阅读背景简单的图片。③ 阅读文字。知道图片上的文字和画面是对应的。能用普通话朗读简单句，认识其中的标点符号。选择性目标是能阅读情节简单的图画故事书，了解大意。

阅读是语文教学中一项极为重要的内容。对低阶段学生来说，阅读可以巩固识字，促进自主识字，发展思维，提高表达能力，增长知识。但低阶段的智障学生因智力缺陷，阅读有障碍，表现为：辨别汉字有困难；阅读时漏字；阅读时间短；不能理解阅读内容；缺乏阅读兴趣。故需要教师从低阶段抓起，引导学生走进阅读空间，扩宽阅读空间，提高阅读能力，感受学习语文的幸福。

一、阅读空间的内涵

"空间"是哲学术语，特指物质存在的广延性。从教育、教学角度而言，广义的空间概念包括教育外部和教育心理空间。"阅读空间",笔者认为是指在阅读教学中让学生可持续发展的空间。在自由的阅读空间中,才能激起学生阅读的兴趣;在广阔的阅读空间中,才能让学生开阔眼界,感受阅读的魅力。

二、创设阅读的梯度

培智学校的阅读教学要根据智障学生的认知特点和心理特点出发,循序渐进,深入文本阅读,逐步培养基本的阅读能力,发展可持续的阅读兴趣。在低阶段课堂阅读教学中,采取梯度式的阅读模式,能激发学生的阅读兴趣,掌握阅读方法。

(一)第一梯度——氛围引领

1. 视频导入

随着时代的发展,视频提供了一种新颖的教学方式,可以帮助培智学生直观地了解、理解和记忆学习内容。在阅读教学中,教师可以利用视频创设学习环境,吸引学生的注意力,激发学生学习的兴趣。童梦特教云平台能提供与部编版教材同步的数字资源,包括1~3年级与生活语文教材相匹配的课文动画视频。学校购买了童梦特教云平台的服务后,教师可以登录下载视频。

动画是学生喜爱的元素。课文动画与阅读教学有机地融合在一起,构建了具有趣味性的课堂。播放课文动画视频,在视觉和听觉的刺激下,弥补了培智学生注意力上的缺陷,让学生整体感知阅读内容,亲密接触阅读内容,让阅读内容在学习中起到先入为主的作用。动画视频可以重复播放,学生带着问题反复观看,根据自己看到的、理解的内容回答问题,提高口头表达能力。阅读能力欠缺的学生通过动画视频的直观展示,了解阅读内容,从而产生阅读纸质课文的兴趣。

2. 读图猜图

部编版的教材每一课都配有富有生活气息的图片,借助图片展示了生活情境或情节内容。阅读文字前,教师先带领学生阅读图片,从整体到局部,培养学生的观察力、思考力和理解能力,再图文对照,调动学生多感官系统参与阅读活动。

如,课文《好朋友一起玩》有以下三幅插图:

图1 　　　　　　　　图2 　　　　　　　　图3

教师陆续出示图片，指导学生观察图片：你看到了什么？图片上有谁？它们在干什么？遇到小河，小兔怎么做？小鸟怎么做？让学生猜一猜故事内容。学生很喜欢"小兔"和"小鸟"，对发生在它们之间的故事很感兴趣，能够用自己的话表达出来。预测故事内容可以激发学生的学习兴趣和参与的欲望。

有了学习的铺垫，教师出示故事的句子，在轻快音乐的渲染下，绘声绘色地讲故事。学生仿佛身临其境，感受与好朋友一起玩耍的快乐。教师读故事给学生听，就像和学生手牵手到故事乐园旅行一样，学生兴趣倍增。学习故事的文字内容，就成了水到渠成的事情。在氛围的引领下，开启阅读之旅。

（二）第二梯度——深入阅读

1. 指读

指读，就是学生在阅读时一边用食指指字，一边读出字音，达到眼、手、口、脑的综合运用。在低阶段阅读中，要培养学生指读的习惯。通过指读，让学生的注意力集中在阅读内容上，在反复阅读中加深对字的记忆和关联。对中年级段学生来说，没有阅读障碍，阅读速度也已经提高了，对指读没有硬性的要求。

培智学生指读的困难在于手口不能配合起来，较难按照阅读文字的顺序进行指读，嘴在读，手指却停住了，或者读的字并非是手指的字。教师需要辅助学生，读一个字，指对一个字。对于排斥指读的学生，提供手指点读发声书，激发学生指读的兴趣。指读训练刚开始，要放慢指读的速度。随着训练时间的增加，等学生能够达到指读的要求，一行接一行地读，再提高指读的速度。

实践证明，对于低阶段的培智学生来说，指读是一种有效的阅读技巧，可以防止增减字、跳行和读错字，强化识字，增加识字量，促进学生的阅读。指读前,播放读书姿势的儿歌"脚放平,人坐正。左手按书,右手指字,字字过目",强化指读的要求,让学生对照儿歌自我检查,养成正确的阅读姿势。

2. 配图配乐读

文本阅读要求学生依据部编版的教材阅读,在教师的指导下欣赏和解读文本,吸收文本的精华,传承作者赋予的精神,让学生成为语文学习的主人。低阶段的文本篇幅短小,一般由1~3句话组成。每课认读1~2个生字,识字量少。句子中有不少字对学生来说是生字,认读有困难,可以降低要求,跟读即可。学生对抽象的文字符号有畏难心理,可以为句子配上图片,增加句子的可读性,让学生借助图片读出相应的字词;也可以配上与文本内容相关的音乐,补偿培智学生形象思维的缺陷,体会文本的内涵。

如,《好吃的水果》的课文内容是:"苹果圆,香蕉弯。大大的西瓜甜又甜。"其中,"苹果""香蕉""西瓜""圆""弯""甜"都是跟读的字词。读课文时,三种水果配上实物图片,"圆"配上圆形的图片,"弯"配上弧形的图片,"甜"配上小孩高兴地吃西瓜的图片。在图片的辅助下,学生顺利地读完课文。在阅读中,学生了解了不同水果各自的外形特点。图文并茂的句子形式适合低年级阅读教学。又如,《升国旗》的课文内容是:"五星红旗,我们的国旗。国歌声中,徐徐升起。向着国旗,我们立正。望着国旗,我们敬礼。"在阅读时,播放国歌的伴奏音乐,让培智学生联想起生活中升国旗的场景,感受升国旗时庄严肃穆的气氛,体会文本蕴含的情感,激发他们对五星红旗、对祖国的热爱之情。

阅读教学就是和文本对话的过程。培智学生因生活阅历、知识水平、智力水平的局限,其阅读的流畅度、深度不够,需要教师带领学生逐步深入阅读。课堂上,读得越充分,对文本印象就更深刻,从书面语言中获得的信息就更多。

(三)第三梯度——阅读表演

表演是低阶段学生喜爱的活动方式。通过表演加速学生与文本的融合,充分理解文本,提高学生的口语表达能力和创新能力,培养学生语文的综合素养。

1. 文本表演

学完《好朋友一起玩》,让学生配上动作讲一讲、演一演。过河时,"小兔"蹦蹦跳跳地过去了。教师提醒学生:小河很宽,小兔应该怎么过去呢?

"小鸟"却是停留在原地打转。教师又提醒学生：小鸟得过河啊！快扇动翅膀飞过小河吧！学生用言语描述故事内容，用肢体动作模拟小动物过河的情境，把抽象的文字化为直观的画面，活跃了课堂气氛，提高了理解故事的能力。文本表演可以让学生在玩中学、学中乐，满足了学生的主观能动性，体会了阅读乐趣。

2. 创造性表演

文本的表演，也可以不完全依赖于文本，让学生在文本的提示下大胆想象，开阔思维，促进学生的思维能力，培养学生的创新能力。

如，《中秋节》的课文内容是："八月十五中秋节。赏月亮，吃月饼。全家一起乐团圆。"学完课文，请全班学生模仿课文插图中兰兰的一家人围坐在一起，聊聊家常。一开始有些冷场，在教师的示范和调动下，学生打开了话匣子：有的称赞月饼的味道；有的表达对月亮的喜爱；有的对住在月亮上的嫦娥很是好奇；有的祝爷爷奶奶身体健康……在"家庭氛围"中，学生体会到了文本的中心思想。

低阶段阅读教学通过有梯度的阅读模式，吸引学生走进阅读空间，让学生在多样化的阅读中感受、理解、体验文本内容。

三、扩展阅读的广度

培养学生的阅读能力不能局限于教材内容，应扩展阅读的广度，从课内延伸到课外，扩大学生的阅读面，增加学生的课外阅读量，开阔学生的视野，促进学生智力的发展，更应充分利用校园环境创设生活阅读空间，打造书香校园，学生可以自由地阅读，使阅读成为一种生活习惯，让学生受益终生。

（一）开辟"1+1"阅读空间

全国统编教材总主编温儒敏教授建议阅读教学可采取"1+X"的办法，即学一篇课文，附加若干篇泛读或课外阅读文章。根据培智学生的学习情况，把"1+X"调整为"1+1"，即结合课文学习内容，推荐学生学习一篇相关的课外阅读内容。

如，学习了《对韵歌》后，推荐学生学习《笠翁对韵》节选。《对韵歌》

和《笠翁对韵》对应的每一句字数相等，对仗工整，声韵协调，易学又易记。学生在识字识词的同时，能感受汉语的音韵之美；学习了《不挑食》后，推荐学生学习儿歌《大米饭》"大米饭，香喷喷，小朋友们都爱吃。吃得饱，长得高。"儿歌朗朗上口，浅显易懂，生动有趣，学生学得轻松愉快，故深受学生的欢迎。

又如，三年级第二学期第二单元包含《镜子里的我》《坐正站直》《好朋友一起玩》三篇课文。其中，《好朋友一起玩》是图画故事，讲的是小鸟和小兔一起玩耍，让学生知道好朋友对自己的意义，让他们愿意结交新朋友。在低阶段教材中，这是第一次呈现图画故事。图画故事综合了图画和文字两种表现形式，符合低阶段学生的心理特点。学生在图画中读故事，在读文字中运用所学的汉字并获得新的知识，扩大阅读的篇幅，促进了多元智能和学习能力的发展。这是拓展学习图画故事的契机：学完了《好朋友一起玩》，推荐学生阅读图画故事《好朋友》；学完了《镜子里的我》，推荐学生阅读图画故事《小花猫照镜子》；学完了《坐正站直》，推荐学生阅读图画故事《驼背小龙虾的故事》。

为了保证课外阅读的质量，《笠翁对韵》和儿歌应随文教学。故事可以在"阅读与写字"课程中开展，为学生的课外阅读保驾护航。

（二）开创生活阅读空间

为了保障学生的阅读学习，除了课堂、图书馆，还应该有时时刻刻都能找到的阅读空间，让阅读无处不在。在学校的支持下，设立了班级图书角、楼梯图书角和大厅图书角，将阅读、交流、休闲空间融为一体，实现空间功能的最大化利用。

班级图书角为了吸引低阶段学生，在环境布置上要富有童趣。书架四周摆放学生喜欢的电子琴、芭比娃娃、毛绒玩具，贴上装饰画，营造出童话的氛围。

楼梯图书角空间狭小，但也可以打造成阅读空间。书柜上的绿植、角落里的小沙发、榻榻米上的蒲团营造出静谧的氛围，学生在休息时可以在这些地方阅读。

大厅图书角空间开阔。暖色调的长排沙发可以让学生坐得非常舒适。茶几上、"棕榈树"下、"向日葵"旁，都摆放着各种各样的图书，供学生自由选取。

阅读空间是读书的地方，更是一个学习的多功能空间。低阶段学生自我保护能力不足，在设计时要兼顾安全和美观，为激发学生的阅读兴趣、培养阅读习惯提供保障。

四、阅读空间实践的思考

笔者经过3年的阅读教学实践发现，学生从喜爱读识字图文卡到喜爱阅读图画故事，在阅读方面取得了很大的进步。在低阶段阅读教学中，要注意以下两点：

（一）阅读内容需要选择

"1+1"推荐阅读课外图画故事时，需要教师储备一定数量的课外故事，熟悉经典读物，能够针对学生的年龄、阅读水平、阅读的兴趣爱好，挑选适合学生阅读的故事。推荐课外图画故事要注意故事的篇幅和与课文内容的契合度。

1. 长篇故事要精简

《镜子里的我》是描写兰兰照镜子自我观察的两段话。关于照镜子，有个《小花猫照镜子》的故事。故事情节生动有趣，结尾的话富有教育意义。猫妈妈语重心长地说："孩子，记住，要想别人尊重自己，首先要尊重别人。"这句话点明了相处之道：尊重是人际交往的重要前提。原文有四段话，300字左右。对学生来说，阅读字数的数量过多。篇幅长的故事，要缩短篇幅，方便学生阅读。因此，可以把故事改编成四段简短的话，配上相应的图片，推荐给学生。

2. 教育意义要延伸

《坐正站直》联系了生活情境，教育学生要养成正确的坐姿及站姿。课文共有两句话："小朋友，要坐正，不学小虾把腰弓。小朋友，要站直，抬头挺胸如青松。"相较而言，学生对第一句更感兴趣。关于小虾弯腰缘由的故事有很多，情节简单，描述平淡。教师在进行比较后挑选了《驼背小龙虾的故事》，它的对话形式能吸引学生。借助动画视频刺激学生的感官，再让他们阅读精简的故事内容，就知道小龙虾驼背后再也不可能挺直，懂得保持正确姿势的重要性。

（二）阅读成长需要陪伴

低阶段学生的阅读处于阅读起步阶段。学生尚不具备独立阅读的能力，需要成年人的引导，也需要同龄人的陪伴分享，从而降低阅读的难度。

1. 成年人的陪伴

在学校，教师需要陪同学生阅读，教授阅读的方法，帮助学生解决在阅读中遇到的困难。在家里，家长需要陪同孩子阅读。家长与孩子共同阅读的方式被称为"亲子阅读"。在亲子阅读过程中，家长和孩子一起作为读者，共同参与。家长既可以充分了解孩子阅读的倾向，引导孩子深入阅读，也可以增进和孩子之间的感情。教师可以定期为家长进行亲子阅读指导。通过成年人的阅读陪伴，消除学生对阅读的畏惧心理，喜爱上阅读，为培养终生阅读的习惯打下良好的基础。

2. 同伴的陪伴

同伴与学生的年龄接近，彼此有共同的话题。志趣相投的同伴更愿意一起阅读同一本书，自觉完成合作阅读。在阅读的过程中，遇到不认识的字，同伴会主动告知；阅读中产生困惑，同伴会帮忙解答或一起讨论；阅读中的发现，会彼此分享……亲子阅读是一种快乐，同伴阅读是另一种快乐。随着学生年龄的增长，同伴阅读更受欢迎。同伴之间还会相互推荐阅读书籍，共同学习。

在生活语文课程标准的指导下，教师有效开展了低阶段阅读教学的探索，调动了培智学生阅读的积极性。学生进入阅读空间，用正确的姿势阅读，感受阅读的快乐，养成良好的阅读习惯，为中年级阅读技能发展奠定了坚实的基础。

参考文献：

［1］王月琴.语文阅读空间的拓展实践［J］.教育研究与评论，2011（1）.

［2］田建军.在阅读空间感受语文幸福［J］.教育，2016（38）.

［3］查宝妹.把握舍得，开辟课堂"1+X"阅读空间——以《纸船和风筝》为例［J］.语文天地，2019.

生活语文虚拟学习空间的创设与运用

严嘉怡

摘要：教师教学形式单一、学生上课兴趣不高，导致培智生活语文课堂的教学效率偏低。随着课堂教学改革，信息技术以其独特的优势广泛应用到课堂教学中。信息技术与语文课堂结合，教师利用好多媒体技术创设虚拟学习空间，优化教学方法，将课堂的主体交给学生，引领学生扎实学习，能让培智生活语文课堂的教学形式更丰富多元、更生动有趣，提升生活语文课堂的教学质量。

关键词：培智教育 生活语文 虚拟学习空间

有效课堂教学是提升教育教学质量的重要抓手。为了确保学生能够在校内学足学好，教师应着力提高课堂效率。教师可利用多媒体技术、教学软件、网络平台等方式创设虚拟学习空间，提升课堂教学效率。

一、虚拟学习空间在生活语文教学中的价值

（一）培智低年级语文教学现状

1. 课堂主体性。目前，大部分低年级生活语文课堂中，由于低年级学生自我表达能力较差，教师更喜欢以一言堂的方式进行授课，导致教师与学生的沟通性差，也进一步导致培智学生在课堂上，主要以服从教师的指令为主，进而降低学生学习的自主性，学生上课的积极性变差。同时，又因为低年级学生注意力差、缺少学习动力、对知识的求知欲不强，在课堂上没有学习的主动性，课后"问"教师的积极性不高，导致问题逐渐堆积，影响下一阶段的学习。这对语文课堂的教学质量产生了很大的影响。

2. 教学方法落后。大部分教师还是按照传统的教学方式进行授课，这种

落后的教学理念,虽然从教师角度看来不出错,但跟不上培智学生的教学需求。培智学生有自身的个性特点,在学习方面需要个别的指导,模式化的教学必然导致课堂乏味,造成学生对语文学习的抵触情绪。

3. 教师缺乏教学技术的创新性。在教学过程中,教师虽然会使用多媒体进行教学,但不能运用更复杂、更有趣味性、更有创新性的多媒体技术,学生在长时间适应了教师的单一教学模式后,会在语文学习方面逐步缺乏兴趣,甚至产生消极情绪。

(二)虚拟空间学习在生活语文教学中的作用

1. 提高语文课堂的有效性。为了让培智学生在课堂上学到知识、学足知识,提升课堂的有效教学,教师可以借助网络寻找有利于教学的图片、视频、音频等资源,根据课文内容、培智学生所在年级对应学段的教学目标内容、学生的个性特点等,整合出激发学生学习兴趣的虚拟学习空间,从而在授课过程中吸引学生注意力,使学生能主动地融入语文学习课堂中,认真学习生活语文,从而提高课堂教学的有效性。面向需求,服务育人。随着时代发展,教师要不断学习新的信息技术,以辅助自己的日常教育教学,充分利用学习空间,充分备课,积极研讨,及时反思,从而提升课堂效率。

2. 增加学生的学习兴趣。培智学生有智力发育迟缓、记忆力差、思维能力低等特点,培智低年级阶段生活语文教学,更多以适应社会和生活作为目标,是使学生逐渐了解并掌握生活技能的基础学科。所以,在低年级的生活语文教学中,要贴合学生个性特点、生活习惯、学习习惯。在生活语文教学课堂中,恰当地使用信息技术创设虚拟学习空间,能增加课堂的趣味性、生动性,让学生更快速地进入到课堂学习中,提高学生的学习兴趣,让学生化被动学习为主动学习。

3. 有效突破教学难点。培智学校低年级语文课堂时间只有35分钟,除去课堂中需要维持纪律的时间,真正留给教学的时间十分有限。学生是学习的主体,对于有难度的问题,教师应作为"引导员",为学生搭建具体可操作的学习支架,引导学生开展探究性学习。

(1)搭建学习支架,引导学生学习

培智学生普遍存在智力有缺陷、学习能力受限等问题。他们的抽象思维能力低下，遇到较难的抽象性字词、句子和古诗词等需要教师的帮助。教师应找准学生的最近发展区，根据学生的现有水平和学习需求，通过虚拟学习空间帮助学生搭建合适的学习支架，明确学习目标，分解学习任务，将抽象意境转化为具象，引导学生理解字词句的意思，帮助学生进行知识迁移，在生活中能灵活运用。

（2）创设虚拟学习情境，解决难点

在低年级阶段的语文教学中，培智学生都是在教师一定的帮助下借助图片理解字词的意思、借助生活化的图片识记生字、借助有情境故事的游戏提高巩固字词的兴趣的。教师在虚拟学习空间中创设趣味性游戏，不仅能解决教学难点，增加学生学习趣味，也能增进教师与学生的互动，增多教师对学生进行学习评价的途径。

二、基于虚拟学习空间的教学模式

（一）合理安排教学活动

教师要充分考虑到培智学生的个性差异，进行教学分层，制定符合学生教学需要的教学任务，并积极鼓励学生参与教学活动，在利用虚拟空间教学时观察学生的学习动态，与学生做好及时沟通，帮助学生处理解决遇到的问题。

（二）合理评价学生

在应用虚拟学习空间指导学生学习时，不能只注重学生的学习结果，要根据学生的自身特点，及时给予学生正向评价、过程性评价和阶段性评价。教师可参考学生在虚拟学习空间中完成各种练习的情况，实时记录学生的学习情况、学习变化，以便掌握学生的学习心理和动态，在之后的教学中运用更适合的教学活动激发学生的学习积极性。

（三）跟进家校联合

教育不应是教师一方参与，还需要家长参与其中，家校联合式教育，能促进学生进一步成长。培智学生记忆力较差，只能短暂记忆，因此，更需要家长在家中帮助培智学生及时巩固学习的新知。教师利用在线平台、班级群传送录制的微课或希沃胶囊等形式，便于家长帮助学生巩固在学校所学的知识。教师还可以浏览希沃胶囊后台中学生完成作业的次数、游戏活动时长，记录下与家长交流学生学习情况的时间和次数、交作业的情况，为学生制定更合适的个性化课堂学习要求，提升学生参与课堂的积极性，让学生学足知识。

三、虚拟学习空间在生活语文教学中的运用举例

（一）虚拟学习空间助力识字学习

识字教学是低学段语文教学的重点，是阅读、写作的基础。汉字中有一类是象形字，教师利用图片帮助培智学生识字，既能帮助学生识记理解，又能增强学生的识字兴趣。

以部编版生活语文二年级下册《马牛羊》为例，在上课前，笔者在摸清学生的学习情况后发现，学生非常熟悉这三种动物的图片，但是大部分学生在认读生字、词语方面有所欠缺。所以，在授课的过程中，笔者给学生播放了汉字演化的视频，又在教授的过程中，在生字、词语旁边放上相应配图，让学生通过图片认读词语，提高课堂学习的效率。在课程最后的巩固练习阶段，笔者用"为迷路的动物找家"这一情境设置，让学生将动物图片移动到有生字的动物房子里，帮助学生掌握生字、理解生字意思。

（二）虚拟学习空间助力写字学习

培智学生手部不协调，手眼协调也存在一定障碍，写字对他们来说比较困难，要让他们学会写字，需要一定的时间和耐心。

以部编版二年级上册生活语文《中国人》一课为例，在识字教学环节，笔者利用希沃软件中的写字示范功能，向学生清晰直观地展示生字"中"的笔画顺序、书写注意事项。培智学生注意力不够集中，记忆力也较差，这个教学过程需要教师反复几遍，他们会渐渐失去学习兴趣。所以，笔者搭配播放识字卡通视频，让学生在观看视频的过程中巩固了生字的正确笔画顺序。为了进一步帮助学生巩固汉字学习，笔者还利用上希沃的分组竞争游戏，让学生找一找汉字"中"，让学生通过辨析字形的方式在心中记住汉字"中"。

再以部编版二年级下册生活语文《小画家》一课为例，在写字教学环节，

笔者利用希沃软件直观展示生字"小"的笔画顺序，带读笔画名称，在说清写字注意点后，利用希沃的空白田字格，引导学生移动笔画"拼"成正确的汉字"小"。学生在移动的过程中，回答教师询问的笔画名称，教师在学生移动好笔画后，请学生再比一比自己移动的生字和示例生字之间的区别，帮助学生更好地认识生字、观察生字的结构，为学生独立在田字格本上描字、写字打好基础。

（三）虚拟学习空间助力词语学习

以部编版二年级上册生活语文《中国人》一课为例，这篇课文中较难的是如何将爱国主义思想根植到培智学生心中。学生难以理解抽象的概念"中国""中国人"，教师需要将抽象化为具象，帮助学生更好地理解记忆词语。课文配图是语文教师带着学生上语文课，学习汉字和词语，说汉语。笔者据此设置了虚拟学习情境，带学生观看课本里的学生是怎么了解"中国"和"中国人"这两个词语的，在教学中多用提问性的话语，引导学生多去观察、探索。

课后习题中有一张中国的地图，在课程中，笔者将这道课后习题设计在课堂导入环节。笔者用猜谜语的方式先让学生认识大公鸡的样子，再用猜一猜、比一比大公鸡和中国地图的形状，这对学生来说是新的事物，学生有了学习的兴趣，同时也加深了对中国象征的印象，他们能通过这一教学环节初步了解象征中国的不仅仅有国旗、国徽，还有地图。笔者再出示汉字，帮助学生了解图片的意思，了解祖国的地图，增进对祖国的了解。课堂上，在通过观察图片的方式了解中国地图后，笔者又给学生呈现了第五单元开篇的一张"中国人"的图片，图片上是来自中国56个民族的小朋友，图片的背景是北京天安门和中国的国旗。这张图片让学生了解了中国是由56个民族组成的，各个民族之间相亲相爱，组成了一个大家庭，每个民族的人都热爱中国。课后说话练习题里有一张贝贝、兰兰、乐乐、天天站在天安门前的图片，通过让学生了解图片里熟悉的小朋友，再说一说他们身处的地方和国旗的名字，使学生知道中国的首都在哪里，天安门是什么样的，天安门上挂着谁的画像，让学生知道中国的革命领袖和象征性景点，增加学生的民族自豪感。在说到象征性景点时，笔者引出了课本之外中国独有的一些其他景点，例如，万里长城、秦兵马俑，还有闻名世界的茶叶、瓷器，进一步增加学生对国家的自豪感与认同感。

再以部编版生活语文二年级下册第二单元《身体好》一课为例，这个单元的课文围绕学生的个人生活展开，为了能让学生跟着教师投入课堂学习中，笔者在课程一开始播放动画视频《我爱运动》，通过卡通视频吸引学生注意力，通过视频内容激发学生的学习兴趣，同时，让学生了解运动的好处。在这一课中，为了让学生能够跟读与兰兰一天生活相关的词语"运动""起床""睡觉""早睡""早起"，笔者利用"小兔子过河"的故事设置虚拟游戏学习空间，请学生通过跟读或认读词语的方式帮助小兔子过河，让学生在感受到游戏快乐的同时，有完成游戏的成就感，产生跟读、认读词语的兴趣。

（四）虚拟学习空间助力古诗词学习

古诗文离学生的生活实际较远，传统教育仅教授学生朗读和背诵技巧，只能提高学生朗读古诗时的韵律感，对学生领悟诗词意境起不到较大作用。因此，在古诗词的教学中巧妙地创设虚拟学习空间，把古诗词中的意境形象生动地呈现在学生面前，较符合学生的学习需求。教师利用虚拟学习空间创设的学习情境，可以帮助学生突破这一难点。

古诗《咏鹅》是部编版生活语文一年级下册语文小天地里需要学生学习的一首古诗。在教学过程中利用图片创设虚拟学习空间，利用丰富的语言将学生拉到生活中，拉近学生和教学内容之间的距离。在上课时，直接让学生看到一张"大白鹅"的图片，让学生结合生活实际回答图片中是什么动物，以此为课程开端，建立起了解大白鹅的学习空间。学生在平时学习和生活中，更熟悉的是鸡、鸭、猫、狗、小鸟这些比较常见的动物，对于"鹅"比较陌生。一张图片展示，不仅能引发学生的好奇，也能增进和学生之间的言语互动，更能让学生了解这首古诗的诗题意思及整首诗的内容。

在教学的过程中，笔者特意强调了诗人作诗的背景及作诗的年纪，激发了学生学习古诗的好奇心，让学生好奇与他们年纪差不多的7岁孩童能写出什么样的诗来，鼓励学生向诗人学习，在自己喜欢的事情、擅长的事情上做出一番小成就。接着又以诗人和大白鹅在一起的水墨画做陪衬，让学生知晓古代时"鹅"的样子与现今没有差别，更主要的是为了让学生了解古时候7岁的诗人是怎样穿着的，这能让学生了解古代学子的衣着文化。

单一的教学方法是无法满足学生的学习需求的，特别是需要学生理解和记忆的古诗词。而且低年级的特殊学生的遗忘速度非常快，对视觉的刺激比对听觉刺激更有效，利用网络上出现的配有古色古香画面的视频，配合优美旋律唱古诗，帮助学生欣赏不一样的古诗美，能提高学生的学习兴趣，降低学生学习古诗词的枯燥感。

（五）虚拟学习空间助力家校互动

随着手机和网络的普及，学生和家长接触手机的机会很多，"抖音""美图秀秀""黄油相机"这些软件不少年轻家长都有接触，软件自带的古风贴纸和特效无疑对古诗诵读有很大的帮助。

教师在完成古诗词教学后，可以在班级群发布手机软件使用说明，帮助家长与孩子共同完成新型的诵读古诗体验。学生在复习巩固古诗的过程中，增加了亲子交流的机会，拉进了家长与学生之间的距离。学生看到视频中的自己，也会增加对自己的了解；在观看视频的过程中，视觉和听觉的反复刺激也相当于对古诗进行了多次复习巩固。学生在观看视频的过程中，有了对美的欣赏。

软件的特效丰富了虚拟学习空间，帮助学生更身临其境地贴近古人生活的环境，再加上教师指导学生像古代学堂上的学生那样诵读古诗，学生能更好地体会古诗词的韵律美、音韵美。

总之，对于培智学校智力障碍学生的教学，教师要有更多的耐心，秉承"生活即教育"的理念来创设虚拟空间，从学生的学习特点出发，利用好多媒体辅助以及课外虚拟学习空间创设，在多感官刺激下，在学习中融入趣味性，让学生感受生活中的美好，对语文内涵有所感悟，提升学生学习效率，最大限度地释放学生的个性特点，拓展学生的认知能力。

参考文献：

[1] 牛海燕."双减"背景下利用信息技术提高小学语文课堂效率的策略［J］.名师在线，2023（08）：16.

[2] 项嵘.依托网络学习空间 增效小学语文课堂教学［J］.教育信息化研究，2021（12）：94-95.

[3] 周青.网络学习空间下的小学语文教学策略［J］.中国信息技术教育，2021（21）：71-72.

为自闭症学生创设生活化情境的语文教学

谈君杰

摘要：自闭症学生在特殊学校学习，传统的课堂语言环境对其生活语文学习影响有限。自闭症学生思维发展停留在直观、具体、形象的低级水平上，如果教师的教学方法单调、乏味，久而久之，学生会缺乏学习兴趣。基于此，笔者尝试采用"迁移学生生活经验，运用直观教具，创设生活化情景+体验总结"的教学模式进行生活语文教学，帮助学生轻松地学习语文。它打破了以往辅读学校常规的教学模式，根据自闭症学生的生理、心理、认知特点，将生活语文教材的内容与学生日常生活中的所见所闻相联系，开展生活语文教学。

关键词：生活化情境　自闭症学生　生活语文教学

一、创设生活化情景教学的背景

中华人民共和国教育部制定的《培智学校义务教育生活语文课程标准（2016年版）》（以下简称《标准》）中明确提出："工具性、人文性、生活性相统一是生活语文课程的基本特点。"在实际教学中，笔者的教育对象——自闭症学生，他们表现出这样的特点：感知觉速度缓慢，记忆容量小，思维直观具体，言语表达能力差，注意力很不稳定等。因而，笔者在日常生活语文教学中必须针对学生生理、心理的特点，重视生活化场景的应用，在真实的生活场景中让学生真正掌握一定的知识技能，为日后适应社会生活、自理自立打下坚实的基础。目标虽然明确，可实际操作起来并非易事。首先，自闭症学生在特殊学校学习，传统的课堂语言环境对其生活语文学习的影响是有限的；其次，自闭症学生思维发展停留在直观、具体、形象的低级水平上，如果教师的教学方法单调、乏味，久而久之，学生会缺乏学习兴趣。于是，如何帮助学生轻松地学习语文，成了笔者思考、研究的课题。

研究自闭症学生发展的教育家雪康，在其确立的"心理学的方法"中指出，感觉与观念是相联系的，感觉的发展即智能的发展，真正的教育存在于对各种情境的主动反应之中。他还强调，要在日常生活的基础上应用各种教材与情境，从而扩展儿童对社会生活的兴趣与关心。

在这样的前提下，笔者尝试采用"迁移学生生活经验，创设生活化情景+体验总结"的教学模式，进行生活语文教学。教师通过将生活语文教材的内容与学生日常生活中的所见所闻相联系，创设一定的生活情境或特定的环境来辅助教学，引起学生的情感体验，从而让学生借助情境提高学习语文的兴趣，并且最终能使其具有《标准》中所提出的"适应生活、适应社会的能力"。

二、实施生活化情景教学的依据

（一）自闭症学生接触周围事物只能感知表象，他们在语文阅读方面词汇贫乏，对字、词理解能力差，缺乏抽象思维，独立领会一句话的含义相当困难。在课堂教学中，笔者注重借用生活经验，运用直观教具创设情境，充分调动学生各种感觉器官，多方位地刺激其大脑皮层。这样，既便于学生理解字、词、句的意思，又帮助他们强化了记忆。

（二）自闭症学生智力低下，情感发展存在缺陷，可他（她）们也是社会的成员，生活在现实社会中，处在特定的社会关系里，参与社会的各种实践活动，与人发生着各种接触和交往。而语文教学最初都来源于生活，最终又运用于生活中，所以，把语文教学与学生已有的生活体验相联系，会收到事半功倍的效果。

（三）自闭症学生集中注意时间短，思维缺乏目的性、独立性，在教学过程中，一旦遇到困难或受到外界刺激的引诱，就难以继续上课。针对学生的这一特点，巧妙地设计各种情境，不仅活跃了课堂气氛，而且使学生有了兴奋点，加强了其学习的兴趣。

三、分学习领域的生活化情境创设

根据《标准》中的课程目标，结合学校具体情况，笔者在实际教学中设立了以下四个学习领域：

（一）倾听与说话

为了让学生更好地掌握简短的日常会话和社会交往用语，并养成规范文明的沟通习惯，学校设立了含有多种生活场景的情境模拟室，例如，超市、菜市场、路口、医院、车站等学生日常生活中经常接触到的场所。在教授"买什么"及"怎么买"的过程中，笔者积极运用了超市购物这一环境，为学生设定了"售货员"和"顾客"两种身份，利用这种角色扮演的方式，增强学生的代入感和对语句的理解。在询价及问候的过程中，教师团队翔实地记录学生所有的交互，并找出学生比较感兴趣的商品，再以之为蓝本对课文进行再梳理、再解读，让其尽量贴近学生的日常生活，得到了学生的一致喜爱。对于智力障碍程度重的学生，笔者尽量引导其通过识别商品名的方式形成一定的联想空间。

（二）识字与写字

在语文教学生活化的探索中，运用丰富的手段去具象化各种抽象的概念是非常有效的。例如，笔者在教授学生识字写字的过程中，选取的一篇课文中有一个比喻是"黄浦江上两架大竖琴"，但对于自闭症学生来说，他们没有见过，也无法理解什么是竖琴，而且他们对于比喻这种修辞方法的理解也较为困难，于是，笔者采用多媒体交互的方式，通过播放竖琴的图片及演奏的音频带领学生认识了竖琴。此外，通过郊游活动带学生亲临南浦大桥，通过实物的对比，让学生清晰地认知了桥墩像琴码、斜拉索像琴弦这一比喻手法。

对于自闭症学生情感机能相对低下的特点，笔者在教授"生日"一词时，特意将教室装扮成生日派对，并邀请了学生家长为孩子们庆祝生日，让学生更好地理解了生日的意义，共情的纽带加深了词语在其认知过程中的重要性，效果比起一般的课堂教学大幅地提高了。

（三）阅读

阅读最主要在于兴趣，没有了兴趣，注意力不连贯、持续时间低等自闭症学生的特点就会很快暴露出来，因此，在平时的教学活动中，笔者很重视对学生阅读兴趣的培养，在将阅读材料生活化方面做了很多尝试。例如，在教学"运动"一文时，其中有一句采用的是"有的……有的……"的句式，掌握关联词对自闭症学生来说是较为困难的，最主要的一个原因是他们缺乏联想能力，无法认识到局部和整体、因果、转折等关系。况且，我们的学生由于生理或者心理上的原因，很难参与到高强度的体育活动中，于是，语文教师与体育组联系，带领学生在语文课上走向操场，看到其他同学分别在奋力拍皮球、跳障碍及奔跑的模样，他们感知到了群体中的分类，且能将在做不同运动的人分别指认出来，回到课堂后，再结合教师的一些引导，学生很快地适应了"有的……有的……还有的……"的句式，并且还能仿写一些简单句，在理解的基础上更好地完成朗读，延伸拓展了学生的知识点，起到了双重的效果。

（四）写话与习作

为了深化学生对于植物及作物的认识，学校利用空闲场地建立了"果蔬汇"实践基地，种植一些常见花卉、蔬菜、果树。在写作的教学中，语文教研组积极运用了这一资源，将仿写句子的场景放到了果蔬汇中，先对学生讲解花色和花名，有些学生对于颜色这一概念十分困惑，教师借用了美术组的颜料盘，将颜料的颜色与花卉的颜色一一对应起来，建立了直观的联系，这才让学生了解了颜色初步的概念。尔后，教师又将学生分组，分别给一个花名，让学生把自己小组的花卉介绍给其他小组的同学。在这种交叉学习的过程中，学生展现了很高的积极性和参与度，很快地，花名和颜色名就被一一对应起来了。最后，教师再因势利导，加以图像和识字卡片的辅助，成功地让学生仿写了课文中"××花是××色的"这一句子，这是对语文教学生活化情境综合性应用的一次成功探索。

四、生活化情景教学的实施过程

（一）创设情境，激发兴趣

学生是学习的主体，为了调动其内在的学习积极性，使之自觉学习，教师要努力创设生活化的教学环境，让自闭症学生在宽松的生活情境中感受学习，激发他们的学习兴趣和学习动机。例如，在教"文具"单元时，要求学生在认识文具的基础上，学习相应的字词并练习用句型"谁买了……和……"说话。

文具是学生日常生活中最常见的学习用品,是他们最亲密的学习伙伴,但要让学生完整地表达一句关于文具的话,是有一定难度的。于是,在教学中,笔者模拟了一个文具柜台,里面放满了各式各样的文具,请学生身临其境,自己买文具,买好后拿着手里的文具说说自己买了什么。课堂上,学生兴趣盎然,纷纷踊跃参与,角色一旦投入,连平时不大愿意开口的学生也动起口来,而且对照着实物,学生表达的连贯性、正确率大大提高,正是在这样的环境中,激发了学生想说、愿说的欲望,加上教师适时的鼓励、表扬,学生体验到了成功的乐趣,这种良性的双向刺激,使课堂达到了预设的效果。又如,上语训课《我最心爱的玩具》时,笔者在课堂上放置了一张摆着许多可爱玩具的桌子,让能力强一点的学生扮演营业员,向"顾客"(其他学生)介绍玩具的样子、颜色及玩法等。因为玩具是学生最喜爱的东西,所以,大家都十分乐意加入其中,尽管有时口齿不清,语句有欠连贯,但"买卖双方"的交谈还是很热烈的,"买卖的场面"还是很红火的。

(二)利用空间,切身体验

学习不仅要用脑子思考,而且要用眼睛看、用耳朵听、用嘴说、用手操作、用身体去经历,以此增加自闭症学生的感性认识,丰富他们的表象,开启他们的思维。

此模式强调学生参与,因此,笔者在尝试教学的过程中,常常打破教学常规,把学生的座位安排成诸如马蹄形、半圆形等,对于那些听力差、接受慢、注意力很容易分散的学生,尽可能让他们坐在中间,便于照顾。笔者认为这样安排还有以下这些优势:① 可以空出场地,用于设置情境;② 方便学生随时参与情境练习;③ 使学生视线不受阻挡便于吸引其注意力;④ 便于师生交流,融洽师生的教学关系。根据课程内容,为使学生得到更好的感官体验,笔者也会带学生走出教室,在创设的空间情境中进行教学。

(三)运用技术,感知认识

这里的技术,多指信息技术。在自闭症学生生活语文教学探索中,运用丰富的手段去具象化各种抽象的概念是非常有效的。例如,笔者在教授《人体内的"修理工"》这篇课文时,有一段描述血小板功能的话"血小板的本领可大呢！当你流血的时候，它能迅速奔赴'现场'，帮你凝固血液，而且速度很快，一般只需3分钟，就可以完成这个任务。"对于自闭症学生来说，他们没有感知过血小板迅速凝固血液的画面，而且对于拟人、比喻这种修辞方法的理解也较为困难（把血小板看作修复伤口的"修理工"，把伤口比作修理"现场"），于是，笔者想到了多媒体交互的方式，播放血小板修复伤口的视频，为了加强"迅速""只需3分钟"这类词的词义理解，播放时增加了秒表计时，让学生切身感知，清晰明了，令学生印象深刻。

（四）联系生活，促进想象

教学中，借助自闭症学生的经验性知识，从他们经历过的、做过的、看到过的生活情境入手，找出其与课文中的相似点，区分不同点，把抽象的概念具体化，促进他们的想象力，帮助他们认识新事物。例如，教授《过马路》单元中"立交桥"一词时，对没见过立交桥的自闭症学生来说，其概念是比较抽象的，单凭看图和教师讲解，学生还是较难想象其样子，于是课前，笔者先问学生平时所见过的桥是怎样的，许多学生都说是在水上的，桥墩立在水中，桥下可以行船。然后，再让学生观察图上的桥和他们脑海中的桥有什么区别，他们都说图中的桥下面没有水，桥墩立在地面上，桥下有车辆行驶。通过比较，学生头脑中对立交桥有了清晰的认识。

五、总结与思考

（一）从实践中提炼

"迁移学生生活经验，运用直观教具，创设生活化情境"的教学模式，是从实践中提炼出来的。它摒弃了单调的讲授，寓教于境，寓教于情，充分运用各种直观教具、情境资料、电化手段，使学生在真实的日常生活中学习、训练、康复，顺应认知，自然接受，使教学过程最优化。

（二）重视学生的主体感受

尊重学生主体，着眼学生参与，诱发学生学习主动性，在体会生活化情境中，启发思维，培养表达力，使教学过程生动、活泼、有趣、有用，强化学生感受，利于突破教学重点和难点。

（三）师生共同活动参与

师生共同活动，教师讲解"少、精、活"，学生参与"多、全、透"，通过情景化、生活化、个性化的学习体验活动，促进学生主动加入，积极感知，能动发展。

（四）迁移出其他教学模式

以本模式为基础，结合教材和学生实际，可以迁移出其他的教学模式，逐步形成自闭症学校语文教学模式系列。

学生尝试教学前后对照表

时间内容	学习兴趣	教学参与率	合作精神	知识掌握程度
尝试前	较差	23%	一般	27%
尝试后	强烈	91%	突出	85%

综上所述，对自闭症学生采用"迁移学生生活经验，运用直观教具，创设生活化情境"的教学模式进行语文教学，是实践自闭症学生教育过程中的有益尝试，能从中获得启发。但这仅仅是个起步，在今后的教育教学工作中还须不断地改进和摸索。笔者将努力使本模式更具体、规范、完善。

参考文献：

[1] 刘春玲，江琴娣.特殊教育概论[M].上海：华东师范大学出版社，2016.

[2] 刘全礼.个别教育计划的理论与实践[M].北京：中国妇女出版社，2006.

[3] [苏联] 列·谢·维果茨基.缺陷儿童心理学研究（精）/维果茨基全集[M].合肥：安徽教育出版社，2016.

[4] 连翔.自闭症儿童教育与指导[M].上海：复旦大学出版社，2016.

[5] 上海市中小学（幼儿园）课程改革委员会办公室.特殊儿童语言与沟通能力评估指导手册[M].上海：上海教育出版社，2022.

生活数学

数学对智障学生来说是一门具有挑战性的学科。通过创设实践学习空间，即利用具体的数学活动，如游戏、实验和建模，能帮助学生更好地理解抽象的数学概念，从而提高他们的数学学习能力。

　　创设实践学习空间能以具象化的生活体验帮助学生理解数学概念。例如，学生可以使用具体的工具来学习加法和减法，使抽象的概念更具体化。这种实际操作的学习方式有助于智障学生更深入地理解数学，并提高他们的学习兴趣。此外，实践学习空间提供了更多个性化学习的机会，以满足不同学生的需求。学生的学习方式和记忆快慢等各不相同，因此，教师可以根据学生的需求调整教学方法，确保每个学生都能充分参与数学学习。合作学习和互动也是创设实践学习空间的关键要素。通过与同学一起解决问题和合作完成任务，学生可以相互学习、分享知识和经验，提高社交技能。创设实践学习空间还能提供更多的反馈机会，帮助学生了解他们的学习进展。教师通过观察学生的实际操作和交流来了解他们的学习情况，及时纠正错误和提供帮助。教师还能鼓励学生提出问题，激发他们的探究精神。这种主动学习方式有助于智障学生更深入地理解数学，培养解决问题的能力。最后，创设实践学习空间能提供更多资源和工具，帮助智障学生更好地开展数学知识的巩固练习。这些资源包括教材、教学具、计算机程序和教育游戏，有助于提高学习效率。

　　总之，这种学习环境的创设将有助于建设一个更加包容和多元化的教育空间，使每个学生都能够获得高质量的数学教育。

创设多元生活体验式学习空间，促进培智学生数学运用的能力

蔡 新

摘要：培智学生的数学学习和运用能力存在着较大的个体差异，因此，教师需要运用个性化的教学方式。生活体验式学习空间，是一种基于为学生构建实践环境的教学，旨在激发学生的学习兴趣。在培智生活数学教学过程中，构建"生活体验式"学习空间，能使数学与生活紧密结合，为培智学生提供更加灵活和多样化的学习方式，帮助学生更好地理解、掌握和运用数学知识。本文将着重研究在培智生活数学教学过程中，如何为智力障碍学生创设生活体验式学习空间及教学策略，从而促进培智学生数学运用的能力。

关键词：培智学生 生活体验式学习空间 数学运用能力

培智学生，即有智力障碍的学生，这是一个非常特殊的学习群体。他们在智力方面存在较大的个体差异，涵盖了轻度、中度、重度和极重度等不同程度的智力障碍。这些学生通常在学习、语言、社交和情感等方面面临挑战。由于其个体差异的显著性，传统的一般性教学方法难以满足他们的学习需求。培智学生在数学学科中也表现出独有的特点和困难，如：数前概念的理解、计算能力的形成、数学问题的解决。因此，为培智学生提供有效的数学教育，需要更加细致入微的教学策略的运用，以便帮助他们奠定数学基础和提高数学运用能力。

针对培智学生的数学教育需要注重个体化的学习计划，强调构建生活体验式学习空间，以促进他们在数学学科中的学习和发展。

生活体验式学习空间是一种基于生活、实践、体验和合作的学习环境。它与传统的课堂教学相比，强调学生的主动参与和自主学习。在生活体验式学习空间中，学生不再是被动的接受者，而是积极地参与到学习活动中，通过生活化的亲身体验和实践来建构知识。这种学习环境为学生提供了更多的自由度和

探索性，有助于激发学生的学习兴趣和动力。生活体验式学习空间的优势在于它能够创造一个真实、积极、富有创造力和合作精神的学习氛围。学生在这样的环境中能够更加自主地选择应用所学的数学知识，从而更好地适应他们的学习风格和节奏。此外，体验式学习强调学生之间的合作与交流，促进团队合作和社交技能的培养。

特殊教育中的培智教育发展到今天，无论是从其开始的特殊性教育思想，还是到全新的融合教育理论，最终目的都是让智力障碍儿童能够形成健全且独立的人格，融入主流社会环境之中。需要接受特殊教育的培智学生，因智力因素致使其在学习知识方面有很大障碍，教师采取的教学方法理应与普通课堂不同。目前，我国特殊教育数学教学现状不容乐观，一方面，数学学科本身具有抽象、难理解、枯燥的特点；另一方面，特殊教育面对的群体具有特殊性，不可照搬普通学校的一般教学模式，在培智生活数学教学过程中，应消除教师单向传输知识的局面。从整体来看，构建生活体验式学习空间，能够在一定程度上改善特殊教育教学的现状。教师带领学生从生活中发现数学知识，并在逐步分析与运用中，使学生体会到数学知识的价值，同时有利于培养培智学生的生活自理能力与社会适应能力。那么，如何为培智学生创设生活体验式学习空间，促进其数学运用的能力呢？

一、创设趣味性生活体验式学习空间，培养学生的生活能力

在教学中把生活例子引入课堂教学，逐步使数学知识"社会化、生活化"，从而提高学生的学习兴趣，培养学生用数学知识解决实际问题的能力，增加学生的创新意识和自理能力。

（一）设计"超市购物"的空间，帮助学生应用人民币

数学知识虽然抽象，但都来源于生活，如果教师在课堂中让学生用数学知识解决生活问题，不仅课堂气氛热烈，而且可收到良好的效果。如：在教学"元、角、分"这节课时，教师事先准备了各种面值的纸币，利用学校"爱心超市"设计了专卖店，让学生扮演售货员和顾客，进行商品交易。在交易活动中，学生不仅轻易理解了"1元=10角"的关系，而且基本理解了一些两步应

用题的数量关系及单位间的互化关系，学生还从中学到了一些生活常识，能够独立使用10元以内的人民币。比如，对两个同类的商品进行价格、质量、包装等方面的比较，懂得选购价廉物美的商品。从以上课例中得知：学生实际上已经有了很丰富的生活常识，只是在平时的教学中，教师较少去挖掘这些知识，把教学活动与实际生活分割开来，为书而教，导致了部分学生对课堂教学所传授的知识感到陌生。

（二）设计"农物包装"的空间，帮助学生应用数量与运算

学校"果蔬汇"基地是一个以果树、蔬菜、花卉等农作物为学习媒介（或内容）的社会实践基地。不仅为培智学生学习数学提供了常见的量、数与运算、图形与几何、统计、应用与实践的资源与场所，也为拓展数学教师教学专业技能可持续发展搭建了实践平台。如：在教学生数的组成时，教师带领学生来到果蔬汇基地（在户外环境中更能激发学生的语言和主动行为），通过"寻宝游戏"，并结合适当的强化物，让学生有努力参与活动的兴趣，学生完成后也非常有成就感。教师请一名同学将基地随机摘到的两种水果装满盒子（教师出示分成10格的盒子），然后学生根据所摆说出10的组成。这时候教师又提出问题，让学生将10个苹果用不同的方法分给另外两名同学，学生按实际操作情况汇报交流不同的分法，学生饶有兴趣地、主动自由地融入学习过程中。同时，教师布置今天的任务是要摘满8个橘子，让1名学生帮教师摘橘子，拿好篮子，摘一个数一个，正确地数出8个橘子，其他学生也很积极地在一旁一起数着橘子，本来在教室里都不怎么说话的小游同学也变得积极起来，声音响亮地一起跟着数数了。"让我们一起分享今天的劳动成果吧，我们一共有8个橘子，现在请同学们吃掉一个，再来看看剩下几个吧？"教师从8个橘子中拿出一个，问现在篮子里还剩下几个。小王同学平时虽然比较活泼开朗，但数学课堂活动参与并不积极，今天的主动让教师有些意外，于是叫他把剩下的橘子数一数，教师带学生一起跟数，随即出示算式卡片"8－1＝？"让学生说一说等于几。到这个环节，学生已经通过亲手采摘、品尝、指着橘子数数，能感知到数量的变化，所以，小张和小康很快就说出了"等于7"，比在教学"8减几"的时候用图片演示的效果更好。不同的教学环境对学生的兴趣激发是不一样的，户外的实景教学当然更吸引学生，更能引发其主动性。

（三）设计"故事体验"的空间，帮助学生理解应用长短与快慢的概念

智力障碍儿童的智力水平与学习能力较低，大部分低阶段的培智学生其智力还处于幼儿阶段，甚至更小的年龄段，若将体验与游戏相结合进行教学，不仅能吸引学生将注意力集中到教学内容上，还能够在不知不觉中，使其明白互爱、互让、团结友爱的道理。例如，在学习培智数学教材一年级下册中《快慢》时，利用学校体育馆设计故事场景，通过游戏快速地帮助学生理解"长短、快慢"的概念，并且可以进行简单应用。首先，在课堂导入环节采用故事导入的方式，借助"龟兔赛跑"的故事，请学生思考："哪只动物跑得快？哪只动物跑得慢？"在这个过程中，一方面，有助于学生理解"快"与"慢"；另一方面，还可以在不知不觉中让学生明白"坚持就是胜利，想要成功就不可以懒惰"的道理。在教学过程中增加"测量长短"的操作环节，能够巩固"长短"的概念，也避免了习题带来的课堂乏味性。

（四）设计"银行存取"的空间，帮助学生应用数字的排列

在高年级生活数学教学中，笔者根据学生的年龄特征和生活经验，科学有效地设计了职业场景。在精品教学具和信息媒体的辅佐下，创造了贴近真实生活的银行柜台场景，让学生扮演银行职员与储蓄客户，通过存单的填写、银行卡的办理及自动取款机的应用，让学生经历人民币的存取过程、银行办理的流程，加深对数字排列的理解，体验职业感受带来的乐趣，强化提高学生数学知识应用的能力。同时，利用交互式的现实情境，把具体的实际问题抽象成数学问题，再把它应用到新的现实问题情境中，让学生经历"不允许"的操作过程，加深对数学知识的理解，这是提高学生数学应用能力的重要方法之一。数学的发展离不开现实生活，让学生在职业体验的乐趣中，以数学的思维去观察体验生活，在生活中通过数学的应用更好地学习和把握数学，这样学生应用数学的意识才能不断地强化。

二、创设网络化生活体验式学习空间，培养学生的自主能力

网络化生活体验式学习空间，是生活数学教学中最重要的一种多元化学习

资源。网络化生活体验式学习空间，可以根据培智学生的数学学习需求和能力水平，提供个性化的教学内容和教学形式，同时具有互动性和反馈性等特点。网络化生活体验式学习空间，包括数字化生活数学教科书、生活数学在线课程、生活数学学习管理系统、交互式教学软件等。在生活数学教学中，网络化生活体验式学习空间，可以为学生提供丰富的视听及触碰体验，增强学习的可持续性和动态性，同时可以利用数据分析和反馈机制，帮助教师更好地了解学生的数学学习状况和需求，同时加强了家校协作，促进课后家庭的学习体验与反馈。例如，网络图书馆是生活数学教学中常用的多元化学习空间，包括在线资料库、在线数学题库、电子图书等，可以为学生提供更加全面和深入的学习资料和信息。网络图书馆还可以为学生提供丰富的书籍和学术期刊等纸质资料，帮助学生自主便捷地学习。多媒体辅助教学打破了齐步前进，解决了传统教学不能解决的"多边互动，因材施教"问题。即A层学生可以快一点前进，C层学生可以慢一点。利用计算机的分组辅导，个别辅导、交互辅导功能，教师可以将整体教学和个别辅导有机地结合起来，实现因材施教，学生比较自由地凸显个性，不至于因为要照顾C层学生而放慢速度，使A层学生吃不饱，也不至于因为要照顾A层学生而加快速度或加大难度，使C层学生吃不消，A层学生和C层学生的主动性、积极性都被调动起来。A层学生从被动等待中解放出来，C层学生从被动压抑中解脱出来。这样，生活数学教学课堂呈现出多边互动、轻松愉快、生动活泼的场面，使每个学生和家庭，都能寻找到适合自己的节奏。同时，由于主动性、积极性、趣味性融为一体，使学生的学习效率和教师的教学技能都相应地得到提高。

三、创设实践性生活体验式学习空间，培养学生的应用能力

（一）社会调查

从教学内容的实际出发，"走出去"学习，通过调查了解数学知识在生产和实际生活中的运用，使培智学生真正体会到数学源于生活。比如，教师组织学生到农户处进行调查、收集数据，分析乡办产业结构调整带来的经济效益。再如，学习统计图表后，教师让学生收集某段时间公交车上的客流量，制成"客流量统计表"，或收集几家商店的商品价格，制成"商品价格对比表"，或

收集乡镇企业近年来产值和利润情况，制成折线统计图，再让学生能根据自己制成的统计图表，提出一些实际问题，并尝试解决。

（二）数学小报

这项内容适合高年级的培智学生。小报的内容可以是学生自己谈学数学的体会、平时的错例、数学趣题，也可以转载其他数学报或网上的文章。在每月一次的自办小报展评活动中，学生广泛地阅读数学书籍、查阅数学资料，积极地把自己在日常生活中观察、发现、应用的数学实例编进自办小报中。与此同时，教师还利用办报设计的机会，让学生运用数学知识提高办报质量。例如，一张A3纸的有效面积多少为宜？报头及各个栏目的内容在整个版面中占多大比例合适？如此，学生在摘抄、编排、设计中，将艺术美、数学美有机融为一体，真正体会到创造美与欣赏美的快乐。

（三）数学乐园

从培智学生的实际情况出发，"分小组"学习。数学乐园是在教师或家长的帮助下，学生将日常生活中发现、搜集的数学问题进行整理，做出答案，并把整理运算的过程记录下来的一种数学游艺活动。活动中，学生愉快地从报刊、电视及生活见闻中发现数学名人、数学谜语、数学趣解，巧妙地融入自己的体会和见解，有的还配以插图、注解和说明，形式活泼有趣，是学生学数学、用数学的理想园地。

（四）数学日记

培智学生运用语言表达自己数学学习中的新思想、新发现，可以帮助学生系统地思考问题，深化对问题的理解，找到成功的感觉，增加学习自信心。如：四年级有名学生在学习了自然数、整数之后，对"数"产生了兴趣，把观察学习的收获写进日记里。他这样写道："今天最高温度7度，可以用自然数'7'表示，那么零下7度怎样表示呢？前进了500米与后退了500米又是什么关系呢？经过查资料和问老师我才知道，有些数可以在它的前面加个'-'，老师说它表示负数。真想不到，原来数字有这么多奥秘，我把九年级学习的负数提前学了，哈哈。"

四、创设生活体验式学习空间的策略

（一）空间设计原则与策略

创设生活体验式学习空间需要遵循一些设计原则和策略，以确保学生在其中能够得到最佳的学习体验和支持。首先，空间应该充分考虑培智学生的特点和需求，充分挖掘生活元素，提供舒适、安全、无障碍的学习环境。教室或场景的布局应该简洁明了，能够让学生轻松地移动和互动。其次，空间设计应当充满创意和灵活性。可以设置不同的学习区域，如小组学习区、独立学习区和展示区，以适应不同学习活动的需求。同时，空间应该有丰富多样的学习资源和教具，以激发学生的好奇心和求知欲。最后，生活体验式学习空间应该鼓励学生主动参与和合作，可以设置交流区域和合作项目，鼓励学生与教师和其他学生进行互动和合作。此外，教室中的墙面可以设计成集书写、展示和互动为一体的形式，让学生积极参与到学习中。

（二）教学资源与工具准备

为了确保生活体验式学习空间的有效运作，学校需要充分准备各种教学资源和工具。教学资源可以包括丰富多样的学习材料、参考书籍、教学影像资料等，以满足学生的不同学习需求。同时，还可以准备一些专门针对培智学生的教具和辅助工具，帮助他们更好地理解和应用数学知识。

除了学习资源，学校还需要为教师提供相关的培训和支持。教师需要了解体验式学习的教学理念和实践方法，以便能够有效地引导学生在生活体验式学习空间中学习。教师还可以充分利用现代技术手段，如智能教学设备、多媒体展示工具等，来提升教学效果。

（三）学习活动与课程设置

在生活体验式学习空间中，可以设计各种多样化的学习活动和课程。这些活动可以包括小组合作探究、实地考察、角色扮演、数学游戏等，以丰富学生的学习体验，培养他们的合作精神及解决问题的能力。

课程设置应当与学生的学习需求和年龄特点相适应。可以根据学生的数学水平和兴趣，设置不同层次和内容的数学课程。同时，课程应该注重与日常生活和实际问题相结合，让学生能够将数学知识应用到实际生活中。

（四）培智学生参与和反馈

在生活体验式学习空间中，培智学生的参与是至关重要的。教师可以通过设立小组活动、组织角色扮演等方式，鼓励学生主动参与和合作。同时，教师应该充分关注学生的学习进展和学习体验，及时进行反馈和指导，帮助他们克服学习困难。

学生的反馈也是评估生活体验式学习空间有效性的重要依据。教师可以定期与学生进行讨论和交流，听取他们对学习空间和课程的意见和建议。根据学生的反馈，及时进行调整和改进，以确保学生在生活体验式学习空间中，获得良好的学习体验。

研究表明，创设生活体验式学习空间，是促进培智学生数学运用能力的有效手段。生活化数学知识来源于培智学生的日常，只有在教学过程中，引起培智学生的生活体验，将生活情景、生活实践与数学课堂进行有机结合，才能提高培智数学教学效果，也只有从学生的生活经验出发，才能从根本上增强学生对数学知识的应用效果。当我们能为培智学生将来融入主流社会奠定基础，我们的特殊教育才有真正的意义与价值。

参考文献：

[1] 顾争艳.培智学校小学阶段数学生活化教学的研究[D].南京：南京师范大学，2018.

[2] 朱博文.如何构建培智数学生活化的高效课堂[J].教育现代化，2019，629：243-244.

[3] 支迎兰.新课标背景下培智学校数学教学生活化探讨[J].华夏教师，2019，13：63-64.

创设生活数学虚拟学习空间的实施路径

宋晓慧

摘要： 面对突如其来的新冠肺炎疫情所带来的挑战，许多学校纷纷采用"停课不停学"的在线教育模式。对于疫情引发的特殊情况，教师、学生及家长都在积极适应和探索之中。为了确保培智学生的学习和发展不受影响，我们需要思考如何创造一个有效的虚拟学习环境并付诸实践。作为低年级的生活数学教师，我们面临多数学生不具备多媒体设备操作能力、难以理解大量文字信息的问题。在应对在线教学的各种挑战时，笔者选择了强大的希沃知识胶囊作为教学平台，利用微信语音和表情与学生进行在线互动和交流，组织在线数学竞赛，并采用电子奖状等激励式多元评价方式。此外，该教学方式得到了家长的积极支持，与我们共同创造了这一虚拟学习空间。这一举措有助于确保培智学生在特殊时期继续学习和成长，展现了学术界在在线教育方面的创新和实践。

关键词： 低年级段　培智学生　生活数学　虚拟学习空间

一、背景说明

面对上海突如其来的新冠肺炎疫情，自2022年3月14日起，中小学不得不全面转向线上教学，以实现"停课不停学"的目标。这意味着学生需要从传统的实体教室学习空间迅速转变以适应虚拟学习空间。对于我校从未经历过线上教学的二年级培智学生而言，这无疑是一项巨大的挑战。回顾2020年的"空中课堂"，笔者也在执教二年级第二学期的生活数学课程，这门课程是培智学校义务教育阶段的一门通用课程，具有基础性、发展性和实用性。培智学生在认知能力和其他方面存在一定的缺陷，因此，生活数学这门课程的教学充满了挑战。

我校的在线教学模式延续了上次的"学习资源+互动"模式，每位教师按课表在班级微信群中定时推送相关学习资源，供学生在线学习，并实时在线与学生进行互动和交流。通过综合两次的教学经验，笔者总结了在线教学中遇到的问题以及如何创造虚拟学习空间，促进培智学生积极参与课堂，获取知识和学习技能。

二、线上教学遇到的问题

（一）教学形式受到限制

突如其来的新冠肺炎疫情导致很多学生没有将生活数学教材带回家，从而无法在课本上进行巩固练习。一些操作性的任务，如贴一贴等，在在线课堂中难以实现。开小火车认读、生生互助、小组PK等多样化的教学活动也无法顺利进行。此外，教师也无法亲自协助学生解决疑问，无法面对面指导学生完成操作练习，导致师生互动性下降。由于疫情，学生无法外出参与实践活动，这使得在线教学方式受到了严重限制，而仅依赖静态PPT等传统教学方式难以吸引培智学生的兴趣，从而在一定程度上影响了学习效果。

（二）学情差异大

两个二年级班级（2-1班和2-2班）共有16名学生，每个班级分别有8名学生。然而，班级之间和学生之间的认知能力、学习能力等方面存在巨大差异，有的学生能够数到100，甚至会进行简单的加减运算，而另一些学生连1至5的数字都不认识。虽然2-1班的学生学习基础较差，但由于家长的积极支持，无论学生的能力如何，他们都积极参与在线课堂并频繁互动。然而，2-2班中，个别学生的家长积极性较低，特别是一些学术能力较弱的学生从未在线上课堂中露过面。因此，学生之间的差距逐渐扩大。学情差异大不仅仅在线上教学中存在，在传统的校内教学中也同样存在。

（三）课时安排不同

在校内教学中，每周有4节生活数学课。然而，在线上教学中，数量减少为每周两节。因此，在不影响本学期教学计划的前提下，我们需要思考如何确保生活数学课程能够高效地进行。尽管看似减轻了教学任务，但教师需要在更少的课时内确保学生掌握必要的知识，达到教学目标，这也成为一个较大的挑战。

（四）学习效果得不到保障

在校内上课，教师可以迅速获得学生的反馈信息，及时了解学生的学习情况和困难，以提供帮助和指导。此外，教师也可以立即纠正学生的不良习惯，例如，姿势不正确、在学习时吃东西或者分散注意力。培智学生的注意力本来就难以集中，在家庭学习环境下，如果电视播放着动画片，那么学生将更难专心学习。此外，一些学生的父母无法陪伴在孩子身边，更多时候是祖父母在旁协助学习，然而，祖父母的信息技术能力有限，难以提供必要的指导。即使有父母陪伴，极个别学生至今未能参加线上教学。更有甚者，一些家长可能会在学习过程中提示孩子正确答案，这使教师无法准确地评估学生的实际学习效果。

三、如何创设虚拟学习空间

（一）精准调研和信息化培训，助力创设虚拟学习空间

大多数低年级的培智学生无法独立进行线上学习，而许多陪同学习的家长是爷爷奶奶，缺乏信息技术能力。因此，在选择教学平台和教学形式时，需要进行精准调研。调研内容包括学生家庭的网络连接情况、是否有手机或平板电脑、学生是否能够自主学习、是否有家长陪同学习，以及家长是否熟练使用"微信"和"希沃白板"等软件。基于精准调研结果，选择适合学生的教学平台和形式。

调研结果显示，班级中的8名学生全部有家长陪同，并有电子设备（手机或平板电脑）用于学习。仅有两名家长不熟悉使用"希沃白板"。因此，我们决定使用微信和希沃白板作为教学平台，在班级微信群中建立学习资源和在线互动的模式，每天按时发布学习资源并进行实时互动，以便及时解答学生的疑问。信息技术能力的提升对于创设虚拟学习空间至关重要，对教师、家长抑或是学生也是如此。教师可以录制视频来指导家长，家长再指导学生，提高学生在线学习所需的计算机、手机和平板电脑操作技能。此外，教师还可以通过腾讯会议等工具与家长进行屏幕共享，以进一步提供指导。

（二）运用希沃知识胶囊，助力创设虚拟学习空间

每个微课教师都采用希沃知识胶囊的形式呈现，包括导入、新授、巩固练

习、小结和课后任务（见图1）。微课中设置问题，给予学生足够的时间思考，以鼓励他们沉浸式学习。学生在学习过程中可以跟随课程的节奏逐步进行跟读算式和回答问题，如同在学校上课。此外，课程资料也分享到班级微信群，以供学生进行课后复习和巩固练习。例如，学习《5的组成》时，根据课程要求可以设置找出5的合成式的PK游戏（见图2），学生可以和家长进行PK，增加趣味性。

如图3所示，希沃知识胶囊提供了学生学习情况的详细数据，如播放次数、总学习时长和答题时间等。这使教师能够更好地了解学生的学习效果，捕捉学生知识上的盲区。

图1

图2

图3

希沃知识胶囊的使用有助于创设虚拟学习空间，增强了学生在线学习的互动性和积极性。学生对自己的学习过程更有自信，同时，教师也可以更全面地了解学生的学术进展，从而更好地指导他们的学习。

（三）充分利用网络资源，助力创设虚拟学习空间

教师可以积极利用网络资源，将数学知识与数学绘本相结合，丰富教学内容的呈现方式。通过挖掘丰富的图片、视频等资料，可以建立每个知识点的电子书包，并将其在预习和复习环节推送给学生，以丰富他们的学习体验。这些

网络资源包括数字律动儿歌、数学小动画，以及多彩的数学绘本故事等，它们能使生活数学课程更具生动趣味。在创设虚拟学习空间方面，这些网络资源起到了关键作用。教师可以根据《培智学校义务教育数学课程标准（2016年版）》和培智数学分级教学目标体系中的知识点，与数学绘本知识点进行融合创新，将每个生活数学知识点嵌入富有童趣的故事中，从而建立电子书包资源，为虚拟学习空间提供更多元化的内容。学校的生活数学教研组成员可以逐步建立并完善生活数学教学资源库，为创设虚拟学习空间提供可靠的基础支持。

（四）丰富的课堂语言和线上数学竞赛，助力创设虚拟学习空间

在每堂课开始前的10分钟，教师可以提醒学生准备学习用具，并鼓励家长创造一个安静的学习环境。为了提高学生的参与度，教师可以进行点名，为线上课堂增加仪式感。如图4所示，在课前，教师要准备好开场白，简要说明本节课的教学内容和重点，帮助家长了解教学目标和方法。结束语可以总结本节课的表现，特别表扬积极参与的学生，以激励其他学生。教师需要掌控各个教学环节，逐步推进教学任务，以确保学生和家长都清楚每个教学环节的学习内容和任务，从而有序地参与学习。

为了丰富学生在家中的学习生活，激发学习兴趣，调动学习积极性，还可以开展"疫路同行，'数'你最棒"数学线上小达人竞赛活动（见图5）。通过有趣的数学线上竞赛活动，学生可以巩固之前学到的知识，体验成功的喜悦，

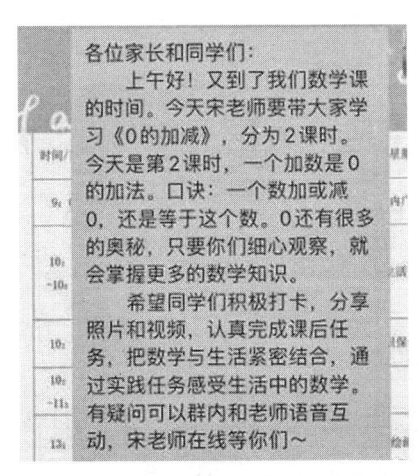

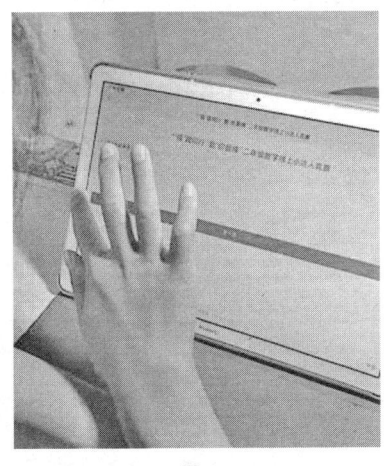

图4　　　　　　图5

激发学习数学的兴趣。这项竞赛可以利用微信平台的问卷星小程序进行模拟"考试"，按年级进行分组。竞赛的主要内容包括本学期已学的数学知识和少量上学期的知识。这一活动将为虚拟学习空间的创设提供丰富的学习体验，同时激发学生对数学的热情。

（五）及时解惑和多元评价，助力创设虚拟学习空间

在线上教学中，学习效果在很大程度上受到家长的影响。幸运的是，在这两个班级中，大多数家长都表现出了较高的责任感和耐心，他们积极反馈并参与课堂。教师对每位学生的学习表现进行及时的鼓励和评价，这有助于激发学生的学习兴趣，使他们能够专注跟随教师的教学进度。同时，这也鼓励每个学生积极参与在线数学学习，从而促进虚拟学习空间的创设。对于那些不熟练使用多媒体工具的家长，教师通过微信私聊提供帮助，确保每位学生都能参与学习。

多元评价方式非常重要。目前，评价方式主要以文字形式为主，主要面向家长。教师可以根据特殊学生的阅读和理解能力水平，采用更为直接和亲切的传达方式，如语音、符号或表情图（如图6）。对于准时参加、积极反馈或出色完成课后任务的学生，教师应立即予以表扬，并颁发电子奖状以鼓励他们，效果更佳（如图7）。教师可以在每周一次的在线教学记录反馈表中记录学生的困难和问题，以及教师的解答（如图8）。这些措施有助于促进学生积极参与线上学习并提高虚拟学习空间的效果。

图6 图7

生活数学 学科				宋晓慧 教师
日期	班级	学生姓名	困 难 疑 问	教 师 解 答
4.12	二（1）	张*函	目前需要家长的少量辅助，根据五格阵列出算式，通过数一数小圆点的数量得出计算结果，无法直接口算得出结果，容易遗忘知识	如果出现疲态的话，也可以分批完成。感谢家长在这样的特殊时期为她创造了良好的学习条件。分工明确，爸爸画妈妈教，能看出来艺涵在一点一点地进步，点数法现在她掌握得不错了，可以试试伸手指的方法计算
4.15	二（2）	赵*航	我发现赵*航有个问题，等式多了，他就不知道该怎么把算式对应到相等的数字，还有一个问题，就是判断等式对不对的时候，他不会，老是选错，他好像不理解这个等式是对还是错，算会算，就是好像不理解等式是对的还是错的 我看他一直选不对我就比较急，我一急，他就更不会，更容易错了	判断的游戏确实是非常困难的，因为考虑到2班的同学基础都较好，所以，这个游戏是用来提高的，并不是必须要完成的。赵*航目前5以内的加法能读能说能算能写，这已经非常棒了，就是手口一起的时候会有口误，专注力还有待提高，不过在专注力方面有看到他正在一点一点地进步。不用急，有什么问题及时告诉我，我会尽我的能力帮他解决的！因为现在是复习课，将之前所有学过的加法算式都放在一起了，查缺补漏，看看哪几个算式还不熟练，可以再针对性地进行练习

图8

（六）家校共育，创设虚拟学习空间

在线教学的学习效果很大程度上受到家长的影响。家长在虚拟学习空间中扮演着重要的角色，他们是教师和学生之间的纽带，有助于实时的课堂反馈和互动。家长需要协助转达和分享学生的学习视频，也需要帮助学生完成课堂和课后任务。每个课后任务都需要家长拍照或录制视频进行反馈。

举例来说，当学生在学习《得数是4的加法》时，涵涵上传了一个简单的A4纸作业，上面画着4只鸡腿、4颗糖和4瓶可乐。她的爸爸亲自绘制了这张图，视频中她的爸爸还提道："这是你最喜欢喝的可乐。"亲子合作不仅令涵涵觉得学习变得有趣，也加强了学生与家长之间的联系。

另一个例子是涵涵喜欢唱歌和跳舞，但对于数学学习一直感到困难，缺乏自信。然而，她的爸爸每节数学课都会陪伴她、鼓励她。尽管没有生活数学书，但家长却充满创意。即使有的家长不熟练使用多媒体工具，但他们也总能在家里找到各种生活用品，以帮助教授数学。这些亲子互动和家长的参与有助于虚拟学习空间的创设，为学生提供更多的支持。

四、反思与总结

面对突如其来的新冠肺炎疫情，教室教学向虚拟学习空间转变，需要教师不断反思和总结以应对挑战。创设虚拟学习空间的过程充满挑战，但我们的教育初心不会改变，始终要关注学生的成长。

虚拟学习空间带来了一些问题，如师生交流的限制和同伴之间难以合作学习。这些问题需要教育工作者不断思考和探讨，以改进虚拟学习空间的设计和实施。

通过采取一系列措施，我们可以有效应对虚拟学习空间带来的挑战。首先，需要进行精准调研和信息化培训，确保学生和家长具备必要的技能和工具来参与线上教学。

其次，利用希沃知识胶囊平台，提供个性化知识胶囊和分层任务单，可以满足不同学生的需求。丰富的课堂语言和线上数学竞赛可以激发学生的学习兴趣，及时解惑和多元评价有助于学生的学习效果。

再次，家长的参与是虚拟学习空间的关键一环，他们在虚拟学习中起到桥梁的作用。家校共育有助于学生更好地适应虚拟学习环境。家长的积极参与和支持是虚拟学习成功的关键。

最后，虚拟学习空间虽然具有一定的限制，但通过不断的尝试和改进，我们可以发现学生的潜力是无限的。在这个过程中，我们要把关爱学生放在首位，实施分层教学，筛选出合适的学习资源。

疫情虽然让师生之间的距离加大，但信息技术、家长的支持和关注让虚拟学习空间变得更加丰富。通过不断的努力和创新，我们可以应对虚拟学习空间的挑战，确保学生能够得到有效的教育。

总之，教育的初心是培养学生成长，无论面对怎样的挑战和变革，这一初心都不会改变。在虚拟学习空间中，我们需要继续努力，不断改进教育方式，确保学生能够获得高质量的教育。在这个过程中，我们能真正实现教育的价值，培养出更多有能力、有担当的未来公民。希望在未来，我们可以更好地应对各种挑战，创设更加丰富和有温度的虚拟学习空间。

参考文献：

[1] 李平. 操作学习在培智学校低年级数概念教学中的应用研究［D］. 兰州：西北师范大学，2020.

[2] 孙亚玲. 课堂教学有效性标准研究［D］. 上海：华东师范大学，2004.

[3] 汤盛钦. 智力落后儿童的心理特点与教育［J］. 华东师范大学学报，1985（03）：49-55.

[4] 张文京. 弱智儿童个别化教育与教学［M］. 重庆：重庆出版社，2005.

为自闭症学生构建有效的数学学习空间

潘 佳

摘要：特教学校中自闭症学生在常规课堂教学中的学习效果常常不尽如人意，尤其在数学学习方面，不但无法跟上教师的节奏，而且因为自闭症学生本身的特点，会做出一些影响课堂的行为，对枯燥的数学学习提不起任何兴趣，教学效果甚微。因此，教师需要根据自闭症学生的个体差异和特点，分层分类，为自闭症学生构建适合的学习空间，使他们能更好地参与到学习活动中。

关键词：自闭症 分层分类 数学学习空间

一、在教学中将自闭症学生进行分层分类

自闭症是一种广泛性发育障碍疾病，在特殊教育学校中，自闭症学生的类型也越来越多样化，有孤独性障碍、瑞特综合征、儿童期分裂障碍、阿斯伯格综合征和待分类的广泛性发展障碍。自闭症学生在学习中，尤其在数学学习方面有如下特点：理解"意义"的困难、不恰当地注意事物细节、容易分心、欠缺时间概念等，且他们在学习时会有一些明显的外显表现。

在多年的教学实践以及和自闭症学生的接触中，我们大致可以将所接触到的自闭症学生分成以下三种类型：冷漠型、主动怪异型、被动型。冷漠型的孩子，一般除发生刻板行为之外，不会主动发起社交，对别人的社交行为完全没有反应；主动怪异型的孩子，通常有与人交往的意愿，但是他们的互动方式比较特别，比如，见面时的问好，他们不会说"你好"或"早上好"，而是会用手指一指对方；被动型的孩子，他们能够接受别人的亲近，不会躲开别人的主动亲近，但是会显得比较生硬刻板，比如，你主动跟这个孩子打招呼，他会抬眼看你表示回应，但不会再继续跟你互动了。

在这些不同类型的自闭症孩子中，存在着个体间能力的差异，因此，我们

可以根据这些孩子数学学习能力的高低进行分层，分为A、B、C三个层次。在数学教学实践中，笔者通过摸索和实践，构建出了适合不同自闭症孩子的学习空间。

二、构建有效的数学学习空间

空间环境对自闭症学生来说是整个学习的一部分，因此，创设与教学主题相匹配的学习空间是非常重要的。

（一）安全的环境空间

自闭症学生对外界环境的变化会产生恐惧和过激反应，当受到外界环境变化的干扰时，可能会出现惊吓、撞墙、摔打自己等现象，因此，我们所创设的学习空间内的桌椅等带有尖锐棱角的物体一定要做好防护措施，还有一些长条形或者细小的教具容易让学生误伤自己，必须时刻做好监管，放置在学生够不到的地方，否则很容易造成事故。

（二）适宜的视觉空间

自闭症学生的语言表达障碍决定了他们接触外界的主要途径是视觉。因此，教师在设计学习空间的时候，要根据学生的身高将所有需要用到的物体摆放在学生的视线范围之内。在教学过程中，将本节课学习所用的教学具，全部摆放于学生伸手可以拿到的地方，这样，学生可以根据老师的指令，在引起视觉注意后，轻松地拿到，并且教师可以给予及时的鼓励和表扬，让学生有成就感。

（三）稳定的情绪空间

自闭症学生对于外界环境会产生不安的情绪波动，导致他们心理上产生恐惧，出现对周围某一特定物品或人产生严重的依赖，一旦自闭症学生所依赖的人或物出现了改变，就会引发他们情绪失控，而他们不能和常人一样表达情绪，因此，破坏学习空间中的环境会影响学习效果，因此，我们要强调在空间创设中，尽量固定摆放所有东西。比如，有的学生会依赖班主任，我们可以将班主任的照片打印出来，贴在学生能看到的地方，当他情绪不稳的时候，看到班主任的照片会放松下来，对于整个教学过程会起到不小的帮助。

（四）愉悦的视听空间

自闭症学生对外界的感官刺激反应较为激烈，经常会出现过度或不适当的行为举止，而适宜的感官刺激能帮助学生更有效地学习。比如，用舒缓的音乐刺激他们的听觉，用优美的图片交流来刺激视觉，通过较温和的方式来调动自闭症学生的感官活动，促进自闭症学生和教师的互动联系。

（五）特殊的趣味空间

部分自闭症学生对某一特定事物有着极高的天赋，例如，机械记忆、堆砌积木，他们在做这些事情的时候会百分百专注。我们可以在学习空间中专门摆放一个积木桌，在学习数的时候利用积木进行教学。还有的学生喜欢冷色调，可以利用蓝色、绿色、紫色的镜片，覆盖在书本上，吸引学生的兴趣和注意。因此，有针对性地进行相应的空间创设，能够激发学生的求知欲，提高他们的积极性。

三、趣味性的实施策略

对于自闭症学生，若采用传统方法教授认识数字，他们往往兴趣不大，甚至不予理睬。他们常常沉浸于堆积木或者转陀螺，不给他们玩堆积木或转陀螺，他们会跑出来，自说自话，有的还会哭闹，对于这样的孩子，我们就依据他们的兴趣点，在学习空间中设计堆积木、转陀螺，在每个积木、陀螺上贴上数字，让学生在"玩"的同时说数字。把他们喜欢的游戏融入学习的内容，能够让他们边玩边说数字，经过多次练习，他们就能说出数字，这样的学习生动活泼，学习过程富有个性，学生能够进入教师分别给他们设计的学习活动，课堂教学有了明显的变化。

以下是两个课堂趣味游戏：

1. 记牌游戏。教师出示两张牌，让学生记住，然后边说"溜、溜、溜走了谁？"边隐去1张牌，让学生根据记忆说出这张牌，逐步到教师出示3张牌、

4张牌，慢慢地增加扑克牌的数量，让学生记住牌的同时说出"溜走了谁"。有时我们还可以用生活中经常能接触到的实物，这样的游戏，能激发部分语言功能较好的自闭症学生的兴趣，他们会努力地去记忆每张牌、每样实物，正确地回答教师的提问。扑克牌是学生生活中经常能接触到的较熟悉的物品，这样的记忆游戏，可以把记忆的能力延伸到生活中的物或事，也可以把记忆的场景延伸到家庭和社会，学生的参与度很高，注意力和记忆力在游戏中提升得很快。同时，学生会明白生活数学来源于生活，学习数学可以解决生活中的问题。

2. 纸杯数字游戏。在纸杯底部分别写上10～20的数字，游戏难度可以从易到难，刚开始玩的时候，把纸杯按照数字顺序摆放好，教师说出两个数字，让学生取出写了这两个数字的纸杯。等学生熟练以后，教师可以将数字顺序打乱，再说出两个数字并让学生从中找到这两个数字。随着学生对这个游戏越来越熟练，教师可以加大难度，一次说出三个数字让学生找出来，对于A层的学生甚至可以说四个或五个数字。

通过这样的游戏，自闭症学生不仅对数学课堂的兴趣提高了，他们的注意力和记忆力也有了一定的提高，课堂效果有了显著的改善。

四、教学片段呈现

（上课地点为个训室，上课方式为一对一）

师：小新，你好！

生：（和教师有眼神对视，但不说话）

师：我们今天要来认识一个新的数字5。

教师出示图片：超市一角。小新平时最喜欢和奶奶去超市看商品广告牌，因此，教师选择了超市的场景图片，以此引起小新的兴趣。

师：小新知道这是什么地方吗？

生：联华超市！（因为小新平时和奶奶去的最多的地方就是家附近的联华超市，因此，他一看到超市图片就会说是联华超市）

师：小新真棒，今天我们就去超市看看好不好？

接着教师顺势问小新。

师：我们看看这瓶可乐多少钱？（小新平时在生活中认识一些数字，也知道商品牌子上写的数字是价格）

生：5元。

师：对了，这瓶可乐5元钱，那我们来认识一下5这个数字好不好？

生：（点头）。

师：那我们来玩搭积木的游戏吧，数一数小新有几块积木？（小新很喜欢搭积木，因此，他很有兴趣进行下一步游戏）

教师给小新5块正方形的积木，要求他一块一块往上叠，小新平时能听懂这些指令，很快就将5块积木叠起来了，实际上教师还在每块积木上贴了数字1～5，随后引导小新观察积木上的数字，小新很快发现了积木上的数字，随后教师又要求小新按照听到的数字顺序叠积木，小新很好地完成了任务。在叠好积木之后，教师要求小新找到数字5并拿给教师，小新也很顺利地完成了。

师：看，这就是5，弯弯的像秤钩。（随即拿出5的卡通图片，并教小新说"5像秤钩555"）

小新的主动语言很少，但是他跟说的能力还可以，他可以跟着教师一起说"5像秤钩555"。

由此可见，教师设计的教学策略及所用的游戏，可以根据学生的爱好来定制，这样既能激发学生的兴趣，又能让学生较好地专注学习，达到较好的学习效果。这些游戏活动，在数学学习空间中加以设计和融入，不仅激发了自闭症学生学习数学的兴致，更重要的是通过这样的学习活动，能让自闭症学生在数学学习活动中有更多的参与感，激发出更大的求知欲望，从而达到理想的教学效果。

参考文献：

[1] 黄琳. 普通小学自闭症儿童社交能力提升个案研究[D]. 昆明：云南师范大学，2021.

[2] 石何玮. 学前中重度自闭症儿童集体课教学活动设计的个案研究——以昆明市M自闭症儿童康复机构萌萌班为例[D]. 昆明：云南师范大学，2016.

[3] 黄滢. 自闭症儿童注意力评估及训练研究[D]. 南京：南京师范大学，2010.

家校合作数学学习空间的创设与运用

董依伊

摘要：随着线上教学的不断发展，如何促进智障学生线上有效学习逐渐引起关注。本文以家校合作为基础，构建线上和线下相结合的数学实践学习空间，帮助智障学生在校外场所也能进行有效的学习。通过该数学学习空间，帮助教师和家长更好地掌握学生情况，学生在学习空间中学习数学、运用数学，掌握数学与生活的密切联系。

关键词：家校合作　数学学习空间

学习数学对智障学生来说更加抽象和不易理解，同时，学生具有上课注意力集中时间短、记忆力差、理解缓慢的特点，因此，仅有每天的学校学习时间是无法让学生完全掌握学习内容的。采用家校合作创设学习空间的方法，能帮助智障学生更好地掌握与运用数学知识。基于生活数学的特点，家校合作空间的创设能够有效促进学生数学知识的学习与运用。

一、数学学习中家校合作的重要性及意义

（一）家校合作的现状及问题

目前，家校合作在逐步推广，但存在一些困难。低年级的家长普遍年纪较轻，在沟通交流方面更为便捷和高效；高年级的学生，因为其家长工作较忙或需要照顾家中其他孩子，普遍由爷爷奶奶带，而爷爷奶奶受自身条件的限制，在家校配合上存在着一定的缺陷，对家校合作会造成一些阻力。有的教师与家长配合度不高，对家校合作的开展不理解，认为营造学习空间没有必要，由教师在学校中教学就已足够。针对家长合作的现状，需要研究如何建立有效的沟通途径。

（二）家校合作的重要性及意义

家校合作的方式，不仅可以让家长更加了解学生在校的学习情况，也能促进教师的发展，通过和家长的沟通交流，了解该学生更多的情况，反思自己的教育方法，寻找教学活动中存在的问题，提升自身的能力，让学生得到更好的发展。学习空间的创设，不仅需要教师的努力，也需要家长的配合。如果家长无法在教师的引导下构建空间，那么学生会淡忘已经习得但未巩固的数学知识。因此，需要通过家校合作的方式，促进学生数学知识的学习与运用。

家校合作以家庭和学校的沟通为基础，相互配合，共同育人。家校合作的实施需要教师和家长之间沟通合作、互相信任，形成合作共赢的关系。[1]对智障学生而言，家校合作创造学习空间，为他们提供了学习的平台，通过反馈，教师可以为他们制定更合理的教学活动，让他们自身得到更好的发展；对教师而言，通过和家长的沟通交流，可以更多地了解学生课外学习生活情况，对学生进行有针对性的教学；对家长而言，通过和教师的交流，能够更多地了解学生在校的学习情况，更好地在家中辅导学生学习。

二、数学学习中家校合作的实现途径

（一）利用希沃白板，搭建家校合作网络平台

通过用普通视频方式制作的微课视频，智障学生主要以倾听教师对课程内容的讲解、分析为主，无法在观看视频过程中参与互动，这是因为智障学生的特殊性和个体间巨大的差异性，以及存在学生的参与率低、在学习过程中主动性差、缺乏学习动机、求知欲不旺盛、在视频过程中动脑思考和动手操作机会少的情况。普通的微课不利于培养学生独立思考和解决问题的能力，而利用希沃白板搭建学习空间，能让学生参与到课堂互动中，提高学生学习的参与度、积极性、求知欲，可以更好地促进智障学生进行有效学习。

（二）利用任务单的形式，创设线下学习空间

通过布置任务单，指导家长为学生创设线下学习空间。在任务单中标注创设线下学习空间的步骤，通过任务单指导家长在家中创设学习空间，再根据任

务单中学生需要完成的任务，辅助学生完成活动任务，并根据学生完成任务的表现，在评价表上进行评价。通过线下学习空间，帮助学生进一步掌握数学知识，感知数学与生活的联系，将数学知识运用到实际生活中。

三、数学实践学习空间创设过程

（一）希沃线上学习空间的创设与运用

通过研究和分析课本教材，根据课本内容结合所授班级学生的实际情况设计教学方案，根据教案利用希沃白板制作教学课件。在制作课件的过程中，把授课内容进行字体、字号、图片等排版，在准确清晰的基础上设计得精彩有趣，更好地吸引智障学生的注意力，提升智障学生在课堂学习中的专注度。

1. 希沃线上学习空间的创设步骤

在希沃白板的课件中，根据课堂内容加入互动型课堂活动。希沃白板中有一项功能名为课堂活动，课堂活动中包含趣味分类、超级分类、选词填空、知识配对、分组竞争、判断对错、趣味选择、记忆卡片、球球拼词、知识排序活动，教师根据活动环节的需要进行选择，插入课件中，制作成完整课件。例如，在三年级下册《认识人民币》这一课中，可以运用希沃白板创设超市购物的情境。超市购物是智障学生日常生活中较多接触到的一种生活场景，以此情境作为导入，营造舒适、轻松的课堂氛围，有助于学生更好地理解教学内容，激发学生的主观能动性，调动学生的好奇心和求知欲，提高学生的兴趣，引发学生的思考。教师需要积极搜索相关教学资源和素材，使用图片、视频、音频、音乐、活动等素材创设超市购物的环节，以多种元素为学生呈现知识，在生动有趣的基础上，降低数学学习的难度，将抽象、复杂的数学知识具象化、简单化、生活化。数学学习对智障学生来说是困难的，因此，将数学学习变得生活化、简单化对智障学生来说十分重要。将制作完成的课件使用希沃胶囊进行录制，录制完成后将二维码或链接推送至教学群，学生扫码进入课程后，可以听教师的讲解，并配合课件进行学习，在观看的过程中，可以点击控制课件按钮，自主操作课件进一步进行学习。这样的学习形式，为线上学习增添了趣味性，让学生在身心放松的状态下学习数学知识，进行实践操作。

2. 希沃线上学习空间的使用

在多媒体课件中，教师可以设置与教材相同的练习题，让学生在家中观看授课视频的同时，在书本上进行动手操作，完成"贴一贴"的活动。通过线上多媒体展示和线下课本相结合，创设智障学生的实践空间，使学生在观看微课视频的过程中，对教学内容产生主动思考，从而提升智障学生运用数学解决生活中简单数学问题的能力。

以课件中两个互动型活动为例。活动一：利用课堂活动中的选词填空功能，设计看图选择正确的答案。三年级学生在观看授课视频、完成本段内容学习后在线上空间呈现活动一，学生观察图片中的人民币进行思考，从选项中选出答案，通过操作平板完成答题，点击"检查答案"按钮检查答案是否正确，若提交的答案存在错误，则会在该处标记出来，学生可点击重置按钮重新做题，若该题中所有空格都填写正确则会出现"完全正确"。活动二：利用知识配对功能，设计连连看活动，学生先观察左侧每组人民币的金额，通过直接口算或借助教具辅助计算得出答案，再观察右侧的商品及标价，最后将人民币金额与对应的标价相连。在完成答题后，学生点击检查答案的按钮，如所有配对全都正确则会出现"完全正确"的字样和一个大号"√"；如匹配中存在错误连接，错误的选项会重新回到原位，学生在重新思考后进行订正。让学生自己点击批阅按钮，一方面可以增加一些趣味性，另一方面加强学生关于对错的感知，出现错误时让学生知道自己错在了哪里，如何进行纠正，全部正确时也能让学生从表达正确的动画中得到鼓舞，树立自信心。

教师通过后台可以查看学生的学习时长、次数、参与活动次数、答题准确率，使教师更好地了解学生在课堂学习中的表现，帮助教师更加全面地了解在线教学期间智障学生对课程内容的掌握情况，为后续的在线课程设计提供有效依据。

（二）线下学习实践空间的创设与运用

1. 线下实践空间的创设步骤

在课件中，选用家中日常使用和所见之物，使家长能够根据教师当天授课视频就地取材，结合家中实物模拟课堂教学情境，为智障学生创设实践学习空间。具体的物件可以帮助学生更好、更快地理解教师课堂教学的知识点，从具体逐步向抽象过渡，使学生线上学习课堂效率得以有效提升。

通过微信与家长进行沟通，家长参照微课学习进度，在家中为学生创设实践学习空间。从智障学生的特殊性考虑，只有线上的模拟操作对学生来说是不足以完全掌握课堂知识点的，在学校线下教学的过程中，教师可以运用教室、活动室等空间模拟超市环境，安排学生在十分接近真实的环境中进行模拟购物，学生在实践操作过程中反复进行练习，能巩固在课堂中所学的知识并迁移到日常生活中进行运用，培养智障学生运用所学知识的能力。线上教学期间，教师可以指导学生家长在家中创设"学生实践学习空间"，利用家中现有资源，如文具类商品、食品类商品、家居类商品等，设置商品的货架，并为商品制作标价牌，设置简单的收银台。

2. 线下实践空间的使用

完成空间创设后，家长通过情境引导，让学生在超市环境的实践学习空间中，模拟生活中的购物情境。学生选取商品后用手中的人民币到收银台处结账付款，练习用人民币进行付款购物。生动形象的环境和有趣的活动能吸引学生的注意力，使得他们更加积极地发挥主观能动性，用课内所学的知识解决生活中的实际问题，成功内化所学。在实践学习的过程中实现从"要我学"到"我要学"的转变。

在实践的过程中，家长把智障学生的表现录制成视频，在教学群中和教师分享，针对每位学生的表现双方及时进行沟通交流。一方面，让家长参与到学生的学习活动，了解学生的日常学习情况，培养学生和家长之间的亲情；另一方面，有助于教师跟进学生的学习情况，及时发现学生学习中的问题，为学生提供反馈和指导，提高学生的学习效果。在此过程中，教师可以借助现代信息的优势，对学生课堂学习的情况和表现逐一进行评价，并对部分在课堂中表现较好的学生给予夸奖与鼓励，从而让学生保持继续学习的自信心，让学生在实践学习空间中对数学产生兴趣，激发他们主动积极地参与到课堂学习中。

四、效果与反思

学生是课堂的主体，教师应当以学生为主体设计多媒体课件、录制微课，创设线上虚拟实践空间。学生在平板上进行学习操作，通过微课，学生学习课

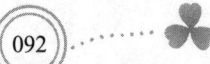

上的知识重点和难点,再通过操作课件,利用信息技术进行练习,增加实践操作。微课可以帮助学生学习重难点,而学生的亲身体验和实践操作,更有利于学生在动手的过程中思考。数学学习需要动手操作,在操作中感知数学的原理,因此,线下实践空间的创设十分重要,有效利用线下实践学习空间能提高学生的学习能力,增加教学互动性,提高教学的创新性。

(一)创设空间激发学习兴趣

学生学习效率的高低,很大程度上取决于学习态度,对智障学生来说,数学本身比较乏味且无趣,再加上智障学生的自控能力普遍较差,因此,有趣的教学内容和教学方法,有利于激发学生的学习兴趣。创设有针对性的课堂教学活动空间,可以提高学生的积极性和主动性,将原本枯燥的课堂生动化,让学生在兴趣的基础上探索学习,让学生在亲身实践中不断发展,培养学生积极、乐观的学习态度和探索精神,提升思维能力和实践能力。在生活数学的教学中,合理利用线上和线下学习实践空间开展混合式教学,可以为学生营造良好的课堂学习氛围,提高智障学生在数学课程中的活力,也使得学生对枯燥的数学知识学习不再产生抵触与厌恶心态,同时,利用学习空间中丰富多彩的信息资料,可以支持不同水平的学生学习,让学生能够获得各个方面、各种程度的提升。另外,教师也要随时反省,以便使学生能更高效地掌握数学知识,最大限度地利用实践学习空间,对智障学生产生正面影响。

(二)巧用学习空间,因材施教

不同的学生学习数学的方式不同,创设实践学习空间,可以让学生从中寻找到更加适合自己的个性化学习方式。在教学中,教师要重视学生操作实践的过程,对于正确的应给予表扬和肯定,对于错误的要及时进行点拨和引导,剖析错误原因。教师应当给每一位学生表达自己想法的机会,锻炼他们动手操作的能力,培养在实践中思考的能力。数学知识不应被学生消极接受,而要学生通过自身实践,以富有创造意识的积极性和主观能动性去探求获取,其实质是让学生经历自主发现、探索、解决问题这一过程。随着科学技术的不断发展,互联网的使用越发普遍和广泛,在教育教学中,信息技术的使用正在不断地普及,通过信息技术的辅助,课堂教学变得更加丰富多彩和生动有趣,教师可以借助多媒体的强大功能，拓宽学生的视野，使知识点的讲解变得更加形象，让学生更加容易理解晦涩难懂的知识。学生借助多媒体技术，可以在家观看微课，复习巩固课堂所授知识。

学生是主体，教师是领路人，课堂是教师引领学生探索数学奥秘的主阵地。教师要在课堂中引领学生发现问题、解决问题、总结规律，让学生从中感受到数学学习的快乐，感受数学与生活之间的密切联系，体会数学的价值。通过家校合作的方式，能让线上虚拟实践空间和线下实践空间相结合，使智障学生更好地进行有效学习。

参考文献：
［1］牛小娟.初中英语浸入式教学中的家校合作研究［J］.当代家庭教育，2022：53-56.

微视频在数学教学情境创设中的应用

杨陈笑

摘要：微视频，一种在信息化时代下被应用到教育教学中的视频形式，以短小精炼、生动易懂的优势深受教师们的喜爱。随着课程标准的改革，各种新的教学方法和教学理念不断涌入，其中，情境教学法深受教师的推崇与认可。传统的情境设置一般为口述式或图片式，很多时候教学效果不如微视频的效果好。目前，在培智数学教学中，教师使用微视频资源来优化创设数学教学情境，使得教学内容变得更加丰富多彩。本文将结合培智生活数学的教学现状，分析微视频在培智数学教学情境创设中的意义，探究微视频教学情境的创设与应用策略。通过实证研究发现，利用微视频创设的情境生动且有趣，极大地提高了学生的学习动能，微视频情境教学设计应用让培智数学教学的质量和效率都有了显著的提升。

关键词：微视频　培智数学　情境创设

在特殊教育学校，学生的大脑发育缺陷导致其抽象逻辑思维、认知能力、语言能力、注意力等方面的发展均落后于同龄孩子，影响了他们对数学知识的感知与吸收。教师在重视学科知识传授的同时，也要注意开发学生的智力，开阔学生的视野，微视频的出现为教学注入了新的能量。

一、培智生活数学教学现状

近年来，培智学校学生的智力障碍程度越来越严重，现就读于特殊教育学校的学生多半为中重度智力障碍患者，并且可能伴有癫痫、多动、自闭等其他病症。当前，培智生活数学课堂教学在新形势下仍有一些缺陷，具体表现为：

（一）学生个体差异大，目标难设定

培智学校学生的情况相较普通学校的学生更加复杂，在认知、感知觉、语言等领域个体差异大，一堂课的教学目标并不适用于每一个学生。目前，在教学目标的制定上，通常根据每班学生的情况以A、B、C三个层次进行划分，并为不同层次的学生设定不同难度的教学目标及要求。可是，除了这三个层次的学生之外，现在的特殊教育课堂还面临着许多C层以外的学生，越来越多D层甚至E层学生的出现让教学难度变得更大，学生能力如此悬殊，教师要思考如何让这部分学生也参与进课堂。

（二）知识传递慢，学生基本功不扎实

在实施数学的过程中，教师时常面临教学效率低下的问题。造成这一现象的原因主要有：第一，智力障碍儿童生理和心理的特殊性使他们的理解能力、逻辑能力都非常薄弱；第二，教师所用的教学方法没有及时地跟进时代发展，导致知识传递慢，教学效率低。

（三）学生兴趣不足，导致学习动力下降

要提高课堂教学的效果，培养学生的兴趣是必要的。然而，当前的一些"灌输"模式下，虽然教师在讲台上费尽力气地讲，但台下的学生大部分学习动力不足，甚至对数学产生了逆反心理。

二、微视频在培智数学教学情境创设中的意义

（一）有利于提升情境的生动性

数学知识的严谨性和逻辑性使数学课堂的氛围比较严肃，对学生的思维活动能力要求也更高，因此，在日常的教学过程中，学生常有紧张感和压迫感。即使教师在课堂教学中创设了一些情境，但如果没有借助相关的教学辅助用具，过程也会显得比较乏味，学生的注意力难以集中，课堂学习效率难以提高。而微视频可以有效地避免情境枯燥的问题，它以动态的形式展现情境内容，有利于提升情境的生动性，课堂气氛也因此变得更加活跃。

（二）有利于使情境更加切合实际

《培智学校义务教育生活数学课程标准》中明确指出："强调数学知识与日常生活的紧密联系，以生活情境为媒介，以数学知识为内容，以问题解决为主线，由浅入深地开展。"

培智数学课往往比普通数学课更需要切合实际的教学情境。智障学生的活动范围小，对外界接触得少、感知弱，如果创设的情境内容与他们的实际生活相差太多，学生理解起来难度会很大。而微视频资源创设的情境，能在情境中融入一些生活化的元素，比如，超市购物、整理房间等，利于情境贴合实际，学生理解起来相对容易一些。

（三）有利于提升学生数学知识水平

提升学生的数学知识水平，是数学教学工作的重要目标之一。由于传统课程讲解方式的限制，加上部分学科知识学起来比较困难，导致教师的教学效果常常不够理想。借助微视频技术，数学中某些抽象的数学知识，可以形象地以微视频的形式在课堂教学中得到展现。比如，在教学"轴对称图形"的内容时，教师在讲解过程中，示范的难度较大，就可以充分地利用微视频情境教学，通过搜索网络上较为细致的讲解视频，以视频演示轴对称图形的含义及画法，化难为简，学生学习的难度降低，掌握重难点也就变得更容易。

（四）有利于培智数学教学改革

一些传统的教学方式，在如今培智数学教学工作中，已经难以满足实际的教学需求。在教学改革的过程中，教师应对传统的教学方式加以优化，才能不断适应新的教学需求。利用微视频技术创设教学情境，在优化教学形式、丰富教学内容、提升教学效果等多个方面都具有重要的促进作用，推动着教学方式的改革和发展。

三、微视频下培智数学教学情境的应用策略

（一）制定科学合理的教学目标

基于微视频创设数学教学情境，重点在于微视频的录制及对微视频资源的

合理利用。制定科学合理的教学目标，即可行且具有针对性，才能使微视频符合实际的教学内容。制作微视频的图片及视频等素材应该与所要教授的数学知识点紧密地联系在一起，为了使其符合教学计划的要求，教师应对其可行性进行综合、全面的考虑，还要注意是否便于学生对课堂知识的理解和接收，合理协调微视频教学方案与教师及学生需求之间的关系，科学制定教学目标，做好微视频制作的基础工作。

（二）制作合适有效的微视频

制作与下载是获得微视频的两种途径，教师可以通过软件自制，也可以通过网络下载的方法获得。首先，教师在明确各个单元的重难点基础上，将这些重难点浓缩为关键词进行网上查询或者录制，获得原始资源。其次，教师通过删减、拼接、美化等操作获得适合本班学生的微视频。经过实践发现，网络上与特殊教育相关的可用资源不够丰富，优质的短视频资源非常稀缺，微视频的来源只能依靠教师自己录制与剪辑。

1. EV录屏+剪映——录制视频的主要平台

教师可以选择EV录屏和剪映两款软件进行视频的录制及整合。EV录屏的录制功能可以将电脑内部及外部的声音和图像组合录制，从而生成一段任意时长的视频。如果在录制视频过程中有失误或者需要拼接，则可以利用剪映软件进行剪辑和加工，还可以适当地调整画面色彩，添加音效，对集中学生注意力有很大的帮助，最后，导出生成一段短小精练的教学动态资源。例如，在《认识4》一课中，笔者利用EV剪辑的功能给学生呈现了一段家里有人来做客，贝贝和妈妈数一数桌上果蔬数量的场景（如图1）。

图1 贝贝和妈妈数果蔬数量的情境微视频

2. 希沃白板胶囊——答题软件平台进行课堂互动

希沃白板胶囊是学生和教师都比较熟悉的应用平台，选择希沃白板胶囊进行微视频录制的优势在于：

（1）微视频可交互

知识胶囊是希沃在微视频领域的一种工具，可以满足学生与希沃课件互动的要求，教师在视频中所需要的节点添加课堂活动或答题板，学生在观看微视频时就可以进行互动答题（如图2）。

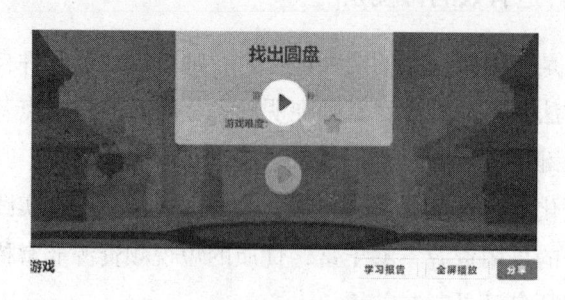

图2　找出圆盘情境互动答题

（2）微视频有反馈

当单一的视频变成可互动的视频之后，学生在此过程中的答题数据、做题时长都会被完整记录。学生的完课率、答题正确率、互动参与度等信息都会自动呈现到胶囊后台，并生成详细的学习报告，教师能够通过后台的数据更好地了解学生的掌握情况，以便开展教学。

（三）教学情境的创设与应用

1. 创设问题性微视频数学教学情境

"思维自疑问和惊奇开始"，学生的思维活动是因遇到了问题、出现了疑惑且需要解决而引起的。设置富有启发性的问题情境是数学教学中常用的一种手段。所谓问题情境的创设，就是在教学导入部分，教师让学生自主地分析和处理问题，从而完成对情境教学的学习应用。例如，在教学"同样多"的概念时，教师通过上面提到的白板胶囊视频展示：小猴子很喜欢吃桃子，这天山上的5只小猴子摘了5个桃，1只猴子吃1个桃（边说边用线将小猴和桃子一一对应连起来）。然后，在微视频中给出问题：小朋友们看看，有没有多余的桃子？有没有还没分到桃子的小猴？小猴的数量和桃子的数量有什么关系呢？这就自然且成功地引出"同样多"这一概念，以及本堂课需要学习的重点内容。又例如，教学"比大小"这一内容时，课前教师自录微视频，道具是两个一模一样的脸盆（大小足够放进皮球，但放不进篮球）、一个篮球和一个皮球，将篮球和皮球分别往两个盆里放，视频中小小的皮球很容易就放进了脸盆，可是大大的篮球却怎么也放不进去。通过微视频，教师提出问题：为什么皮球很容易就被放进了脸盆，而篮球不行呢？学生根据自己的生活常识去思考这个问题，教师再引出比较同类物品大小的相关知识，学生便能更快地进入学习状态，加深对事物大小的认知与理解。利用微视频，问题性情境调动了学生的积极性，同时也避免了利用实物演示情境会占用课堂过多时间的情况，以及学生会过于兴奋、不可控制的场面。

2. 创设游戏化微视频数学教学情境

在特教数学课堂的导入环节，如果直接对学生说"我们今天来学习……"，不少学生会无动于衷或茫然不解，但如果教师一开始上课就和学生说"我们先来玩一个游戏"，学生马上就有精神了。例如，在教数前概念"有、没有"这一内容时，课前教师先通过视频展示两个趣味游戏"猜猜哪个手里有糖果"和"听听哪个盒子里有积木"来吸引学生的注意力，从而引出教学内容，并强调"学完新知识以后我们也来玩一玩这个游戏"，学生对于能动手体验的实践活动很是喜欢，接下去的整堂课学习氛围都会很浓烈。

3. 创设直观性微视频数学教学情境

教师可以借助微视频的直观性特点，创设教学情境。教师借助微视频将数学概念和定理融入其中，创建直观性的教学情境，可以有效地促使学生主动进行数学的学习。例如，在"认识长度单位——厘米"的教学中，利用希沃白板授课模式——在线资源——数学画板——测量中的长度单位在线画板，直观形象地在尺子上描画出1厘米，录制下微视频，能直接明了地表示出1厘米有多长，以此引出课题，展开教学。

4. 创设生活化微视频数学教学情境

以生活为基础的微视频教学情境，需要将生活中的事物引入到教学中，这种形式可以让学生将所学应用到实际。所以，教师可利用微视频创设基于生活实际的问题情境，让学生在熟悉的情境中感受到数学就在自己的身边。例如，在学习培智生活数学二年级《1～10的数序》这一课内容时，教师可以借助微视频，创设以下生活情境：快递员叔叔在小区里送快递，可是门牌号太多了，怎样才能快速找到正确的门牌号呢？在创设这个情境的时候，微视频中可呈现一名快递员在小区地图上寻找门牌号，兰兰和妈妈在一旁帮助寻找的场景。比起口述式的描述，这样的方式能让学生对情境内容的印象更加深刻。根据微视频中的提示，学生先要在小区生活圈地图上帮助快递员找到楼号，再送到相应的楼栋，接着要帮助快递员叔叔将无人收件的快递放入标有序号的快递柜里。这样的生活情境是学生真实接触过且比较熟悉的，更加贴合实际，通过微视频的形式呈现出来，学生能够利用学习到的知识自己解决问题，为今后融入社会打下基础。

又例如，在"小数的意义和性质"的教学中，教师可以在微视频中展示人们逛超市的情境。超市里的商品非常多样，学生可以根据自己的生活经验发现商品的价格大部分不是整数，而是小数，如，可乐3.50元，薯片7.99元，牛奶19.98元等。这时教师提出问题：你知道价格中的每部分表示什么意思吗？提出问题以后，学生会思考：小数点前后的数字分别代表什么呢？教师由此引入新知识，这样能帮助学生更好地理解小数的意义和性质，提高数学教学的有效性。

四、效果与反思

微视频在日常教学中对提升教学质量的作用不可忽视，学生的学习动力因此得到了很大的提升，但微视频教学的不足也值得思考。

首先，微视频的制作需要一定的信息技术支持，作为信息化时代下的产物，普及程度还比较低，没有统一的培训，对于大部分教师来说，制作和找寻资源存在难度。其次，微视频的内容选择有限，网上的短视频资源比较少，教师没法直接下载就不能使用，需要通过录屏、剪辑、拼接等制作方法，比较耗时耗力。最后，选择的内容要符合特教学生的认知特点、审美，要足够吸引学生的注意。在课上使用微视频时，还要注意视频播放和使用的时间不宜过长，微视频教学与传统教学结合起来才是最有效的教学方式。只使用微视频学习而不动脑思考、动手实践，学生的学习能力定会大大下降。

五、结语

微视频情境教学已经成为学校日常教学中重要的一部分,是提高课堂教学效率的有效手段之一。特殊教育数学教师需要根据学情有效地选择或制作微视频,利用微视频资源来创设数学课堂教学情境,发挥出微视频教学情境在课堂教学中的优势,同时也要不断地探究其他情境创设方式,优化数学学科教学。

参考文献:

[1] 周燕. 如何巧用微课提高数学课堂教学效率 [J]. 新课程·上旬, 2018(6).

[2] 林兴旺. 基于微视频的高中数学教学情境创设及应用 [J]. 学苑教育, 2016(18): 56-57.

[3] 陆少娟. 微视频在小学数学问题情境中的创设与应用 [J]. 学周刊, 2018(17).

[4] 刘芳. 微视频在小学数学教学中的应用 [J]. 新课程(综合), 2018(6).

[5] 贺伟国. 以微视频为基础的小学高段数学情境教学 [J]. 学周刊, 2018(2).

依托多样教学具，探索数学情境创设

夏培艺

摘要：培智学校学生的情况多样，在各种复杂的障碍类型中，障碍程度也并不相同，每个学生在数学学习的起点、方式、能力等方面都有一定的差异性。因此，教师在课堂教学中就需要通过评估来了解学生认知的先备能力和学习需求，从而确定教学目标和重难点，选择合适的教学策略方式。对智障学生而言，课堂中情境的创设和代入是至关重要的。本文从几项实例出发，浅谈如何依托多样化的教学具，来进行丰富的生活数学情境创设。

关键词：多样教学具　生活数学　情境创设　智障学生

《培智学校义务教育生活数学课程标准（2016年版）》中指出，在教学过程中，要重视多种教学方法的综合运用，强调板书演示、实物教具和学具的合理运用，有效利用计算机信息技术资源，重视学生的实际操作与实践，让学生有效地参与到各项数学学习活动中。智障学生专注度较差，在课堂活动设计中使用情境的切入能够最快、最直接地吸引他们的注意力，激发他们的学习兴趣。本文中，结合日常实际教学内容中的教学情境，制作呈现了一些具有日常性、趣味性、创意性的多样教具，并在数学课堂教学中进行运用，引导学生进行指认和操作，对于学生掌握当前学习内容起到了一定的积极作用。

一、多样教学具在数学情境创设中的实践运用

（一）依托教学具辅助，丰富情境创设感

由于智障学生的思维较为直观具体，抽象思维能力相对都比较薄弱，对数学知识的理解尤为困难，所以，在日常的数学教学中，教师需要多从他们身边熟悉的环境或事物入手，积累生活经验，契合"生活"数学的主旨，帮助他们

理解和掌握数学知识[1]。因此，生活情境的创设便显得非常重要，单一的图片出示往往难以达到效果，智障学生需要的是丰富的情境创设感。所以，教师可以利用实物实景，带领学生进入其中，同时借助一些常见的生活化教学具来进行辅助。

例如，在教授一年级生活数学《认识3》一课时，笔者发现由于数字概念过于抽象，即使学生已经学习过数字1和2，有了一定的数的学习基础，简单的点、数、认、读仍显得格外枯燥，对于一年级的智力障碍学生来说，学习的兴趣往往难以提高。于是在教学实践中，笔者依据智障学生的特点，结合教材内容，以熟悉的教材主题，利用"乐乐的家"系列情境展开教学。从乐乐家的客厅到厨房，再到房间，让学生在连贯的家庭情境中学习如何手口一致地点数数量是3的物品。在巩固认数环节，笔者带领学生进入学校的家政室，在那里提前布置了一个"乐乐的房间"（如图1所示），引导学生在房间内先自己仔细观察，在教师提问后，学生举手来指一指、数一数、说一说，发现了哪些数量是3的物品。然后，笔者帮助和引导能力较弱的学生点数：3个帽子、3个衣架、3瓶水，同时总结点数的方法：从上往下或从左往右数，点一个数一个，数到几就是几，不要遗漏，数到数量是3的物品可以用数字3来表示。从前期课堂中点数有序横放的图片物品到实景中点数乱序摆放的实物，明确手口一致的点数方法，同时再加入大小、颜色不一的物品进行点数，灵活运用已有的数学知识提升难度、巩固新知，加深学生对于数与形对应关系的认识，提升学生

图1

运用掌握的数学知识、经验去尝试解决一些实际问题的能力。

教师将一些日常的物品简单摆放在家政室里，将其化身为教学具融入生活情境之中，巧妙地将3的数概念、数字、数量知识渗透其中，辅助学生进行知识的扩展运用。而学生借助已有的生活经验，在生活情境中开展轻松的实践活动，体验到了丰富的情境创设感，这比普通单一的图片情境的呈现显得更为直观、有效。

（二）依托教学具操作，融合情境趣味化

在日常教学中，笔者发现，经历了过多的理论性知识学习后，学生经常会略显疲态、精力减少、注意力不集中，有些学生对基础知识掌握度较高，在学习这些简单的、已知的课程内容后往往会出现乏味走神的现象，开始在课堂中有一些小动作，难以获得较大的学习效益。此时，如果可以结合教学实际，为学生创设一些游戏情境，让学生在轻松愉悦的环境中得到放松，那么不仅能够缓解当下学习的疲劳，还十分有利于学习动力的保持，助力学生身心的健康发展。

例如，在教授一年级生活数学《认识图形：球》一课时，笔者选择采用的是以两个感统训练结合游戏情境的方式：用分层竞争式的游戏情境结合"端杯传球"（如图2所示）和"吹球入杯"（如图3所示）两个活动。教师讲解两个游戏活动规则要求：第一个游戏要求学生将置于倒扣纸杯底的乒乓球依次传递至下一个纸杯底，计时一分钟，谁传递的个数多则取胜；第二个游戏要求学生将置于倒扣纸杯底的乒乓球用嘴吹进对面的纸杯里，计时一分钟，谁吹入的个数多则取胜。对于动手综合能力较强的学生可以选择两个游戏活动依次两两PK完成，对患有特定疾病导致肢体障碍、手部力量较弱的学生来说，他们大多协调力较差，特别是脑瘫的孩子，认知能力虽好，但是要运用到肢体活动对他们而言极为困难，多次失败后，笔者感受到了他们的失望，这样不利于孩子自信心的培养。教师可以在游戏中适当地利用给他们减少杯子的数量或协同一起抓握杯子等方式降低一些游戏难度，而对于能力非常弱，甚至无法理解指令的学生，教师可以根据情况选择一项他们稍感兴趣的游戏带领他们一起尝试做或看着老师示范做，从中体验、感知球的特征和游戏的魅力，积极参与数学活动。

图2　　　　　　　　　　　　　图3

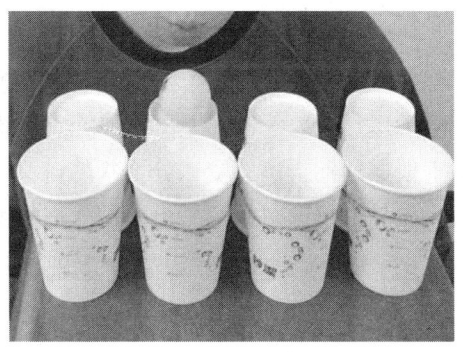

一年级的孩子活泼好动，整个环节气氛活跃，这个游戏情境利用了简单的乒乓球和纸杯作为教学具让学生进行操作，效果显著：第一，能让学生在游戏中感受球的特征和滚动，学习到图形的基础知识；第二，能缓解比较沉闷、压抑的课堂教学氛围，让学生在游戏情境中得到身心放松，在竞争互动中感受成功所带来的喜悦，促进后续有效地进行学习；第三，能融合感统训练，增强学生的口肌运动和手臂运动，锻炼学生的视觉追踪能力、手眼协调能力、力量控制及注意力，让学生边玩边学，以智慧教育来促进引导学生综合能力的进步和发展。

（三）依托教学具探究，尊重个体差异性

智障学生的障碍程度、智力发展水平和认知能力等方面都存在很大的差异性和特殊性，在班级集体授课的情况下，教师应学会灵活运用教学具，在合适的活动练习中，恰到好处地给予学生个性化、有针对性的支持，最大限度地满足学生的个性化学习需求，让每个学生都能够达成各自的个别化教学目标[2]。

例如，在教授九年级生活数学《认识分数》一课时，笔者选择以"猫和老鼠"的情境，辅以趣味的动画作为导入，由无法平均分一块肉而引出分数的概念，猫和老鼠是学生喜欢且较为熟悉的动画形象，学生很快就能被其深深地吸引。当学生通过汤姆和杰瑞野餐分比萨的情境初步理解二分之一的概念后，笔者向他们提出了一个小考验，让他们继续帮助汤姆和杰瑞再来分一分面包片，随后，笔者给每一位学生分发了一张印有面包片图案的正方形卡纸，要求他们

先折一折，再在面包片上用蜡笔涂上棕色以表示巧克力酱的方法来展现出它的二分之一（如图4所示）。其中，A层的学生利用卡纸独立探究并自主进行折、画的操作，B层的学生在教师的少量提示下尝试自己折并完成涂色，C层的学生根据辅助折痕感受二分之一的含义，并在教师的帮助下尝试涂色。最后，进行作品汇报展示环节，由于正方形纸的二分之一有不同的表示方法，有的学生选择了将其沿边对折，有的学生进行了对角折，教师根据学生的结果进行反馈，积极鼓励学生思考、发现问题，主动表达，以此增强学生的自信心和表现欲，并注意讲解只要把正方形平均分成了两份，那么每一份都是它的二分之一。

图4

在整个教学过程中，结合情境利用卡纸教具实践操作探究，激发了学生的学习兴趣，同时，学生在感受一个图形的二分之一的形成过程中，感悟到数形结合的思想，体会到分数在实际生活中的应用价值，教师能在不同折法中开发学生的逻辑思维能力，鼓励他们在探究中体会到自主学习数学的快乐。教具的设计也依据学生能力、水平的差异而各不相同，针对不同层次学生的障碍程度和学习能力来提供相应的支持。在设计中，教师应当关注、满足每个学生的个别化需求，充分对照学生个性化特点，调动学生的主观能动性，充分发挥学生的主体作用，让学生取得最大化的学习实效，在让每个学生尽可能地达成教学目标的基础上得到更好的发展。

二、多样教学具在数学情境创设中的成效与反思

（一）成效

1. 形式多样，体验乐趣

教学模式的单一化，势必会降低学生学习新知识的新鲜感和敏锐感，教学

工作应该具有创造性、新颖力。培智学校的小朋友具有和同龄人一样的特性：爱玩，但是他们本身的专注力是非常差的，所以，依托各类不同教学具创设形式多种多样的情境往往能有效地吸引他们的注意。

根据学生的认知水平，从重点中确定好难点。对课堂教学中重点难点的理解，不能限制在课本上，要把较为抽象的东西用情境、操作变得具体化，指导学生自主地参与到学习中，使他们在操作过程中加深理解，并在具体的操作练习后进行总结、提炼。依托教学具操作，教师在相应的数学教学情境中可以突出重点，引导学生突破难点，做到逐步攻克，让学生真正做到在乐中学、学中乐。在课堂中笔者设计的教学环节形式丰富，颇受学生喜爱，精心设计的学习内容能让教学更加轻松，优学课堂，达到了事半功倍的效果，让孩子的学习更轻松、更快乐。

2. 物境结合，智慧促学

随着信息技术的高速化发展，我们发现现代的教学方式越来越信息化，而有时青年教师会过分地依赖多媒体技术的呈现，而冷淡了一些传统的教学具。虽然多媒体具有图文并茂的优点，但不利于学生积极动手动脑的习惯养成，教师需要的是各种教学资源的整合，让学生能在不同的教学策略中多感官体验数学知识的构成。

教师应当构建合理的教学情境，充分利用多样教学具的帮助，为学生提供丰富多样、声形兼备、物境并茂的教学资源，把生活场景、图像视频、音频、教学具等运载信息的内容结合在一起，贴近教学实际，使得课堂形式更加多样化，而非单一、填鸭式的教学，教师教会学生用智慧的学习方式去接纳未知的世界，操作探究、实践思考，不断去提升分析问题、解决问题的能力，从而促进个别学生顺利融入集体教学。

3. 方向引领，素质提升

在时代发展的洪流下，作为一名特教教师，应该加紧自己学习的脚步。因智障儿童自身的缺陷和数学学习的需要，教师必须更加直观具体地展示学生所学习的内容，要摒弃传统说教式的教学方法，动脑、动手制作各种精美的教学具，借助教学具，结合实际的教学情境让学生理解和掌握所学习的数学知识。这样，教师才能更有效地组织教学。

优秀的情境设计和教具设计不仅能为课堂教学增添光彩，还能对教师的专业成长起到很好的帮助作用，教师工作的积极性也被调动起来，在主动研究、制作合适的教学具应用于课堂教学的过程中，教师潜心研究课本教材，用心去关注学生的个体差异，提高了自身的数学教学业务水平，专业素质也得到了明显的提升。

（二）反思

1. 提高情境创设质量

教师在创设数学情境时要避免情境的随意性和机械重复型的场景呈现。虽然智障学生的记忆能力较差，有的还具有很强的刻板行为，但有时多样化的设计能打动他们的心灵，所以，要考虑在课标的要求及学习目标下，设计出适合智障学生身心发展规律和个性特点的、有针对性的情境和教学具，使不同层次的学生得到不同程度的发展。呈现的形式还要尽可能灵活多样，使学生愿意参与课堂、乐于参与课堂。

2. 掌握适中难易程度

教师不能因为学习内容简单且有部分数学能力较强的学生对知识的储备较大而设计操作极具困难的教学具，如果挑战性太大，学生很容易就会因为完成不了任务而产生挫败感，失去自信；反之，如果太过简单，学生也会失去自主达成的成就感。教师要充分考虑各个层次学生的学习需求，结合不同的教学情境适用性，还要结合课程内容设置行之有效的教学环节，更要考虑到学生间的个体差异对于教学任务的可执行性和可操作性的影响，让学生扬长避短，在自己擅长的领域体验到学习的快乐。教师可以设计出贴近生活的A、B、C三类"分层"式教学具，让不同层次的学生在完成教学任务的过程中都能有所收获，享受到成功的喜悦。

三、结语

总而言之，基于智障学生的学习特点和接受程度，生活数学的教学需要教师将一些情境教学与多样化的教学具有机结合在一起。想要让学生积累丰富的生活数学经验，合理地借助教学具进行辅助、操作、探究是非常有效的一种途径，教师要认识到教学具的制作和运用在提升学生兴趣、积极性和参与度方面的价值。精彩的情景创设和多样化的教学具能让数学教学充满趣味性、艺术性，在教学环节呈现给学生时更具有诱惑力，从而能够将学生的思维迅速拉到数学课堂当中，启发学生的自主思维，锻炼学生的动手操作能力，有利于提升教学效率。

参考文献：

［1］吴荣翠.浅谈自制教具在智障儿童数学教学中的作用［J］.数学学习与研究，2021（10）：62-63.

［2］赖慧梅.运用自制教具学具，打造高效培智课堂［J］.现代特殊教育，2020（1）：3.

自制教具辅助学习空间建设

乔彧豪

摘要：培智学生具有智力障碍，学生之间的个体差异较大，因此，个性化的教学方法尤为重要，教师可以利用自制教具的辅助功能来建设学习空间。自制教具是由教师或学生根据特定学习需求自行设计、制作或改进的教学工具，可以更好地满足学生的学习需求和提供个性化支持。本文介绍了培智学生教育的背景和现状，并分析了传统自制教学具在教学中的重要性，详细讨论了不同类型的自制教学具，包括数与运算、图形几何、数前概念、人民币认识等板块，对每种类型的教学具进行了分类、解释和举例。通过教学案例和实例，展示了自制教具如何融入实践学习空间，提高学生的学习参与度、理解力和学习效果。

关键词：自制教学具　辅助　学习空间

一、自制教学具的缘由

（一）个性化学习需求

培智生个体差异较大，在智力、学风、兴趣等各方面都有所差别。每一个学生的学习需求，传统的标准化教学教具未必能够完全满足。因此，扩展传统自制教学具，是为了更好地满足培智学生的个性化学习需求。

（二）切合实际情况

传统教学具可能过于抽象或脱离学生的实际生活经验，对于培智学生来说尤是如此。通过自制教学具，教师和学生可以将学习内容与实际情境相结合，使学习更加贴近学生的生活和兴趣。

（三）提升学习动机

自制教学具的制作过程本身就是一种学习体验，学生在其中可以发挥主动性和创造性。学生参与设计和制作自己的教具能够激发他们的学习兴趣和动力，提高学习积极性。

（四）促进学习深度

自制教学具，学生需要更深入地理解学习内容，以便将其转化为实际工具。这种深层次的学习，能够帮助学生更好地掌握知识和技能，形成持久的学习效果。

（五）开拓思路，培养解题技巧

学生在教学用具的设计开发过程中，需要运用自己的创意和解题能力。这种能力培养对于培智学生的综合发展非常重要，可以提高他们在其他领域的应用能力。

（六）适应不同教学环境

自制教学具的灵活性和可定制性使其适用于不同的教学环境和学生群体。教师可以根据不同的学生需求和学校条件来设计和制作教具，以确保教学的有效性和适用性。

二、自制教学具的类型

（一）数与运算类教学具

数与运算类教学具，是培智学生学习数学和基本运算的重要辅助工具。这样的教学工具是为了帮助学生了解和掌握数字的概念、数字关系和基本的运算规律，包括：

1. 计数棒。由一系列不同颜色或长度的小棒组成，用于辅助学生进行计数、加法和减法运算。学生可以通过计数棒更直观地理解数值之间的大小关系，帮助他们建立数的概念。

2. 数字卡片。数字卡片是印有数字的卡片，可以用于数数、比较大小和组合数字。教师可以根据学生的学习进度设计不同的数字组合和算式，提供个性化的学习体验。

（二）图形几何类教学具

图形几何类教学具，是用于帮助培智学生学习平面和立体图形的重要工具。这类教学具的设计旨在让学生直观地了解图形的属性、构造和进行测量。以下是一些常见的图形几何类教学具：

1. 平面图形拼图。用形态各异的图形拼块组成的拼图，教会学生认识不同的平面图形，如三角形、长方形等，并加以辨识。学生可以加深对图形的理解。

2. 立体模型。立体模型能帮助学生更好地理解不同的立体图形，如立方体、柱体、锥体等。学生可以触摸和操作模型，加深对立体图形的认知。

（三）数前概念类教学具

数前概念类教学具是帮助学生学习数前基础概念的工具。这类教学具旨在培养学生比较、排序、模式识别等数前技能，为他们学习数学打下坚实基础，包括：

1. 比较卡片。比较卡片是用于比较大小的卡片，学生可以根据卡片上的图案或数字进行比较，培养他们的比较意识。

2. 排序游戏。排序游戏是一种互动的学习方式，学生需要根据一定规则将物品或图案进行排序，培养排序能力和逻辑思维。

3. 模式图卡。模式图卡是一组图案卡片，学生需要根据规律来推断下一个图案，培养他们的模式识别能力。

这些不同类型的自制教学具可以更好地满足培智学生的学习需求，使学习过程更加生动有趣和有效。同时，学生参与制作和使用这些教学具，能够激发他们的学习热情，提高对数学和其他学科的学习兴趣。

三、自制教学具的设计开发

设计开发自制教学具，对培智学生而言意义重大。在培智学生的教学中，学生个体差异较大，因此，个性化的教学方法尤为关键。自制教学具是由教师或学生根据学习需求自行设计、制作或改进的教学工具，可满足学生个性化学习需求，提供有针对性的学习支持。

（一）了解学生需求与个体差异

在设计和开发自制教学具之前，教师首先需要了解培智学生的学习需求和个体差异。学风、兴趣、爱好、学习能力，每位同学都有自己的独到之处。通过观察、与学生交流和收集学习数据等方式，教师可以深入了解每位学生的情况。了解学生的学习特点和需求，有助于确定应该设计哪些类型的自制教学具，并针对不同学生制订个性化的教学计划。

（二）设定教学目标与教学内容

自制教学具设计过程中必不可少的就是明确教学目标，明确教学内容。教师需要搞清楚学生应该学到的知识和技能，以及需要达到何种程度的学习目标。教师有针对性地选择适合自己的教具种类，设计相应的教学活动，目的是明确教学目标，针对学生的学习需求。教学目标应该与培智学生的实际情况和学习能力相匹配，确保教学具的设计是有效且实用的。

（三）师生共同参与设计开发

自制教学具的过程应该是学生和教师配合的过程。学生在设计教学具时，能够产生独特的创意和想法。教师可以与学生一起讨论和确定教学具的设计理念，鼓励学生积极参与和表达意见。学生的参与，不仅增加了学习的乐趣，而且激发了学生学习的动力，收到了实实在在的效果。同时，教师的指导和支持确保教学具的设计符合教学目标，有助于实现更好的教学效果。

（四）适应多样化的学习方式

在自制教学具的设计上要考虑学生多样化的学习方式。不同的学生可能喜欢不一样的教学方式和学习经历。因此，教师可以针对不同学生的学习需求，设计多种类型的教学用具。如，可将视觉、听觉、触觉等感官结合起来，使学生在学习中拥有全方位的体会和认识。教学方式的多样化，对激发学生的学习兴趣有很大的帮助，对提高学习积极性也有很大的促进作用。

（五）实践学习空间的建设

自制教学具的设计开发，可以为实践学习空间的建设做出重要贡献。《实用学习空间》强调学生在真实的情境中学习，紧密结合课堂内容和实际生活。自制教学具可以为实践学习提供更多的资源和支持，让学生在实际操作中学习知识和技能。例如，培智学生可以通过自制教学具在购物中练习货币认识，或在建模中学习几何图形。这样的实践学习活动不仅增加了学习的趣味性，还能够提高学习的实效性。

设计开发自制教具是个性化教学的一种重要手段。确保自制教学具有效率和适用性的关键要素是了解学生需求和个体差异，制定教学目标和教学内容，师生共同参与设计和开发，适应多样化的学习方式，不断改进和反馈。培智学生在实践学习空间中能获得更多个性化的学习支持，夯实学习发展基础，通过设计研发自制教具，培养创造能力和解决问题能力，提高学习兴趣和效果。因此，在培智学生的教学实践中，推广和应用自制教学具是具有重要意义的教育创新措施。

四、自制教学具的课堂应用

自制教学具通过富有创意的设计和个性化的教学方式，能够在培智学生的教学中提供更丰富、更有趣、更有效的学习体验，具有广泛的课堂应用价值。以下是详细扩展自制教学具的课堂应用。

（一）提高学习参与度与兴趣

自制教学具可以激发培智学生的学习兴趣，增加他们对学习内容的关注度，从而提高学习参与度。例如，在数与运算板块，教师可以设计使用计数棒、数字卡片等教学具，让学生通过有趣的数学游戏来学习数字、加减法等数学概念。学生在游戏中参与，积极地探索、操作教学具，增强了学习的乐趣与体验。

（二）促进概念理解与应用

自制教学具可以更加直观地呈现学习内容，帮助培智学生更好地理解抽象的概念。在图形几何板块，教师可以利用平面图形拼图、立体模型等教学具，让学生触摸、操作不同图形，帮助他们更深入地理解图形的属性、构造和进行测量。学生提高了对概念的理解和运用能力，通过实际操作，将实际情境与抽象的数学概念相联系。

实例：使用自制教学具促进几何图形的概念理解与应用

在数学教学中，几何图形是一个重要的概念，但对于培智学生来说，几何概念可能较为抽象和难以理解。为了促进培智学生对几何图形的概念理解和应用，教师可以设计一种自制教学具——"形状匹配板"。

"形状匹配板"能帮助培智学生认识和识别圆形、三角形、正方形、长方形等不同平面几何图形。通过触摸和匹配图形，培智学生可以更直观地理解各个几何图形的特征和属性。

制作过程：教师可以利用木板或硬纸板制作"形状匹配板"，在板上绘制不同的几何图形，如圆形、三角形、正方形和长方形。然后，用不同颜色和材质的卡片制作相应的图形拼块。

使用方法：教师在课堂上向学生展示"形状匹配板"和相应的图形拼块，然后，邀请学生逐个将图形拼块与板上相应的几何图形进行匹配。学生通过将图形拼块放置在正确的位置来理解图形的特征，并发现匹配的方法。

学习效果：学生对每一个几何图形的特点都能通过这样的实际操作进行直观的了解。如，学生能发现圆形无棱无角、三角形3边3角、正方形4边4直角、长方形4边4直角等。通过实际触摸和操作，学生对这些图形的概念理解将更加深入。

在学生掌握了基本几何图形的概念后，教师可以设计更复杂的形状匹配板，增加多边形、梯形等图形，并引导学生进行更复杂的图形匹配任务。同时，教师可以让学生进行互动比赛，增加学生的学习乐趣，或设计相关的练习和游戏激发学生的学习热情。

通过这样的自制教学具"形状匹配板"，成功地促进了培智学生对几何图形的概念理解与应用。学生通过实际触摸和操作，直观地认识到不同几何图形的特点，增强了学习的实效性和深度。这种个性化、创造性的教学方法有助于激发学生学习数学和其他学科的兴趣，增强他们的学习动机和学习效果。

(三)个性化学习支持

教师可根据学生的个体差异,提供个性化的自制教具设计。在数前概念板块,教师可以设计比较卡片、排序游戏、模式图卡等教学具,针对学生的不同学习需求,提供不同难度和内容的教学活动。学生可以选择适合自己的教学用具,根据自己的学习能力和兴趣进行学习,这样对学习内容的把握就会更加有效。

实例:个性化学习支持的自制教学具——"数学学习盒子"

"数学学习盒子"是为培智学生提供个性化数学学习支持的自制教学具。这个学习盒子包含了不同难度和类型的数学学习资源,能够满足不同学生的学习需求。

"数学学习盒子"的设计理念是为每个培智学生提供量身定制的数学学习资源。学习盒子包含了不同难度的数学题目、学习卡片和游戏,以及可视化教具,旨在根据学生的学习水平和兴趣,为他们提供个性化的数学学习支持。

制作过程:教师根据培智学生的学习需求和能力水平,设计和制作不同版本的"数学学习盒子"。盒子可以采用简易的纸盒或透明塑料盒,并在盒子内放入各种数学学习资源,如数学题目卡片、学习指南、可视化教具等。

使用方法:教师将"数学学习盒子"分发给学生,并根据每个学生的学习需求和兴趣,指导他们选择适合自己的学习资源。学生根据自己的学习进度和能力选择数学题目进行学习,难度和题型各不相同。同时,学生可以使用盒子中的可视化教具,比如计数棒、图形模型等,辅助他们理解抽象的数学概念。

学习效果:通过"数学学习盒子",学生能够根据自己的学习能力和兴趣,选择合适的学习资源进行学习。学生可以在自己的舒适区内学习,不受过于复杂或过于简单的学习内容影响。如此个性化的学习支持,对提高学生学习积极性和主动性、让学生更乐于参与数学学习,能起到非常大的帮助。

除了数学题目和可视化教具,"数学学习盒子"还可以包含学习卡片和数学游戏等资源。学习卡片可以提供简要的数学知识点和技巧,帮助学生复习和巩固学习内容。数学游戏以有趣的方法和寓教于乐的方式,加深学生对数学概念的理解。凭借丰富多样的学习资源,"数学学习盒子"可以满足不同学生的学习需求，让学生在自主学习中取得更好的学习效果。

"数学学习盒子"为培智学生提供了个性化的数学学习支持。学生根据学习需要和兴趣爱好选择合适的学习资源进行学习，从而增强了学习积极性，提高了学习效果。这种个性化学习的设计可以帮助培智学生充分发挥自身潜力，在数学学习中取得更好的成绩，并建立积极的学习态度。

（四）培养合作与交流能力

在课堂应用中，自制教学用具能够促进学生之间的合作与交流。例如，在图形几何板块中，教师可以设计团队合作的图形拼图活动，让学生共同协作完成拼图任务，以培养学生的团队协作意识和沟通能力。

（五）拓展跨学科学习

自制教具的设计能够提供跨学科学习的机会，有机结合不同学科的知识。例如，在人民币认识板块，教师可以设计商店模拟活动，让学生在购物过程中认识和使用人民币，并锻炼数学计算能力和社交技巧。这样的交叉学习有助于增加实用性。

在培智学生的教学中，自制教具的应用前景十分广阔。教师可以创造性地设计教学活动，充分发挥自制教学具的优势，提升培智学生的学习成效和综合能力。因此，在培智学生的教育实践中，积极推广和应用自制教学具是非常有益的教育创新举措。

五、结论

培智学生的个体差异很大，学生的学习需求不一定能完全得到满足。通过自制教学具的设计和开发，教师能够针对每个学生的学习特点和兴趣，提供个性化的学习支持，让每个学生都能在学习中得到有效帮助。

自制教学具在课堂的应用，能够提高培智学生的学习劲头和参与度。学生通过参与教具的设计和制作过程获得成就感。同时，自制教学具可以以有趣的方式呈现学习内容，增加学习的趣味性和吸引力，激发学生的学习兴趣。

自制教学具的设计开发，有助于促进培智学生的深度学习和知识应用。通过实际操作和实践，学生能够更加深入地理解学习内容，将学到的知识和技能应用于实际生活。自制教学具提供了更多的学习机会，使学生在学习过程中建立更加牢固的知识结构。

自制教学具在课堂上的应用，为有效实现实践学习空间提供了有力支持。实操学习强调学生在真实的情境中学习，紧密结合课堂内容和实际生活，融会贯通。自制教学具的应用，让学生在实际操作中学习知识和技能，增加了学习的实用性和可持续性。

在对培智学生进行教育时，自制教学具很有意义。自制教学具能起到增强学习动力、促进深度学习和知识运用、培养创造能力和解决问题能力、有效实现实践学习空间的作用，为培智学生的学习带来积极的改变。因此，在今后的教育实践活动中，继续推广应用自制教学具，将是一项十分有益的教育创新举措。

参考文献：

［1］张艳萍.中职电工实训教学装置的设计与应用［D］.绵阳：西南科技大学，2018.

［2］陈廷侠.谈师专物理系学生自制教具能力的培养及必要性［J］.洛阳师范学院学报，1998（05）：60-61.

组合式动态学习空间的创设与运用

唐思洁

摘要：在教育新课标改革的大背景下，传统的现代数学课本、学具和教学资源已经无法适应当前培智学生的学习需要。组合式数学动态学习空间，是专门为数学学习而设计的学习环境，旨在通过创新的布置和资源配置，提供学生多样化的数学学习体验。其关键在于通过突破局限的数学课堂形式，把教学空间由室内向室外及校外拓展，整合线上和线下的教学资源，从而帮助培智学生体验实践学习空间，通过行为、认知和情感参与，有效地学习数学知识并得以均衡发展。

关键词：组合式动态学习空间 有效学习

一、创设组合式动态学习空间的价值

《义务教育数学课程标准（2011年版）》指出："数学课程不仅要考虑数学自身的特点，更应遵循学生学习数学的心理规律，强调从学生已有的生活经验出发，让学生亲身经历，将实际问题抽象成数学模型并进行解释与应用的过程，进而使学生获得对数学理解的同时，在思维能力、情感态度与价值观等多方面得到进步和发展。"

（一）促进培智学生有效学习

培智学生因为智力有或多或少的问题，学习能力和接受能力往往比一般的孩子要差，在学习方面总会显得比较"弱势"。而数学课的抽象性、强逻辑性更让培智学生的学习显得困难。但对于特殊学校数学教学有效性的不足，不能完全归结于学生的缺陷问题。作为教师，我们要时刻关注每个学生的性格、心态、情绪，调动学生的积极性和主动性，激发学生的内生动力，不断采取措施,提升数学课堂教学的有效性。

(二) 促进培智学生均衡发展

对培智学生而言,除了学习,我们更要关注他们各方面能力的均衡发展,使他们能够不断地提升生活上的自信和能力。其中,数学知识在生活中的运用,对他们的成长学习起着比较重要的作用。学生能够通过实践操作,解决生活中的实际问题,获得适应社会需要的数学经验和应用技能。

(三) 促进培智学生互动合作

组合式动态数学学习空间,可以促进学生与学生、学生与教师之间的互动和合作。学生可以在学习空间中进行小组合作、探究和讨论,互相交流和分享思考,从而增强对数学的理解和记忆。教师可以通过观察学生的学习过程和表现,对学生进行个别化的指导和辅助,提高数学教学的效果。

二、组合式动态数学学习空间的运行

根据日常教学中的观察、探究,结合学生的兴趣、爱好及日常反馈,探究如何构建一个从课内延伸到课外的、从现实延伸到虚拟的、无处不在的组合式动态学习空间,是对目前课堂教学局限的突破。教师可以通过开发整合益智有趣的、融合科学的、现代传统的学习资源,开展一些活泼生动的、动手操作的、充满创意的、随时可用的体验活动,使培智学生会用数学的视角认识生活中的事物,增强数学的应用意识,提升数学核心素养。

(一) 数学模型实验台

培智学生思维停留在直观、具体的形象上,绝大多数培智学生由于感官缺失或某些发展性障碍,无法很好地对所接收到的信息进行处理加工。如果教师在教学时,不能提供实物教具给学生直观体验,那对于学生的学习理解效果会大打折扣。我们可以在每个班级创设一个实验台,摆放上实验所需的教学具和游戏所需的素材等,这些教学具和素材是种类多样的、适应学生需要的、方便学生操作的,还可以创设网络资源库,方便教师和学生查询。网络资源库可以根据学生的学习需求及时地补充和更新。丰富的物态资源、网络资源集聚在一起，能够满足学生课上的实际操作，加深课堂理解和提高课堂参与，更能让部分能力稍强的学生在有限的课堂时间得到更多的拓展。例如，在复习10的组成时，培智学生由于智力限制，对于记忆知识需要反复巩固，因此，有很大一部分学生背诵困难，不能掌握知识。于是，教师让学生尝试了"玩转数字天平"的数学实验。

教师组织了两个数学小实验活动。第一个小实验：让学生思考怎样把两张黄色卡片挂在天平上才能让天平保持平衡。学生经过尝试发现，只要卡片位于左边的格数等于右边的格数，天平就平衡了。学生体会到"等号"并不只有"结果"的意思，还有"平衡、左右相等"的意思。第二个小实验：教师将一张重量卡片挂在"10"的位置，学生思考另一边两张重量卡片如何挂才能让天平保持平衡。如果是纸质的练习题"（ ）+（ ）=10"，那么很多同学做不出就会放弃。但如果是动手实验，学生就会不断地尝试，最终发现10的组成。学生通过自己实验尝试得出的结果会让记忆更深刻，同时也锻炼了动手能力。

在教授《认识半圆形》一课时，教师运用了一个半圆形的模型，并引导学生观察和探究半圆形的特点和性质。学生通过观察和操作，发现半圆形的边界是由一条弧线和一条直径组成的，而弧线的长度是整个圆的一半。他们可以用尺子去测量模型上的边界长度，验证这个特性。通过实验，学生可以直观地认识到半圆形的定义，以及弧线和直径之间的关系。然后，教师为学生提供了几何图形的绘制工具来进行更进一步的探索和实践。教师先提供一些绘制半圆形的示例，让学生模仿并尝试自己绘制。他们使用了圆规和直尺来绘制弧线和直径，进而得到一个完整的半圆形。学生可以通过操作这些工具，进一步理解半圆形的构造，并且掌握实际操作的技能。另外，教师还可以借助数学模型实验台，组织学生开展一系列的实验和探究活动，帮助他们更全面地理解半圆形。例如，教师可以把学生带入含有半圆形物体的实际场景，如水池、篮球场地和舞台等，然后引导学生进行比较和分析。这样，学生可以更加深入地理解半圆形在实际生活中的应用和意义。

总的来说，数学模型实验台能够提供一个直观、可进行实际操作的学习环境，深化学生对半圆形的理解。通过模型和实验材料的应用，学生可以探索半圆形的特点、构造和应用，加深对数学概念的理解。同时，通过实际操作和探究，学生还可以培养创新思维、问题解决能力和科学精神。

（二）数学课后体验室

"兴趣是学生最好的老师"，在培智学生身上亦如此。学生最感兴趣的莫过于游戏，教师可以在学校设置一间固定的数学体验室，在里面提供数学游戏玩具，也可以组织数学游戏竞赛。如，适应A层学生的七巧板、拼图、四宫格棋盘；适应B层学生的串珠、迷宫；适应C层学生的数字图形配对积木等。学生在游戏取胜后可获得一定面值的人民币教具，可在学校的爱心超市配套使用。这样的课后体验室能使培智学生在"玩"中学，发展智力，发现数学学习的乐趣。例如，在教授生活数学五年级上册《认识平行四边形》一课时，课堂上大部分学生都能指出和读出平行四边形。但如果把平行四边形与梯形放在一起讲，一半以上的学生都没有办法完全分辨出。可见，学生对于平行四边形的理解还不够透彻，此概念还须巩固。于是，教师给他们准备了教学具七巧板。学生拼一拼事先准备好的图形，展现出浓厚的兴趣，完成得都很认真。在辨别、拼凑这些图形板的过程中，他们就在反复认识这些图形。课堂的时间有限，但学生这些游戏练习非常感兴趣，完全可以放到课后去体验。这能很好地激发学生自主学习的意识，让生活数学的学习更高效。

对于培智学生非常难以掌握的计算问题，在数学课后体验室中，可以充分利用游戏竞赛的形式，丰富学生的学习体验。例如，在学习了《20以内的退位减法》后，在数学课后体验室中，可以设置一个专门的区域供学生参与游戏竞赛。教师可以准备一些与退位减法相关的数学游戏，如退位扣除游戏、退位拼图游戏等。这些游戏可以设计成多样化的形式，如放置木块、拼图、卡片等。学生可以以小组形式参与游戏竞赛，在规定的时间内完成特定的退位减法任务，并根据竞赛中的表现获得奖励。这样的设计有助于激发学生的竞争意识和学习兴趣，增强他们对于退位减法的关注和参与度。此外，教师还可以设计一些数学竞赛题目，供学生在数学课后体验室中进行解答。这些竞赛题目可以涵盖《20以内的退位减法》的各个难度层次。学生可以以小组形式或个人形式参与竞赛，在规定的时间内解答题目。为了增加竞赛的趣味性，可以设置倒计时、答题速度等要素，通过比拼正确率和时间，来营造激烈的竞争氛围。这个过程将帮助学生通过解题来巩固和应用所学的退位减法知识，提高他们的思维能力和数学运算能力。不仅如此，数学课后体验室还可以设置一些数学挑战任务，供学生自愿参与。这些挑战任务可以包括一些复杂的退位减法问题，或更高层次的思考活动。教师可以给学生出示一些退位减法的实际场景，让学生通过解决问题来应用退位减法的知识。例如，通过模拟购物结账、分发物品等实际情境，让学生运用退位减法进行计算解答。学生可以以小组形式或个人形式参与挑战任务，教师记录时间、正确率等指标，并设立相应的奖励机制来鼓励学生的参与和努力。总而言之，数学课后体验室中通过游戏竞赛的形式，可以增加学生对于退位减法的兴趣和参与度，提高他们的学习效果。同时，游戏竞赛也能够激发学生的竞争意识和学习动力，提高他们的思维能力、问题解决能力和团队合作精神。

（三）线上学习站

随着教育的现代化发展，网络学习空间是我国未来教育信息化深入应用的重点发展方向。创设线上学习站，是为了满足现代学生对灵活学习方式和个性化学习的需求。线上学习站可以提供丰富的学习资源、促进学生互动和合作，以及提供个性化的学习辅导，帮助学生更好地学习和发展。通过线上学习站，学生可以实现自主学习、个性化学习和远程学习，提高学习效果和学习乐趣。

1. 改变教学模式

网络教学空间所提供的新教学方法，并不是代替传统的数学课堂，而是把网上教学模式与课堂内容结合到一起，不仅发挥了传统高中数学课堂的优势，还能解决其时间、空间局限性等问题，再结合网上课堂的优势，形成一个比较完整的教学方法，满足差异化教学，促进培智学生积极参与。例如，在教学《认识图形》和《图形的分类》单元时，有部分弱视的学生对于图形课上进行大屏多媒体的互动有困难。这时，就可以借助网络学习空间上传互动课程，学生课后可以在网络学习空间反复观看学习。

2. 支持学生个性化学习

落实以学生为中心的教育观是改变传统数学教学流程的重要方向，其中包括实现线上线下相结合的教学模式，从而促进学生自主学习。在传统的数学课堂教学中，受时间和班级人数限制，数学教师很难充分顾及每个学生的个别化教育，数学课堂上学生完全独立研究的时间也很难保障。网络教学空间的广泛使用，可以解决上述问题。例如，培智学生在课堂练习时，教师发现其有部分知识点掌握不足，除了布置相应的课后作业加以巩固外，亦可将这部分的课上内容上传至学习空间，让其课后可以反复巩固。学生在学习中有疑问时，可以直接线上寻求教师的帮助，也可以邀请同学共同参与讨论、解决问题，培智学生可以不受时间、地域的限制进行自主学习。[1]

3. 优化教育资源

在网络学习空间建立学校教学资源库，可以提高教学质量。数学教师利用网络学习空间作为辅助教学工具，可以让抽象的数学知识以动图、视频等方式呈现给学生，让学生更好地理解和掌握教学内容，达到事半功倍的教学效果。数学教学可以充分利用课程资源，对其进行有机地整理、积累，实现真正意义上的资源优化、整合和供给。[2] 例如，在教授《认识平行四边形》一课时，教师发现培智学生无法理解"平行"的概念，而教参上对于平行四边形这一课的讲解也没有进行很好的总结，这让学生认识"平行四边形"多了很多阻力。在笔者一筹莫展时，偶然间看到了另一名教师发布在网络上的课程资源，其中对于平行四边形，他给出的便于培智学生理解的概念是"被压扁的长方形"，并配有生动的变形动图。他将这一知识点讲解得清晰明了，很好地帮助学生突破了认识平行四边形的重难点。所以，如果学校能创设在线课程制作工具和资源分享平台，教师便能够轻松制作适合自己教学内容和学生特点的课程，并与其他教师进行交流与分享。这种资源共享和交流的方式使得教师能够从彼此的经验和想法中汲取灵感，获得启发，提高自身的教学水平。同时，学生也可以从多样化的、精心设计的课程中受益，加深对数学的理解，提高学习兴趣。

三、结语

在使用组合式数学动态学习空间时，教师可以结合具体的课程内容和学生的学习需求，合理地利用各种资源和设备，设计丰富多样的数学学习活动。帮助学生亲近数学、走进数学、应用数学。在这个过程中，创设学习空间是至关重要的。学习空间的创设能让学生拥有更加开放、多元的学习环境，从而促进学生数学素养和综合能力的提升。

参考文献：

［1］张子石，金义富，吴涛.网络学习空间平台的规划与设计——以未来教育空间站为例［J］.中国电化教育，2015（4）：47-53.

［2］贺斌，薛耀锋.网络学习空间的建构——教育信息化思维与实践的变革［J］.开放教育研究，2013（4）：84-95.

生活适应

生活适应课程是在培智学校开设的一门立足于培智学校学生当前及未来生活需求，遵循学生认知发展规律，旨在培养学生生活自理、从事简单家务劳动、自我保护和适应社会的能力，帮助学生养成健康的生活方式的一般性课程。学生由于自身的障碍，在学校实现有效学习的过程中，往往面临着重重困难。为使学生在学习过程中更好地学习生活适应知识，提高适应生活和适应社会的能力，教师通过创设单元综合活动学习空间、真实的实践学习空间、生活体验式学习空间、虚拟学习空间、家校协作的综合学习空间等，把教学内容与空间环境结合，组织学生在不同活动空间中，运用各种教学方法帮助学生获得生活知识与体验，培养他们解决各种生活实际问题的能力。让学生在教师创设的空间中学习实践一定的家务劳动技能，提升学生的自我认知能力，培养学生的生活自理能力，养成良好的学习习惯和学习兴趣，对脑瘫学生和患有自闭症的学生进行康复训练等，帮助学生提高综合运用各学科知识与技能的能力，为学生提供获取和积累生活经验的机会，引导学生将已有知识与经验在生活中不断迁移和内化，从而促进学生的有效学习。让学生在体验、操作、探究和解决问题的过程中实现生活自理能力的提升、最大限度地开发潜能、促进个性发展、获得直接经验，提高学生解决生活实际问题的能力，提高学生适应生活、适应社会的能力。

创设单元综合活动学习空间，
促进培智学生有效学习

刘松芸

摘要：培智学校的学生在实现有效学习的过程中，往往面临着重重困难。本研究围绕单元综合活动学习空间，对空间创设的思路、要求、应用策略及效果进行了阐述。教学实践表明，通过组织学生在不同主题的单元综合活动中解决各种生活实际问题，能够帮助学生提高综合运用各学科知识与技能的能力，为学生提供获取和积累生活经验的机会，引导学生将已有知识与经验不断迁移和内化，从而促进学生的有效学习，实现其社会适应能力的逐步提高。

关键词：单元综合活动　学习空间　培智学生　有效学习

所谓有效学习，是指学生在教师的指导下，应用恰当的策略，主动加工学习内容，较好地完成学习任务，并在一定时间内达成学习目标，使自身获得发展的过程。这一过程的实现，对于促进学生的学习与发展起着至关重要的作用。培智学校的学生由于在认知、语言、注意力、学习动机等方面或多或少有所欠缺，因此，在达成有效学习的过程中，他们往往面临着重重困难与挑战。

为了促进培智学生的有效学习，教师需要从"经验""思考""活动""再创造"这四个有效学习的基本要素出发，引导学生在已有经验的基础上进行独立思考，并在以学生为主体的活动中，促成学生对于知识和技能的再创造。单元综合活动学习空间的创设，就是围绕上述理念展开的，从而针对如何促进培智学生有效学习进行实践探索。

一、单元综合活动学习空间释义

（一）单元综合活动

单元综合活动是指为聚焦一个主题而设定的一组结构化任务，教师应引导学生解决这一组目标任务。《培智学校义务教育生活适应课程标准（2016年版）》（以下简称《课标》）中指出，生活适应课程是一门"立足于学生当前及未来生活需求"的一般性课程。课程注重引导学生"在体验、操作、探究和解决问题的过程中获得直接经验"，从而"提高学生解决生活实际问题的能力"。为了达到这一目的，情境化的活动设计在日常教学中是必不可少的。同样，当一整个单元的教学完成后，教师也可以通过设计情境化的单元活动，组织学生对该单元的知识与技能进行复习与运用。

由于在低年级段的部编版教材中，生活语文、生活数学、生活适应三门学科在内容编排（如单元主题、教学情境、课本人物等）上呈现出明显的关联性，因此，在设计生活适应学科的单元活动时，可以将生活语文、生活数学两门学科的相关教学内容加以融合，从而更好地引导学生在实际生活中进行知识与技能的综合应用。这样一来，一个单元的复习活动也就呈现出多学科综合的形态，故称为单元综合活动。

（二）单元综合活动学习空间

课标中提到，生活适应课程内容的编排应"遵循螺旋式上升原则"，围绕"个人、家庭、学校、社区、国家与世界等不断扩展的生活领域"展开。基于这样的课程设计思路，学生所学的知识与技能将经历一个聚沙成塔的过程。随着年级的不断升高，学生掌握的知识与技能将会不断积累，其解决问题的能力也会不断提高。相应地，教师为其创设的情境与问题也应当更加复杂。这个由简入繁的过程，可以为学生逐步获得一系列直观的生活经验搭建一个系统的学习空间。

随着学习进度的推进，难度螺旋式上升的知识与技能不断填充这一学习空间，并以单元综合活动的形式体现出来，构成了一个以引导学生运用所学知识与技能解决问题、帮助学生提高生活适应能力为目标的单元综合活动学习空间。换言之，不同主题、不同难度的单元综合活动共同构成了这样一个单元综合活动学习空间（如图1所示）。

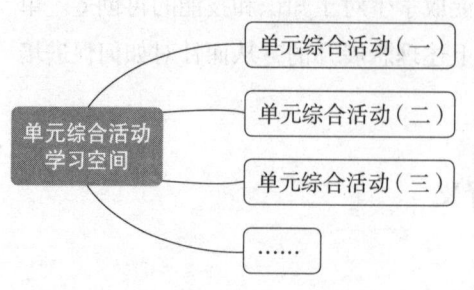

图1 单元综合活动学习空间的构成

由于中年级的教材不再以单元的形式进行编排，因此，单元综合活动学习空间仅针对低年级教学内容进行创设，对其他年级段的学习内容尚不涉及。

二、单元综合活动学习空间的创设

（一）单元综合活动学习空间的创设思路

如上文所述，单元综合活动学习空间由若干单元综合活动构成。单元综合活动的设计以教材为基础，每单元设计一个综合活动，活动主题依单元教学内容而定。明确活动主题后，再筛选出三门学科中适合呈现于本单元综合活动的知识和技能，从而进一步设计具体的活动过程。如果某一单元课数较少，内容不足以构成一个完整的单元综合活动，则可以根据实际教学需求，将该单元的知识与技能嵌入其他单元的综合活动中加以体现。

（二）单元综合活动的设计要求

1. 单元综合活动的设计，要始终围绕有效学习的四个要素，即："经验""思考""活动"和"再创造"。教师创设的问题要基于学生的已有能力。通过在情境化的活动中提出问题，调动学生的已有经验，促成学生对多学科知识与技能的综合应用。问题的难易程度要与学生的最近发展区相适应，以达到引发学生思考、实现经验内化的目的。

2. 单元综合活动中的教学情境，要紧扣生活适应课程"生活化"的要求。活动主题要与学生的日常生活联系紧密。活动中创设的问题，要贴近学生的实际生活，有利于促进学生社会适应能力的发展。这样才能够通过情境和问题的创设，帮助学生积累真实的生活经验，为其日后融入社会服务。

3. 每个单元综合活动在实施前，都需要撰写相应的活动方案。方案中须对活动主题、活动地点、活动准备、参与人员、活动涉及的知识与技能、活动项目、活动流程、活动评价等内容进行说明。其中，活动地点的选择不应拘泥于教室，而应当根据活动内容和活动主题，选择与实际生活情景相符的场所。

（三）单元综合活动方案举隅

为了更加全面地阐述如何进行单元综合活动的设计，现以一年级上册第三单元《家庭生活》的单元综合活动为例，对活动方案中的部分内容进行具体说明。

1. 活动项目与活动流程

该单元的活动主题为"欢迎来我家做客"，活动项目和活动流程如表1所示。

表1　单元综合活动"欢迎来我家做客"的活动项目与流程

活 动 项 目	活 动 流 程
一、参观居室	一、揭示活动主题 二、参观各个居室 1. 引导学生说出各居室的名称及功能 2. 引导学生说词语："房间""床"等、句子："房间里有……"
二、看家庭照片	一、看相册 1. 引导学生点数照片中人数 2. 引导学生说词语："爸爸""妈妈""三口人" 二、分享照片 1. 引导学生说句子："这是爸爸/妈妈""爸爸/妈妈是大人""我是小孩" 2. 引导学生描述照片内容，区分白天和黑夜的活动 3. 引导学生表达与爸爸妈妈在一起时的心情
三、一起玩玩具	一、认识玩具 引导学生说出房间里有什么玩具 二、一起玩玩具 1. 引导学生交换/轮流/合作玩玩具 2. 玩积木时引导学生比较手中的积木是否一样多 3. 玩好后引导学生将玩具整齐地放回原处

围绕"欢迎来我家做客"这一主题，该单元综合活动分列了"参观居室""看家庭照片""一起玩玩具"三个活动项目。各项目中具体的教学活动均在活动流程中加以体现。活动项目和活动流程的设计始终紧扣活动主题，取材于真实的生活情境，便于学生将活动过程中获取的经验在实际生活中加以迁移和应用。

之所以将"做客"作为该单元综合活动的情境，一方面是因为"做客"与教材的单元主题"家庭生活"相契合，另一方面是因为这一情境与学生的日常生活联系非常紧密，是日常社会交往中较为常见的一项社交活动，也是学生发展社会适应能力的需求之一。

2. 活动涉及的知识与技能

通过上文中的表1可以看出，该单元综合活动对生活语文、生活数学和生活适应三门学科的内容进行了融合，这些内容均选自三门教材的第三单元，具体如表2所示。

表2 单元综合活动"欢迎来我家做客"涉及的知识与技能

涉及学科	涉及的知识与技能
生活适应	1. 能够正确称呼家庭主要成员 2. 通过分享自己的家庭活动照片，感受和爸爸妈妈在一起时的快乐 3. 知道客厅、厨房、卧室、卫生间等居室的名称及功能 4. 知道常见玩具的名称，并能够以交换玩、轮流玩、合作玩的方式同他人一起玩玩具
生活语文	1. 能结合场景说词语："房间""床""爸爸""妈妈""三口人""大人""小孩"等 2. 能结合场景说句子："房间里有床""这是爸爸/妈妈""爸爸/妈妈是大人""我是小孩"
生活数学	1. 能点数并拿取数量为3的物品 2. 会用一一对应的方法比较两种物品是否同样多 3. 能够区分白天和黑夜的不同活动

在单元综合活动的实施过程中，三门学科的相关知识与技能分散体现于各个活动项目中。例如，在第二个活动"看家庭照片"中，引导学生观察别人的家庭合照、点数照片中的人数，意在将数学技能"3的点数"加以应用；让学生分享、展示自己的照片，目的是巩固对家庭主要成员的认识，加深对家庭关系的理解；活动过程中不断为学生创设说词、说句的机会，意在引导学生感受语文学习成果在实际生活中的应用。

之所以将三门学科的内容融合到一个单元综合活动中加以体现，其根本原因在于现实生活中没有分科，只利用单一学科的学习内容，远远不能满足个体进行社会活动的需要。也就是说，要想解决实际的生活问题，往往需要调动多方面的能力与经验。这就要求我们在培养学生的综合素养与能力时，注重引导学生对多学科的知识与技能进行综合应用，从而帮助学生积累解决生活实际问题的经验，逐步提高其社会适应能力。

三、单元综合活动学习空间的应用策略

单元综合活动学习空间的应用过程，其实就是各单元综合活动方案的落实过程。在这个过程中，教师根据教学安排，组织学生在不同主题的单元综合活动中不断地获取和积累经验，逐步增强学生综合运用知识和技能、解决生活实际问题的能力。单元综合活动的教学，以促成学生的有效学习为出发点，以教师的有效教学为落脚点，通过课堂上的有效互动得以实现。下面，将以"欢迎来我家做客"这一主题活动为例，详细阐述以促进学生有效学习为教育目的的单元综合活动教学应该如何推进。

（一）利用学生的已有经验，引导学生解决问题

经验是有效学习的基础，学习任务的设计要建立在学生已有经验的基础之上。进行单元综合活动的教学时，教师需要引导学生调动已经掌握的知识与技能来解决问题。例如，在活动项目"一起玩玩具"中，由于学生在该单元中已经学习过交换玩、轮流玩、合作玩等与他人一起玩玩具的方法，因此，教师通过创设玩具少、学生多的情境，并提出人人都有玩具玩的要求，便能够引导学生自然而然地想到要与他人一起玩，从而使问题得到解决。

（二）把握学习任务的难度，有效引发学生思考

有效的教学，其教学对象应当是班级里的全体学生。同一个活动中，针对不同水平的学生，学习任务的难度设置应当是有梯度的。符合学生能力水平的学习任务，才能够有效引发学生的思考。例如，在组织学生展示家庭合照时，对于能力较强的学生，教师不会一味地要求其使用语文课上学过的词语和句子，而是鼓励其自行组织语言，用自己的话进行描述，并对达到这一要求的学生及时给予恰当的奖励。而对于能力较弱的学生，教师则将表达的难度降低，

或是用短语、词语，或是用手势指认，从而保证学生能够在思考的过程中获得成就感，避免学生逃避任务。

（三）丰富活动的组织形式，持续激发学生的学习动机

以学生为主体的活动，是实现有效学习的重要载体。而学生具备学习的内在动机，是实现有效学习的基本条件之一。情景真实的教学环境、丰富有趣的教学活动、寓学于乐的教学形式，都对激发学生的学习兴趣和内在学习动机起着关键作用。例如，在"欢迎来我家做客"这一单元综合活动中，教学场所从教室变成了还原家庭真实环境的家政室，教学活动从参观居室到分享照片，再到一起玩玩具，各个有趣的活动不断推进。学生在切身实践体验的过程中，始终保持着对课堂的好奇，使得其学习动机也随之被不断激发。

（四）关注学生的情感态度，发挥评价的激励作用

单元综合活动的设计意图在于引导学生整合各学科的知识与技能，以帮助其实现已有经验的再创造。然而，这并不是一蹴而就的，而是需要通过大量的实践和积累，才能使学生的能力逐步得到提升。在完成各项学习任务的过程中，学生难免会因为遇到困难和挫折而想要放弃或逃避。例如，在分享照片时，教师请学生描述照片中是白天还是黑夜，有的学生对这一概念的理解能力稍弱，说错了就不愿意再开口了；在玩玩具时，教师请学生比较玩具的多少，有的学生使用的方法不当，判断错了就会大发脾气。这就要求教师对学生的情绪态度变化时刻保持关注。教师可以适当弱化对任务完成度的评价，或及时针对学生参与课堂活动的主动性、课堂上的纪律与行为习惯等多方面进行评价。这样一来，不仅能够充分发挥评价的激励作用，也可以为学生提供必要的情感支持，以增强学生的自信心，鼓励学生积极思考，调整思路再次尝试，促成学生的有效学习。

四、单元综合活动学习空间的创设效果及反思

（一）单元综合活动学习空间的创设效果

首先，不同主题、不同难度的单元综合活动为学生搭建了一个由简入

繁、螺旋上升式的学习空间。通过引导学生在不同的生活情境中，把已有的知识和技能综合运用起来，解决生活各方面的实际问题，能够促进学生在生活适应课堂上的有效学习，为学生积累生活经验、提高社会适应能力提供助力。

其次，单元综合活动的实施，不仅能够引导学生对本学科的学习内容进行巩固和应用，还能够通过活动的设计，将生活语文和生活数学的学习内容融入其中，为学生综合素质与能力的培养创设了条件，也为学生提供了对已有经验进行整合、内化和再创造的机会。

最后，单元综合活动的教学，重在引导学生在多样化的真实情境中解决日常生活中遇到的问题，体现了从学生的学习需求出发、以学生为主体的活动设计理念。活动教学的过程注重激发学生思考的动力，充分发挥了学生的主观能动性，对学生有效学习的达成起到了重要作用。

（二）单元综合活动学习空间的实践反思

对学生而言，充分的学习准备是有效学习的前提条件，主动的认知参与、积极的情意参与和有效的行为参与是有效学习的主要表现。为了促进学生在生活适应课堂上的有效学习，教师需要始终围绕"经验""思考""活动""再创造"这四个基本要素来设计教学活动。教师要全面了解学生的学习基础，才能够通过活动创设来引发学生的思考，继而在引导学生完成学习任务的同时，促成教学中的有效互动，以帮助学生实现社会适应能力的提高。

综上所述，单元综合活动学习空间的创设，作为促进学生有效学习的一个探索方向，在实践过程中已经体现出一定的效果。但是，这样一个学习空间要想最大限度地发挥作用，仍存在许多需要进一步探索和优化的地方。例如，如何在教学中更好地迎合低年级学生的学习和心理特点；如何引导学生建立更加充分的学习准备；如何在解决问题的过程中，更好地激发学生的主动参与；如何在活动组织的过程中，更为细致地关注到学生的个别化需求；如何对学生的学习效果和课堂表现，进行更为适切的综合性评价；如何更加合理地界定学生的有效学习是否得到了提升；能否将综合活动学习空间的创设思路应用到中高年级的教学……这些问题仍需要在后续的实践过程中逐步摸索。

参考文献：

［1］鲍银霞.有效学习发生的条件及其对教师教学的要求［J］.教育导刊，2005（9）：14-16.

［2］孔企平.谈有效学习和有效教学［J］.小学青年教师，2001（8）：10-11.

［3］鲍银霞.有效学习的前提、特征和旨趣［J］.现代教育论丛，2006（2）：54-56.

创设虚拟学习空间，
提高培智学生生活适应的有效学习

赵熠帆

摘要：随着互联网技术的不断发展，虚拟学习空间逐渐进入我们的视野，并得到广泛应用。在培智学生低年级这一基础阶段，教学任务不能仅局限于传授基础知识，还应强调培养学生良好的学习习惯和激发学习兴趣，为适应未来生活奠定坚实的基础。本文以义务教育阶段低年级的生活适应课程为例，从课前、课中和课后三个方面探讨虚拟学习空间课堂的应用研究，旨在通过虚拟学习空间促进生活适应的有效学习，最大限度地发挥该学科的教育作用。

关键词：虚拟学习空间　培智　生活适应

一、虚拟学习空间的基本概述

（一）虚拟学习空间的定义

虚拟学习空间是指通过网络和数字技术创造的一种在线学习环境，学生在其中可以获取教育资源、参与学习活动、与教师和其他学生进行互动和交流。虚拟学习空间提供了各种学习工具和资源，如在线课程、电子图书、多媒体教材、学术论坛等，以支持学生的学习和知识获取。它能够突破时间和空间的限制，使学生可以随时随地进行学习，并促进个性化学习和协作学习的实现。虚拟学习空间也提供了教师和学生之间的互动和反馈机制，以支持个性化指导和评估学生的学习进展。总之，虚拟学习空间为学生提供了更灵活、便捷和丰富的学习体验，促进了教育的创新和进步。

（二）虚拟学习空间的特点

1. 虚拟学习空间不受时间和地点的限制，学生可以根据自己的需求随时随地进行学习。他们可以根据自己的节奏和学习习惯自主安排学习时间，而不必受到传统课堂的时间限制。

2. 虚拟学习空间提供了多种多样的教学资源，如文字、图片、音频、视频等，以满足不同学习风格和感知方式的学生。学生通过多媒体教学可以更直观地理解和掌握知识，提高学习效果。

3. 虚拟学习空间可以促进学生之间的互动和合作。学生通过在线讨论、协作项目和群组活动，可以与同伴分享观点、交流经验、共同解决问题和完成任务，提高合作能力和团队合作精神。

4. 虚拟学习空间可以提供实时的学习反馈和评估。学生可以通过在线测试、作业提交和讨论参与等方式获得及时的教师反馈，了解自己的学习进展和需要改进的方面。同时，教师也可以根据学生的表现进行个性化指导和提供支持。

总之，虚拟学习空间的特点使得学习更加灵活、个性化、多样化，促进了学生的主动学习和合作学习，提升了学习效果和学习体验。

二、虚拟学习空间，在培智生活适应课堂教学的现状

虚拟学习空间在培智生活适应课堂教学的实际应用中，一方面，一些教师在虚拟学习空间中能够充分利用各种教学资源和工具，为学生提供更多样化和丰富的学习体验。教师可以上传教学资料、视频、音频等多媒体资源，以更直观、生动的方式向学生传授知识。同时，虚拟学习空间也为教师提供了更多互动化和个性化的教学方式，例如，在线讨论、在线作业、个性化学习路径等，能够更好地满足学生的学习需求；另一方面，一些教师可能对虚拟学习空间不够熟悉或不擅长使用，导致无法充分发挥教学潜力。他们可能缺乏对虚拟学习平台功能和资源的了解，无法充分利用虚拟学习空间提供的各种工具和互动方式。这可能会限制学生在虚拟学习空间中的学习体验和学习效果。

此外，虚拟学习空间对教师提出了更高的教学和技能要求。教师需要具备适应虚拟学习环境的能力，包括熟练运用各种在线教学工具和平台，灵活调整教学策略和方法，以及及时回应学生的问题和需求。对一些教师而

言,这可能需要额外的培训和学习,以提升他们在虚拟学习空间中的教学能力。

总的来说,虚拟学习空间在培智生活适应课堂教学中,既有积极的一面,又存在一些挑战。教师对虚拟学习空间的熟悉程度和使用虚拟学习空间的能力对学生的学习体验和学习效果有着重要的影响。因此,教师需要不断提升自己的技能和知识,以更好地应用虚拟学习空间,为学生提供优质的教学服务。

三、虚拟学习空间,在培智低年级学生生活适应课堂教学的应用策略

(一)培养学生的学习能力

在义务教育阶段,生活适应是一个关键学科。除了传授课本知识,该学科还重视培养学生的学习能力、生活思维及良好的学习习惯,为他们日后适应社会打下坚实基础。通过虚拟学习空间来发展学生的学习能力,可以增强他们的学习独立性。教师在设定教学目标时,应根据学生的实际情况,注重锻炼学生的创造性思维,让学生掌握正确的学习策略,以便他们能够自主学习生活适应的内容。同时,教师应密切关注学生的学习过程,了解学生的学习经验,帮助学生形成生活思维方式,使他们能够灵活地将所学知识点运用于生活中。

(二)巧设问题引导学生学习

在教学过程中,教师通过提问的方式鼓励学生主动学习,引导他们积极发现、分析和解决问题,使学生的自主学习能力得到培养。将问题设置为学习任务的一部分,增强学生的探究欲望。通过完成具体的学习任务来达成不同的学习目标,使学生从原先传统的被动灌输转变为主动探索。在设计问题时,教师应根据学生的学习水平科学合理地确定问题的难易程度,既不能让学生在探寻的过程中因问题太难而失去学习的兴趣,也不能忽视学生的学习需求设置太简单的问题,教师应根据学生的学习能力,以提问的方式来增进学生的学习体验和成就感,使学生感受到学习的乐趣。问题答案应具有一定的开放性,避免限

制学生思维。例如，在教学"家用电器"时，如果限定学生认识课本上的家用电器，会限制学生的生活化思维，将家用电器的概念框定在这几件物品中。教师可以通过让学生观察电视机、电风扇等电器的特点，发现它们都是需要用电的设备，让学生尝试发现其他的家用电器，来锻炼学生的思维能力，更好地加以活学活用。

（三）关注学生的学习情感需求

在课堂教学过程中，教师要理解每位学生都是有独立思维的个体，他们对同一事物有着情感和理解上的差异，教师应该关注学生的差异性，准备多种学习方案。同时，教师要重视学生在学习过程中的情感需求，让愉快而有活力的学习氛围充满课堂，让学生带着饱满的情绪投入到学习中。

有的学生善于思考、乐于交流，这样的学生只须教师提供学习素材就可引导他们学习；有的学生缺乏拓展的思维，教师可以设置更多的提问，引导、帮助其思考。教师要注意观察学生的学习表现并认真记录学习情况，以便更好地掌握学生的学习水平和情况。

（四）充足的课后学习支持

虚拟学习空间可以为教师在课堂教学中取得更好的效果提供助力，提高学生的学习质量，并且为学生提供课后学习的机会。学生可以利用虚拟学习空间在课外进行自主学习，有效提高学习效率。如果学生在课后进行视频学习，教师可以安排学习任务，引导学生根据学习任务来完成学习计划，以增强学习的有效性。例如，教师为学生提供的学习资源，按内容可以被划分为不同的学习板块，学生可以根据学习需求快速访问学习资源，在完成学习后可以通过在线习题来测试学习成果，如有须查缺补漏的学习部分，学生可以多次观看视频和参与习题，达到提高学习成绩的目的。

四、虚拟学习空间在培智低年级生活适应课堂的实践应用

本研究从教学过程的课前、课中和课后三部分进行实践，研究中用到的虚拟学习空间主要利用希沃白板作为平台。教师通过希沃白板可将课堂教学内容

制成"希沃胶囊",希沃白板包含课件的制作、视频的录制和剪辑、课堂活动互动、学生学习情况统计等。教师可以通过"希沃胶囊"统计的"学习报告",掌握学生的观看情况、互动参与度和正确率等,了解学生的学习情况,通过微信、QQ等交流软件及时与学生进行交流,帮助提高学习效率。

(一)课前准备

1. 课前预习

培智学生对于知识的认知主要依赖于直观的生活经验,而对于课本上的知识则需要教师的引导和进行深入的学习。为了帮助学生更加具体地理解知识,在教授《家用电器》这一课之前,教师先通过希沃胶囊分享动画、图片等生动直观的材料,引导学生主动学习,在希沃胶囊中简单介绍了一些常见的家用电器,并通过图片展示家中常见的物品,询问学生这些物品的名称,请学生猜一猜其中哪些是家用电器。对于培智学生来说,概念性的知识点如"家用电器"可能会显得抽象和枯燥,而生动有趣的材料则能更好地激发他们对知识的兴趣和学习意愿。通过虚拟实践学习空间分享和传递这些材料,学生能够通过图片和动画初步感受到什么是家用电器、哪些物品属于家用电器,并且可以尝试思考讨论并与自己的生活经验相联系。这样,当学生进入课堂学习时,他们会更加兴趣盎然,更主动地参与学习。

2. 掌握学情

让学生在预习过学习材料后,再进行在线习题的答题,通过系统的后台统计情况,教师可以掌握学生对知识的了解程度。习题主要以选择题的形式呈现,通过希沃胶囊发放给学生和家长,请家长帮助学生读题和点击答案,但不能干预学生作答,习题从家用电器的概念、名称和功能进行考察,例如,"以下哪个是电饭煲/电视机/空调?""以下哪些属于家用电器?"等,通过"知识胶囊"—"学习报告"—"互动完成情况"中统计的正确率和参与度,可以了解学生对《家用电器》这一课的预习情况。

(二)课堂教学

1. 知识梳理

学生通过生活经验了解的知识是比较分散的,通过在虚拟学习空间的学习，可以将知识点连接在一起使其成为一个整体。例如，学生通过帮助课本中的主人公解决问题的方式来获得学习任务"找一找客厅中有哪些家用电器"或"天气炎热的时候可以使用哪一个家用电器"等。在完成学习任务的过程中，知识整体内容向学生一一展开，学生会思考家用电器的名称是什么？它们的功能是什么？什么是家用电器？

2. 复习导入

知识点之间存在着紧密的逻辑关系，学生所学的内容相互联系、承上启下，并与他们的生活紧密相关。在进行新知识的教学之前，将已学的内容与新知识结合起来，有利于学生对知识进行构建。例如，在正式学习家用电器相关内容之前，教师可以在虚拟学习空间中创设居家场景，让学生找出已学习过的家具。随后，教师再请学生寻找场景中除了家具之外的其他物品，学生可能会发现电视机、空调等家用电器。这时，教师可以提出问题，例如，"电视机、空调属于什么类别呢？""它们也是家具吗？"通过这样的提问，教师在学生心中种下疑问的种子，引发学生思考家具和家用电器之间的区别，进一步加深对这些概念的理解。这样的复习导入过程，有助于学生更好地理解新知识并将其融入已有知识体系中。

3. 知识深化

进一步深化学生已有的知识，在学生已有的知识基础上，引导他们深入学习新知识。深化知识的过程中，要着重讲解重点和难点，使抽象的概念变得具体，帮助学生将课本内容内化为自己的知识。举例来说，在虚拟学习空间中，学生学习家用电器的名称时，可以为文字添加触碰即可发声的语音，方便他们反复跟读，并配上相应电器的图片，使名称与实物联系起来。例如，图1所示，在"电饭煲"的文字上插入对应的语音，如果学生认字有困难或不会发音，点击文字即可听到"电饭煲"的读音，并为该文字配上电饭煲的图片，以便将其名称和实物对应起来。此外，还可以配上使用电器过程的视频和动画，直观展示电器的用法和效果，帮助学生了解电器的功能。通过视频演示，学生学会了使用电饭煲可以做饭、煮粥、煲汤等知识内容。给学生分享相应的课件，他们也可以根据自己的需要，选择内容反复观看。这样的深化过程，有助于加深学生对知识的理解和掌握。

点击可发声

🔊 电饭煲　　　🔊 微波炉　　　🔊 饮水机

图1

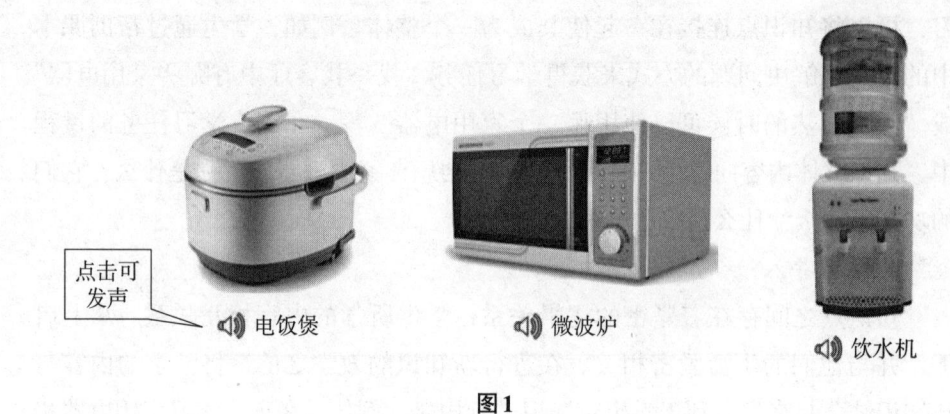

（三）课后

1. 操作实践

实践是生活适应课的重点，将知识进行实践才能帮助学生真正掌握知识、应用知识，是检验教学目标是否完成和学生掌握知识情况的依据。在虚拟实践学习空间，学生对课堂互动有极大的兴趣，互动可选择课堂活动或者习题的形式，课堂活动中有分类、知识配对等游戏，习题有选择题和主观题两种形式。互动时，平台能对学生的正确或错误操作做出反馈，激发学生的积极性，提高参与度，课堂活动可统计学生的操作结果，生成答题排行榜，如图2所示，学生之间互相分享、互相竞争，增加学习的乐趣，激发学生的学习热情，互相促进。例如，在希沃的"课堂活动"中选择"趣味分类"，题目设置为"在以下物品中找到电冰箱"，学生将在物品图片中找到电冰箱并选中，如果选错，则该选项会拒绝被选中，在"习题"的"选择题"中，设置题目为"以下哪些物品属于家用电器？"可设为单选题或多选题。学生和家长可以将答题正确率分享在班群中显示学习成果，以激发其他学生参与竞争的热情。

图2

2. 交流展示

交流是学生分享和思考的过程，虚拟学

习空间为学生提供了便捷的交流平台。在交流展示的过程中，学生能够体验与他人分享知识的快乐，并从他人的交流中获取新的想法。例如，在这个环节中，请学生积极地介绍自己家中的家用电器，有的学生表达充满热情，通过语言和知识的分享展示了学生的积极性。这样的交流过程不仅巩固了课本知识，还让学生了解了课外知识，相互扩展了见识，激发了其表达和展示自我的意愿。

五、创设虚拟实践学习空间的实践反思

虚拟实践学习空间，为教师提供了丰富多彩的教学内容，学生也因此得到了多样化的学习资源。这使得课堂成为一种以学生为主体、培养学生主动参与的教学形式，有利于调动学生的积极性，激发学生对知识的渴望和探索的热情。

在实践中，我们也发现了虚拟学习空间存在的不足。第一，在虚拟学习空间中，虽然可互动的游戏和习题是受欢迎的学习方式，但是，在教师不能实时监督学生时，家长的干预可能会对学生的真实水平产生影响。由于家长对孩子的学习进度和成绩表现有一定期望，他们可能会干预并指导孩子取得更好的成绩。这种干预可能会导致学生的真实水平被掩盖，学生也可能会依赖家长的指导，而实际上，他们在没有家长干预的情况下，可能无法达到相同的水平，教师也无法获得真实的数据反馈来掌握学生的学习情况。第二，在虚拟学习空间中，需要学生具备更强的自律和时间管理技能。在传统教室环境中，学生通常接受教师的直接监督和时间安排，这有助于确保学生按时完成任务和学习。然而，在虚拟学习环境中，学生需要更多地靠自己来安排学习时间和管理学习进度。这对一些学生来说可能是一个挑战，特别是那些缺乏家长有效监督、自我纪律或时间管理能力差的学生。缺乏监督和规定的时间框架可能会导致学生分散注意力、拖延学习，甚至影响到学习质量。

在培智学校生活适应学科的教学中，充分利用虚拟学习空间，可以为学生提供更好的学习条件，提高他们在生活适应方面的学习积极性，增强学习的动力，使学习更加高效。同时，虚拟学习空间，也为未来的生活适应学科教学提供了宝贵的参考。在培智学校的生活适应学科上，为了让课堂教学更加有效，

教师必须直面虚拟学习空间带来的挑战，提高信息技术作为现代教学手段的熟练程度，使教学资源丰富多样、个性化，让学生能够有针对性、及时地进行生活适应学科的学习。这样，我们能够充分发挥虚拟学习空间在培智学校学生生活适应学科教学中的积极作用。

参考文献：

［1］曾庆林.网络学习空间下的小学数学智慧课堂教学策略研究［J］.中小学电教，2020（Z2）：83-84.

［2］唐苑纯.网络学习空间的教学应用策略研究［J］.新课程导学，2023（21）：73-76.

［3］周婷婷.基于网络学习空间的小学数学智慧课堂教学策略［J］.当代家庭教育，2020（29）：99-100.

［4］谢虹.培智学校生活适应网络课程的建构与实施［J］.基础教育课程，2022（18）：74-80.

创设真实的实践学习空间，提升培智学生劳动技能
——以《包四喜蒸饺》一课为例

顾永芳

摘要：培智学校劳动技能课程的最大特点是要求培智学生通过亲身实践的直接经验获得劳动技能和劳动体验。为了提升培智学生的劳动技能，在劳动技能教学中，创设真实的实践学习空间，能给学生提供一个在生活中学习、在学习中生活的平台。本文以学习《包四喜蒸饺》为例，引导学生在亲历实践学习中获取生活直接经验，掌握生活必备的劳动技能。

关键词：学习空间　培智学生　劳动技能

一、教学背景

学习空间是指学生用于学习的场所，即学习可以发生的任意场所。学校作为学生学习的主阵地，为了提升培智学生的劳动技能，创设了真实的实践学习空间，给学生搭建了一个在生活中学习、在学习中生活的有效平台，是全面提升培智学生劳动技能的支点。《包四喜蒸饺》一课选自《培智学校义务教育劳动技能课程标准（2016年版）》高年级（7～9年级）《家务劳动技能厨房劳动》中《学会制作简单的面点》。让学生学习包四喜蒸饺，既让他们在实践中进一步了解我国传统节日文化和饮食文化，也感受到伙伴合作的温馨和浓浓的节日气息。生活即课程，学生在亲历包饺子的过程中掌握了必要的家务劳动技能，动手能力得到了提高，良好的劳动习惯也逐渐养成。

《培智学校义务教育劳动技能课程标准（2016年版）》在教学建议中指出："要体现多渠道实施，将课堂学习与潜在课程相结合，充分利用日常生活、课外活动、社会实践等进行教学，在生活情境中强化对知识技能的理解和掌握，

实现对知识技能的综合运用。"对培智学生来说,他们先天智力发育迟缓,学习接受能力较低,限制并影响了在认知、感知觉中的精细动作发展,在家庭中也因各种原因限制了他们应有的劳动技能学习机会,日常生活能力相应地受到影响。要使培智学生能够不断学习、掌握一定的劳动技能,温馨、安全、充满爱和善意的学习环境非常重要。针对培智学生的群体特点,劳动技能课中创设了真实的实践学习空间,可以给学生提供更多的实践机会,培养他们的动手能力和良好的劳动习惯,让他们在实践中学习和掌握自我服务劳动技能和家务劳动技能,提高其照顾自己和正常生活的能力,形成独立或半独立的生活能力,有助于将来立足于社会,更好地融入社会生活。本文以《包四喜蒸饺》一课为例,研究如何在劳动技能课中创设真实的实践学习空间,提升培智学生的劳动技能。

二、教学设计

(一)学情分析

我校八年级共有9名学生,女生两名、男生7名,以中重度智力障碍为主。其中,自闭症学生5名,他们经常在自己的世界里"畅游",很少与老师、同学说话,有时还会莫名发脾气。单纯智力障碍学生3名,其中,两名学生属于轻度智障,IQ在65~75之间,语言沟通有一些障碍,学习接受能力较弱。有1名学生因非智力因素无语言能力、学习能力、动手操作能力。由于每个学生情况不同,学生的理解能力、记忆能力、模仿能力、动手操作能力等方面有所差异。如何让不同层次的学生融入集体生活中?劳动成了沟通的纽带。经过一年多简单面点制作的学习,学生对面点制作产生了浓厚的兴趣,大部分学生在教师的带领下掌握了制作面点的搓、揉、捏、挤等基本动作。

(二)课程分析

本课《包四喜蒸饺》是面点制作包饺子中的一个内容。此前,学生完成了"做小圆子""做南瓜塌饼"等内容的学习。本课尝试让学生在包饺子的基础上学习包四喜蒸饺,这是对培智学生劳动技能的一种挑战,也是带领他们走进传统、学会创新的一次机会。生活为他们关上一扇门的时候,必然会为他们打开一扇窗。培智学校劳动技能课程最主要的目的，是使学生通过实践学习掌握必备的劳动技能，提高社会适应能力。劳动技能课程注重知行合一、手脑并用，使学生通过实践获得劳动技能和劳动体验，注重解决问题和直接经验的获得。课程要求以学生的生活环境为依托，选择生活必备、对学生有益的劳动技能作为教育资源进行组织设计，让学生把所学的知识和技能应用于生活，不断获得和提高自主生活的能力。《包四喜蒸饺》这一课打破了劳动技能课传统的教学形式，教师通过手把手教授学生学习相关的劳动技能，增进了师生交流，树立了学生生活的信心。《包四喜蒸饺》教学内容丰富，有效调动了学生学习的主动性和积极性，在教学中给足学生时间，并有针对性地进行指导和提供帮助，充分满足学生学习劳动技能的个性化需求。

（三）目标分析

根据班级学生的特点，《包四喜蒸饺》一课既制定了涵盖知识技能、过程与方法、情感价值等内容的教学目标，也制定了适合不同学生的个性化学习目标，充分体现了共性与个性结合的教学模式，让每个学生的能力都得到发展。

1. 教学目标：

（1）了解包饺子的相关知识，掌握包四喜蒸饺的基本方法，知道四喜蒸饺的食用方法，学会包四喜蒸饺。

（2）在包四喜蒸饺活动中培养学生仔细观察、认真思维、积极想象的能力。

（3）在包四喜蒸饺活动中培养学生良好的劳动习惯。

2. 教学重点：包四喜蒸饺的基本步骤。

3. 教学难点：捏合四喜蒸饺的四个小"口袋"。

学习能力较弱的C层学生在教师、助教的帮助指导下体验完成四喜蒸饺的制作；学习能力较强的B层学生，在教师的指点下初步掌握四喜蒸饺的定型制作；学习能力强的A层学生，独立完成四喜蒸饺的制作。

（四）设计要点

培智学生的有意注意时间短暂，瞬时记忆能力较差，如果教师把操作流程全部示范完再让学生独立操作，就会严重影响学生的学习情绪与教学质量。《包四喜蒸饺》一课中，教师按照四喜蒸饺本身的特点并结合学生情况，将包四喜蒸饺的整个操作过程分割成几步实施教学，采用"教师分步示范、学生分步学习"的教学模式。教师在示范操作时力求做到步骤讲解清晰、示范演示规范、突出重点难点，学生跟随教师的讲解在创设的真实的学习空间内分步动手操作，一步步了解、一点点捏合、一勺勺加馅，逐步掌握包四喜蒸饺的制作方法。在四喜蒸饺制作的过程中，教师对学生包四喜蒸饺过程中的优缺点进行点评，并且通过展示台，让学生把各自的作品放在展示台上进行比较，借以突出正确的包饺子的步骤和操作方法，让学生在实践空间中学习劳技知识，在实践操作中感受和感悟劳动的乐趣。

（五）教学过程设计

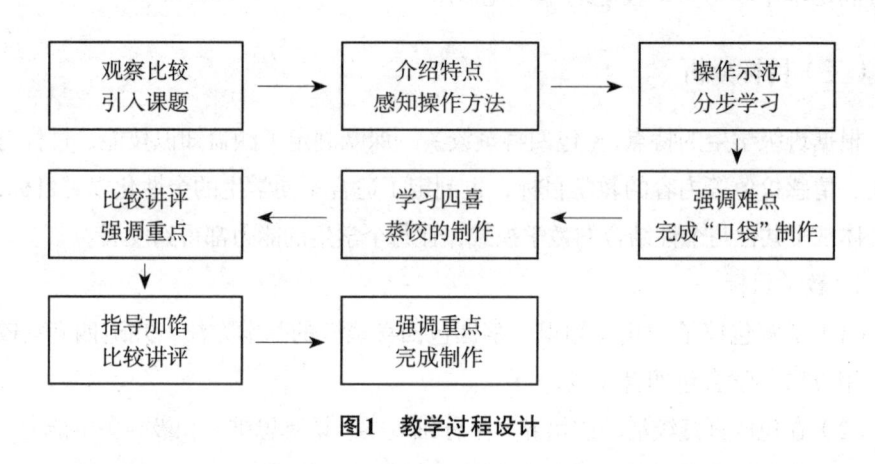

```
观察比较      →   介绍特点        →   操作示范
引入课题          感知操作方法         分步学习
                                        ↓
比较讲评      ←   学习四喜        ←   强调难点
强调重点          蒸饺的制作           完成"口袋"制作
  ↓
指导加馅      →   强调重点
比较讲评          完成制作
```

图1　教学过程设计

三、教学实践

（一）准备充分，有机组合

如何让每个学生体验到合作学习的乐趣？教师除了要做好充分的物质准备，还要进行个性化分析和分组。异质分组，有利学生合作学习。劳动技能教学中，教师要了解每个学生的劳动能力，并引导班内学生充分发挥他们的主体作用，在合作中增强学习的实效。教学包四喜蒸饺时，教师根据学生的认知水平分成3个学习小组，围坐成半圆形，每组3人，都由一名A层学生（学习能力强的）担任组长，坐在中间，左右两边是各方面能力相对较差的学生。围坐成半圆，能使学生对中间布置的展台上的6盘饺子看得一清二楚。由于小组成员的能力有差异，在实践包四喜蒸饺时，组长还可以为学习能力较差的学生讲解展示台上不同包制程度的四喜蒸饺，适时帮忙舀馅、捏合小"口袋"、添加四喜素馅等。不同层次的组合，给学生创建了互助合作的关系。这种关系的形成不仅能使能力薄弱的学生得到同组能力强的学生的帮助，还能提高他们学习技能的信心，提高包四喜蒸饺的兴趣，从中感受劳动的乐趣，提升劳动技能。

（二）整合优化、简单易行

由于学生理解能力的制约，太烦琐、太复杂的内容不容易学会，他们需要清晰的操作过程。除了桌椅空间的优化布局，教师还可以利用白板，给学生创设学习空间，把板书设计成一个流程图，并匹配相应的图片，把四喜蒸饺的制作步骤及操作要求简单明了地展示出来，让学生一目了然。如果学生一时不明白或者忘记了步骤，只要抬头看看白板，对照手中的饺子，就能继续自主学习，进行实践操作。在演示包四喜蒸饺的时候，教师还会强调包四喜蒸饺的重点及难点，提示学生容易混淆、犯错的地方。尤其是在捏合小"口袋"时，提醒学生要注意正确的操作手势，要捏合相邻的两边，如果饺子皮干，可以沾一点点水助力捏合。教师边讲解边演示，边讲解边指导学生，事先把讲解过程制作成视频，在白板上滚动播放，学生在制作过程中有不明白的地方就可以看流程图或看视频，真正做到突出重点、突破难点。此次教学中，A组和B组学生

1. 饺子皮上放适量馅料　　2. 饺子皮对折，中间捏紧　　3. 将另外两边饺子皮向中间捏合

6. 口袋里装入四喜馅料　　5. 相邻两边捏出小口袋　　4. 整理成花瓣状

图2　四喜蒸饺的包法

之所以能够顺利掌握四喜蒸饺的包制方法，在很大程度上也是得益于这个流程图。

（三）细节突破，构建温馨

在包制四喜蒸饺使之成型的步骤中，教师会适时地提醒学生：在四喜蒸饺的四个小"口袋"中放入四色蔬菜（青豆、胡萝卜、玉米粒、香菇），注意每个"口袋"中只装一种颜色的蔬菜，不要放太满。在操作台上，教师给学生创设了真实的实践空间，四色蔬菜放在四个不同颜色的盆里，旁边分别放置舀了适量馅的勺子，对每一种蔬菜的放入量精确到勺，四喜蒸饺的每个"口袋"里放一勺一种蔬菜的馅料，这样可以有效防止学生由于个人喜好、概念模糊等原因造成失误。量勺的使用也便于B、C层学生的实践操作。

（四）以评促学，心心相印

在分步操作的过程中，教师将学生制作的整理成花瓣、捏出四个小"口袋"及加入四色蔬菜馅心后的四喜蒸饺半成品进行展示，并且请学生进行讨论，比较探究，说出其优点，借以突出正确的操作步骤和制作方法。比如，在学习放置馅心时请学生先尝试制作一个半成品，并请学生讨论，比一比哪组馅心放的馅料的量最合适，再比一比哪位同学小"口袋"里四色蔬菜放得最仔细，对不足之处提出建议，让学生通过比较得出结论。学生通过自主探究，了解了四喜蒸饺在制作时要注意的事项：馅心放得太多，蒸熟后会溢出来，影响美观；馅心选择单一，影响口感等。教师对操作优秀的学生进行表扬，鼓励其再接再厉，给其他学生树立明确的学习榜样。

四、教学反思

本课是一次较成功的劳动技能教学实践课。通过创设真实丰富的实践学习空间，运用真实直观的教学材料，把学生学习包四喜蒸饺的实践过程完整地演示下来，让每个学生置身于真实学习空间内，积极主动地参与学习包四喜蒸饺，感受包四喜蒸饺的乐趣，从而激发学生喜欢劳动的情感，在劳动中体验生活，感受成功，树立生活的信心。

（一）创设温馨的劳动环境，激发学生的劳动兴趣

耶尔德勒姆、凯吉特等人指出，"教育环境的教室的室内设计可以被认为是影响学生行为和教育表现的最有影响力的因素"。可见，桌椅的布局对于教育教学至关重要，优化桌椅布局，能进一步帮助学生提高实践操作的兴趣。教师可以依据自己的教学目标科学合理地布局课桌椅。教学《包四喜蒸饺》一课，在烹饪室中进行，采用了利于学生实践学习的桌椅摆放布局，上课前把烹饪室的桌椅围成半圆形，中间放展示台，上面摆放包四喜蒸饺各个步骤的半成品，座椅选择了五彩的圆凳，学生可以选取自己喜欢的凳子坐下，圆形凳子也便于学生站起来实践练习包四喜蒸饺、互相学习帮助。学生围坐成半圆形，在听教师讲解包四喜蒸饺时，能更清楚地看到中间展台上摆放的半成品，也能清晰地看清教师的每一个示范动作，为学生进行自主学习、实践提供平等的参与机会。物理空间的创设达到了比较理想的教学效果，使学生顺利地掌握了包四喜蒸饺的方法，学会了用捏的动作包饺子，完成了预定的教学目标。

（二）创设真实的劳动情境，培养学生的劳动自信

在烹饪室学习包四喜蒸饺，看得见摸得着的饺子皮、饺子馅料、四喜蒸饺的四色素馅料、黏合饺子皮的水、放饺子的盘子、展示区学生包的四喜蒸饺的成品、冒着热气蒸熟的四喜蒸饺……这些真实的教学材料、教学载体拉近了学生与生活之间的距离，在情感上引发了学生的共鸣，激发了学生内在的劳动动机。教师给学生创设的真实的实践空间，处处以学生为本，让学生在做中学、做中思，使学生更易掌握学习包四喜蒸饺的过程和方法，促使学生在实践操作中不断地自省、自悟包饺子的方法，提高劳动能力。

（三）创设科技的学习氛围，提高学生的劳动技能

包四喜蒸饺的过程中，由于饺子皮要两两捏合，继而整理成花瓣形状，再捏出四个小"口袋"，饺子皮中间需要沾一点点水有助于捏合，这对精细动作有一定的要求，大部分学生很难达到操作要求。根据这一现象，学校劳技组的教师充分利用了摄像机的功能，把包四喜蒸饺的步骤，尤其是饺子皮的捏

合、整理花瓣形状、捏合四个小"口袋"的要领和方法进行多角度、全方位地拍摄，并利用摄影镜头的放大功能，对细节、难点等加以放大突出，制作成视频，同时，把包四喜蒸饺的基本步骤的流程图演示粘贴到白板上。学生实践练习包饺子时，教师明确提出操作建议：C组学生在教师手把手的帮助下体验练习包四喜蒸饺；B组学生在教师的示范指点下练习包四喜蒸饺；A组学生独自按上课要求练习包四喜蒸饺。这样的分层教学，尤其是教师的个别辅导，基本能满足A、B、C三个层次学生的学习需求，让学生分别获得不同的实践体验，感受成功带来的乐趣。在包四喜蒸饺的过程中，学生通过动手黏合饺子皮、动脑如何加入适量馅料，亲历四喜蒸饺的包制过程，促进了劳动技能的形成，学会了包四喜蒸饺的方法，感受到了包四喜蒸饺的乐趣。课中，利用白板屏幕滚动播放包四喜蒸饺过程的视频，引导学生观察、模仿，指导学生操作，从而很好地提高了学生的劳动能力。

劳动是人生的本义，是人生的第一需要。因此，从培智学生特性出发，创设温馨、真实、科学化的学习环境，打造以学生为本、适应未来家庭生活需求的实践学习空间，有助于提升培智学生的劳动能力，使他们更好更快地领会操作要领，掌握劳动技能。通过《包四喜蒸饺》一课，学生不仅学会了一项特色家务劳动技能，也让他们扬起了生活的自信，对今后适应家庭生活、从事家庭劳动、走进社会、提高社会适应能力具有十分重要的意义。

参考文献：

[1] 林德芳.上海市特殊教育探究性学习教学案例50例[M].上海：上海教育出版社，2008.

[2] 李红.利用微课提升培智学校劳动技能教学有效性的探索[J].现代特殊教育，2018（1）.

[3] 侯芳.如何为智障学生创设劳动技能学习环境[J].西部素质教育，2016（11）.

[4] 孙学军.如何创设有效情境，培养和激发智障儿童的学习动机[J].课程教育研究·学法教法研究，2016（24）.

[5] 高艳红.普通高中走班制实践中课程文化存在的问题及对策研究——以H中学为例[D].哈尔滨：哈尔滨师范大学，2018.

[6] 许亚锋，尹晗，张际平.学习空间：概念内涵、研究现状与实践进展[J].现代远程教育研究，2015（03）.

［7］黄菁菁.核心素养培养视角下中小学教室学习空间的优化［J］.教育导刊，2018（3）.

［8］秦爱仙.智障学生劳动技能的培养策略［J］.教学月刊小学版（综合），2020.

［9］王春婉.和美教育理念下培智劳动技能课程的实践研究——以《快乐糖饼店》系列课程教学为例［J］.文渊（中学版），2021.

让自闭症儿童在实践学习空间中动起来

顾 燕

摘要：自闭症是一种常见的心理障碍疾病，在我国儿童中的发病率较高，患者常伴有多种类型的心理障碍，对儿童的身心健康造成了严重危害。自闭症大多发生在幼儿时期，所以，在幼儿时期积极地采用干预疗法，是提升治疗自闭症效果的关键。本文采用案例分析的方法，详细阐述了创设学习空间在治疗儿童自闭症实践中所起到的作用。教师利用学习空间对班级中患有自闭症的儿童进行康复训练，取得了一定的效果。

关键词：自闭症 特殊教育 实践学习空间创设

自闭症是一种临床上比较难以治愈的神经系统发育障碍疾病，多发于婴幼儿时期。常见症状包括社交障碍、语言障碍、兴趣单一、行为刻板等，大部分患者伴有心理发育障碍。在我国学前教育领域中，针对自闭症儿童心理行为问题的治疗方法主要包括认知行为疗法（CBT）、心理动力疗法、社交技能训练和情绪调节训练等。现行的自闭症儿童心理行为疗法还存在许多问题，如沟通困难、治疗依从性不理想、可操作性不强等，造成了在实际应用中一系列问题的出现。因此，在儿童的学前时期尽早应用积极的干预疗法，对于治疗自闭症而言十分关键。

一、当前自闭症儿童干预的常用手段

儿童自闭症，也被称为儿童孤独症，是儿童时期具有代表性的一种发育障碍性疾病。患病儿童的听觉或视觉在受到刺激时会呈现异常反应，如，语言接收能力差、伴有反向语言、语法结构不成熟、不能使用反身代词、不能使用抽象语言等。

近年来，国内对自闭症儿童干预与训练疗法的研究日益增多。在众多的自闭症治疗方法中，行为干预疗法已经被证实是一种有效的治疗方法。行为干预疗法包括音乐疗法、游戏疗法、积极行为支持疗法等治疗方法。在过去的几年间，国内学者对自闭症患儿的行为干预手段与康复疗效进行了许多研究。如，采用音乐疗法，借助音乐特有的生理和心理治疗作用，对特定的音乐行为进行设计，对患儿进行治疗；游戏疗法主要应用于患儿的心理干预，是一种以游戏为交流媒介的治疗手段，游戏的类型大致可分为机能性、体验性、获得性和创造性等；积极行为支持疗法是指通过教育手段促进个体积极行为的发展，从而改变患儿的生活方式，提升其生活质量。

二、案例基本情况

自闭症患儿小倪，男，6岁，属中国与柬埔寨混血儿。该患儿表现为严重的发育迟缓，能无意识地发出一定的语音，但不能理解指令，无应名反应，无法与他人产生眼神交流；喜欢照镜子，由于教室里没有镜子，他就把钢琴当镜子；喜欢听音乐，对着镜子跳舞的时候，他的情绪会比较稳定。

从生理上看，小倪和多数患儿一样，不具备自主排便能力，只能依靠尿布。从发音上看，他可以说出"baba""mama"等叠词，但因为长时间缺乏社交行为，所以，他的发音仅限于无意识状态。虽然偶尔他会发出一两个音，但此时与他进行交流，他并不会做出反应。因此判断，他所表达的言语内容，并不能与实际事物相对应。

三、创设实践学习空间

语言的学习需要综合能力发展的促成，儿童要学习语言，必须具备听、说、理解等基本功能，因此，要针对性地对患者展开各项语言能力的训练。另外，语言的产生需要呼吸、共鸣和构音等基本发声条件，因此，根据案例患儿的实际情况，教师创设了一个专门进行语言学习的实践学习空间，在该空间里，按照一定的学习计划，使患儿的发音功能得到训练。语言障碍在自闭症的各种症状中是最常见的一种，因此，受到了大多数自闭症儿童家长的重视。许多家长也正是因为发现孩子的语言功能发育迟缓,才带孩子到医院进行诊断,自闭症谱系障碍由此被确诊。在为小倪创建实践学习空间的过程中,教师围绕其活动兴趣、年龄阶段的特点、近期发展状况等实际情况,将学习空间划分为游戏区、视频区、图书区、图片区等区域,进行实践性训练。

(一)应名训练

应对自闭症儿童语言障碍的训练方法主要有两种,一种是目光对视,另一种是应名训练。自闭症孩子的应名反应通常表现为两种情况:一种是他不能听到,也不能注意到,因此,他不能对叫名做出反应;另一种是他听见了,却不愿意回答。

应名训练能够让孩子对外部世界做出相对正常的反应,从而更好地与周围的环境进行交流。在进入创设的实践学习空间后,教师按照小倪当前的症状表现,做好训练前的准备工作。首先,在实践学习空间里的游戏区,教师给小倪几个玩具,以吸引他的眼神注意。因为他对新的环境仍有一些抗拒和不适应,所以,在对小倪的兴趣与喜好进行分析之后,教师为他设计了一个以音乐与舞蹈进行应名训练的游戏方案——播放他喜爱的歌曲。其次,在播放前,教师先把玩具娃娃给他看,此时,他兴奋地想要按下按键。这时,教师呼唤他的姓名,看他没有回应,便又把玩具娃娃捡起来,再次呼唤其姓名,此时,他与教师有了目光交会,教师立即按下按键。当听到音乐声响起时,小倪就会开心地扭来扭去,而当音乐声停下来时,小倪则会想要重新按下按键,于是,教师反复地呼唤他的名字,直到他与教师再次目光交会才重新按下按键。经过一段时间的反复练习,小倪偶尔能在教师呼唤他名字时,用眼睛看向教师,而且成功率越来越高。

(二)发音训练

在小倪能够对听到自己的名字产生一定的反应后,教师就对其展开了一个初步的元音发音的训练。因为要发出元音只须控制好自己的下颚,所以,它是一种较为简单的发音。从对小倪的日常观察来看,他通常会不受控制地说出一些话,如,有时候会下意识地说出一个"mama"的发音,而他此时发出"mama"并不是真的在叫自己的妈妈,即他不能把"mama"的语义跟自己的母亲联系在一起。

教师在图片区对小倪进行了发音训练。首先，制作了各种语音的口型图片，并将其放大，例如，张开的大嘴是"a"，紧闭的嘴是"m"，圆的嘴是"o"等，以供他模仿。接着，教师带小倪来到练习空间的图片区，教师对他做了一个手势，然后张开嘴，说出"mama"，但他并没有配合。于是，教师结合肢体动作予以帮助（捂住他的嘴），让他发出"m"，然后，把他的小手放在教师的鼻孔和咽喉上，让他感觉到教师的呼吸。因为教师跟小倪的关系比较亲近，所以，能把嘴巴贴在小倪的手指上，让他感知发音时的口腔动作，在双方的配合下，经过一段时间的练习，他终于可以发出"m"的音了。一段时间以后，当教师一放手，小倪的嘴巴里就发出了"mama"的音节，此时，教师马上拿出了小倪妈妈的照片，对着图片一遍又一遍地念着"妈妈"，使语音和语义实现一一对应，这样，语音就不只是语音，而变成了语言。训练到此时可以发现，在连续发出几次"mama"的音节后，小倪开始哭了起来，这时，教师在学习空间中按下音乐按键，播放小倪喜欢听的歌曲，让他安静下来。同时，在他再次念出"mama"之后，教师又试着教他一些其他相似的发音，比如，ba、hua、bao。最后，教师根据小倪对音乐的喜好，在实践学习空间中制作了一些动物的声音卡片和对应的叫声音频，让小倪能够跟着图片和音频，模仿动物的叫声。当小倪发不出某一个音节的时候，教师就会运用学习空间中的语音卡进行发音示范和训练；当他发出一个与语音卡中一模一样的音节时，教师就会给予他更多具体的鼓励。

（三）应答训练

在小倪能发出最基本的音节后，教师便对小倪实施了应答训练。该训练的主要目的是培养小倪的口语表达能力，以及使用语言进行交流的习惯。首先，结合小倪对音乐和舞蹈的特殊兴趣，教师在实践学习空间里设置了一些关于音乐和舞蹈的教具和学习内容。接着，教师在视频区对小倪进行了应答训练。教师准备了很多适合小倪的音乐视频，在挑选这些训练素材的时候，还特意和小倪的母亲做了深入沟通，以掌握小倪的兴趣和偏好。然后，双方共同挑选了一些小倪喜爱听的童谣和一些能让他起舞的歌曲。每次应答练习一开始，教师就跟小倪一起挑选他喜爱的视频，每次看完后，就会对他说："小倪，这个音乐视频好看吗?"一开始,他并没有回应,只是迫不及待地想要再看一遍,但教师一直在提示他,引导着他说出"好"的音节。此时,教师把"好"字的语调放得很慢,把口形张得很开,以帮助他进行模仿。当从小倪那里听到一个含糊不清的"好"字时,教师就把视频再放一遍。一开始,他的情绪比较激动,哭闹着不肯配合,但是,经过几次训练以后,他配合得越来越好了。

教师还在游戏区域对小倪进行了应答训练。根据小倪的喜好,挑选了一些会发出语音的玩偶。可以看出,小倪对这些玩偶很感兴趣,玩得十分开心。在与玩偶互动的过程中,教师发现他开始发出了"mama"的音节,有时候还会念一些关于颜色的单词和数字。当小倪发出某一个音节时,教师都会马上把强化物送到他的手中,并且给予他肯定与鼓励。

另外,教师还在图书区对小倪进行了应答训练。在图书区为小倪挑选了一些色彩鲜艳、内容简洁的图画书。一开始,小倪无法安静地跟着教师一起阅读,因此,教师专门为小倪在实践学习空间里设定了一些规则,并且把规则进行拆分,反复地跟他解释和说明。例如,教师告诉他,如果他能安静地阅读,在阅读完毕后,就可以到视频区或者玩具区玩耍。一开始,小倪并不理解这些规则,并且在规则的限制下,他哭得很厉害。于是,教师把阅读的时间压缩到3分钟。等他完成阅读再把他带到游戏区玩10分钟游戏。渐渐地,随着阅读训练的进行,小倪也不再哭着喊着要出去玩了。

虽然这样的进步是一个缓慢的过程,但这足以验证教师为小倪在实践学习空间里所做的工作起到了一定的效果。在给小倪做回答训练的时候,教师总是会对他说:"好不好?""要不要?""棒不棒?"这些简单的语句,可以让小倪更容易接触到简单的发音和重复的句式,培养了他用语言沟通的习惯与兴趣。这一点是十分重要的,因为在学会了几个发音后,他对发音和说话就产生了更浓厚的兴趣,会去观察和模仿别人发音时的口型和思考语言的内容。小倪在练习了一段时间之后,基本掌握了发出单音和双音,以及说一些简单的词语。

四、案例分析及启示

从小倪的语言干预治疗过程来看,他在名字被呼叫时的反应、说话的能力上都有了明显的提升。通过循序渐进的治疗方法，逐渐提高了他对世界的认知和感受能力，他也因此能够初步地感受到身边人对他的关爱。

自闭症的语言康复是一个长期的过程，因此，小倪的家人只有对他进行终身的训练和照顾，才能让他更好地融入社会。同时，只有加强家庭与学校配合教育的效果，才能使他逐渐学会表达自己的心声，让他现在与将来的生活质量得到有效改善。

五、反思与讨论

结合自闭症实践学习空间的创设与实践过程，本次研究对自闭症儿童各项干预教学和治疗活动的开展情况做出以下反思与讨论：

（一）强化物的运用

以小倪的语言障碍干预治疗过程为例，本研究以实践学习空间的创建理念为基础，将小倪置于游戏区，通过玩具吸引小倪的注意力，并根据小倪对音乐的兴趣，为他设计具有可预测性的教学内容，同时，借助图片、视频等视觉辅助手段，创建一个能引起他自发行为的语言环境。强化物的选择包括社会性的赞美和他喜爱的玩具。其中，社会性的赞美可作为一种经常性的强化手段，而玩具的强化频率是：每发音一次，就被强化一次，之后再慢慢地调整为每两次发音强化一次、每三次发音强化一次。通过对强化物频率的调整，可以加强小倪与教师之间的信任关系，同时弱化小倪对强化物的依赖程度。

但由于缺乏系统的家校合作培养方案，未能在患儿的家中实施与校内一致的、相链接的训练方式和教学内容，如强化物的选择、训练的流程、强化的手段等，在一定程度上限制了小倪语言各项能力的训练效果，导致了小倪对实践空间训练内容接受程度的不足。

（二）保持自闭症儿童的发音欲望和兴趣的重要性

研究表明，在掌握发音的最初阶段，需要关注自闭症儿童的发音次数和发音质量，并对这些能力进行适时地干预。例如，以多种形式表达对他们发音的肯定，从而让他们获得更多的自信心与积极性。在自闭症儿童刚开始掌握发音技能的时候，训练者与家人之间同样需要进行紧密地交流与配合，以保证患儿在家里进行的发音练习与在校园中采用的方式是完全一样的。另外，还要对患儿发出各种声音的行为进行社会性称赞，以强化其发出声音的行为。在此过程中，要注意引导和训练的方法是否适用于每个患儿病例，以免其产生排斥与反抗情绪。

自闭症儿童难以从群体教学活动中受益，是因为在集体教学模式下，教师无法根据患儿的个体差异开展训练，继而限制了个体训练的效果。而实践学习空间正好属于一种多维度的教学环境，它包含了显性的物质环境，也就是活动的空间、时间及材料。只有发挥综合因素的教学效果，才能支持自闭症儿童的各项能力发展。另外，在隐性心理环境中，需要建立一个充满尊重、欣赏、平等的同伴关系及师生关系，以此来推动患儿的进步。

通过分析小倪在实践学习空间内的语言训练情况，教师发现了诸多的不足之处。例如，在教学和训练的过程中，教师为自闭症儿童划分的实践区域和创设的实践学习环境是相对固定的，没有根据他在不同训练项目中的不同反应和表现水平做出学习和训练模式的调整。例如，挑选图书的方式、实施规则的时间节点等，都不够灵活和巧妙。因此，接下来教师必须制订针对性的训练方案，进一步激发小倪的学习动机，提高其学习水平，提升对其进行干预治疗的效果。

综上所述，实践学习空间的合理运用，能够帮助自闭症儿童获得一定的语言和社交技能。通过早期干预、强化物的运用及学习动机的激发等手段，自闭症儿童可以获得更好的治疗效果。这一过程需要家庭和学校之间的紧密合作，以确保治疗的一致性和有效性。

参考文献：

[1] 毛成林，余彪，杭毛措. 儿童自闭症的干预研究——以游戏疗法、音乐疗法和积极行为支持疗法为例[J]. 中外企业家，2018（29）：206-207.

[2] 经晶. 多措并举提高特殊教育儿童语言训练的实效性[J]. 新课程教学（电子版），2022（12）：82-83.

[3] 杨雪莹. 基于虚拟现实技术的自闭症儿童音乐教育研究[D]. 西安：西安音乐学院，2022.

［4］李鑫.自闭症儿童威胁性信息认知特点及主题绘本教学干预研究［D］.乌鲁木齐：新疆师范大学，2022.

［5］任力威.沈阳市民办自闭症特殊教育机构发展现状研究［D］.大连：辽宁师范大学，2022.

［6］张璐璐.特殊教育学校自闭症儿童在校生存状态的个案研究［D］.淮北：淮北师范大学，2022.

［7］刘宁.基于情境分析的自闭症儿童教学区家具设计研究［D］.南京：南京林业大学，2022.

［8］王碧涵，吴潇萍，周桂龙.通用设计学习在培智学校自闭症学生融合集体课的应用——以九江市特殊教育学校为例［J］.黑龙江教育（教育与教学），2022（05）：32-34.

家校协作，提升虚拟学习空间的有效性

赵雨薇

摘要：智障儿童是一个特殊的群体，他们在幼儿阶段成长的环境各不相同，家长在教育理念、教育方式上也存在一定的差异，家长和教师一样，都希望幼儿能健康地成长。在新冠肺炎疫情背景下，教师通过聚焦家校协作，有针对性地开展线上教学。以沟通为基础，家校相互配合、合力育人，为幼儿打造一对一的、切实有效的学习空间，能确保每一位幼儿的居家学习有进步和提升，让虚拟学习空间更具有效性。

关键词：家校协作　虚拟学习空间

一、虚拟学习空间创设的背景

全球新冠肺炎疫情的暴发，对大众工作生活产生影响的同时，使对幼儿的教学方式也发生了翻天覆地的变化，线上教学"停课不停教、停课不停学"的模式，让幼儿逐渐适应居家的学习生活。

面对一群特殊的幼儿，教师应创设一个怎样的学习空间才能方便教师与家长为其提供指导？应设计怎样的课程，让幼儿在家中也能阳光、健康地成长？

长期的线上教学对家长和幼儿来说是一次挑战，对教师来说更是一次考验。因此，教师需要帮助家长寻找适合幼儿的居家生活方式，并提供更合适的育儿指导。教师通过聚焦家校沟通，有针对性地开展线上教学，确保每一位幼儿的居家学习都能有进步和提升。同时，提高家长对幼儿学习的关注度，让虚拟学习空间更具有效性。

二、虚拟学习空间技术应用上的缺陷

鉴于学前班幼儿的年龄较小、各方面能力发展尚且不足，在初期的线上教学过程中，教师选择利用微信作为推送教学内容的主要平台，并借助家长的协助，指导幼儿进行线上学习。教学内容主要以康复训练为主，每期涵盖了不同的内容，例如，肢体康复运动、精细动作训练、亲子阅读、亲子游戏、育儿知识等。这些内容丰富多样，形式各具特色。然而，经过两周的推送尝试后，各种问题逐渐浮出水面。

（一）设备操作不熟悉，家长配合度不高

线上教学需要家长积极配合并使用电子设备对孩子进行指导。在大部分家庭中，家长已经能够熟练地操作电子设备，如手机、平板电脑等，因此，他们能够很好地支持孩子进行线上学习。然而，仍然存在一部分家庭，由于家长本身不太擅长操作电子设备，或者因为年龄较大，难以熟练地掌握这些设备的操作。这导致他们常常忘记查收教师最新上传的学习内容，从而影响了孩子的学习效果。另外，还有一些家长在支持孩子进行线上学习时，只是简单地播放视频内容给孩子观看，没有进行有效的指导。这使得孩子在完成学习任务时，往往达不到预期的效果。

（二）内容缺乏针对性，指导过程难度大

在前期的推送中，教师推送的内容往往是针对大群体的共性内容，例如，防疫知识的宣讲与科普、亲子绘本、亲子游戏的推荐、居家运动、营养食谱等公众号内容的推送。在材料的选择上，教师往往会选择较为常见、普通的教学材料，方便家长在家中就能找到。对于培智学校学前班的幼儿，因为每位幼儿的生理状况、发展水平、障碍程度皆不相同，所以，其所需要个别指导的内容是大相径庭的。在线学习活动虽然具有普适性，但对特殊儿童而言，并不完全适合。缺乏有针对性的个性内容，无法充分满足特殊儿童的实际发展需求。在实际的指导过程中，家长可能会发现一些教学内容的难度超出了幼儿当前阶段的发展能力，一些活动方式也并不适用于他们的孩子，导致指导过程变得异常

困难，学习效果也不明显。

（三）教学缺乏互动性，内容得不到反馈

虽然线上教学能满足幼儿疫情期间"停课不停学"的需求，但由于不在真实的教学现场，教师和幼儿的交流仅仅是通过微信进行，教学内容不能及时得到反馈，无法在第一时间观察到幼儿的真实反应，且不能根据幼儿的当下反应，做出适当的调整，使得教学缺乏互动性。

由于特殊儿童无法独立学习，自主性不强，因此，线上学习对于拥有特殊儿童的家庭是一个挑战。家长需要投入大量的时间陪伴孩子，不仅需要熟悉教学内容，还需要指导孩子的行为和思维。然而，幼儿的专注力欠缺，导致家长陪同练习时间短，无法达到预期的教育效果。

三、提供有效的支持措施

家校合作不仅涉及简单的沟通环节，更在于家庭与学校的通力协作，以促进幼儿全面发展。苏联教育家苏霍姆林斯基在《帕夫雷什中学》中提出："儿童只有在这样的条件下才能实现和谐的全面发展，就是两个教育者，即学校和家庭，不仅要有一致行动，要向儿童提出同样的要求，而且要志同道合，抱着一致的信念。"在现有的契机下，为了促进幼儿的发展，学校和家长应当形成一股强大的教育合力。针对线上教学中存在的问题，双方需要不断地进行磨合沟通，合力协作促进幼儿更有效地学习。

（一）针对共性学习内容，提供可视化支持

特殊儿童因为自身能力的不同，在学习上需要教师提供更多个性化的支持。教师可以利用孩子喜欢且感兴趣的卡通人物作为切入，制作微课、录制亲子绘本音频、亲子运动视频等。将多种形式的教学内容上传至学习平台，激发幼儿学习的兴趣，引导幼儿自主学习，提高学习效率。

以本班幼儿为例，幼儿更倾向于视觉学习和操作学习。因此，在操作类的教学内容上，为幼儿提供详细的操作提示，呈现完整的操作步骤；手工类的教学内容上，用直观的图片、视频，分步骤演示。以生活活动"剥橘子"为

例，活动目标为锻炼幼儿两指对捏，以及双手配合的手部精细动作，教师在课件制作中，将剥橘子的步骤通过视频的形式，配以文字、音频逐步讲解；同时将视频中的步骤制作成图片，编上序号，便于幼儿理解图片。可视化的内容呈现，能在增强幼儿自主学习能力的同时，更有利于家长更好地理解教学内容，参与教学，进行辅助，让线上学习更具有效性。

（二）家校协作，构建个性学习空间

经过两周的线上学习后，为了能更好地开展线上教学活动，有针对性地提升幼儿的成长需求，教师组织了一次线上家长会，利用云端见面的机会与家长沟通，旨在了解幼儿居家现状、身心状况的同时，知晓家长对线上教学实施过程中遇到的困惑，以及了解家长对幼儿线上教学所提出的需求。在与家长的沟通中，教师发现大部分家长需要一些适合自己孩子的教学内容，例如，有些幼儿缺乏手部肌肉力量，需要教师提供一些精细的活动指导；有些幼儿坐不住，专注力差，需要一些提升注意力的游戏；还有一些家长觉得幼儿的语言发展薄弱，需要加强锻炼等。幼儿发展个体差异的不同，需要的个性化康复需求也就存在较大的差别。故而要根据家长的切实需求，结合幼儿原有的评估报告、身心发展情况，制订有针对性的个性学习计划。

班级中每位幼儿的发展情况有很多的不同，因此，要因材施教。例如，针对班级中手部小肌肉力量不足的幼儿A，在与家长沟通时，通过观看家长拍摄的视频，发现幼儿大运动发展较好，四肢行动平稳，平衡能力的发展也可圈可点，但精细动作发展欠缺，手部力量不足，简单的"大把抓""对指捏"都不能很好地完成。面对幼儿A的这种情况，教师从最简单的"抓握"开始改善。从抓握家里处处可见的小积木开始，逐渐增加难度，依次练习掌抓、耙抓、指尖抓、三指抓、两指抓积木。为家长指导幼儿提供了一些包含练习抓握、锻炼手部力量的小游戏，如，将海洋球贴在宽胶带上，让幼儿自由抓取下来，可重复多次练习，以达到练习的目的。

针对本班的听障幼儿B，由于长时间没有佩戴助听器，导致幼儿的语言发展缓慢。因此，为幼儿特别设置了一些操作材料简单、能锻炼口肌的游戏，如，吹乒乓球、吹纸条等，以此提升幼儿的气息，锻炼其口腔肌肉。还可以增加一些"口舌操"，辅助幼儿进行"构音练习"。提供的道具简单，家长指导也容易上手，兼具娱乐性，幼儿B的家长表示幼儿的兴趣很高，在发音上有了较明显的进步。

本班的幼儿C，其家长表示幼儿可以跟着教学视频学习，但注意力集中时间短，容易走神，常常静不下心来。在为幼儿推送共性教学内容时，教师还为幼儿设计了"夹豆了"的亲子游戏，将两种不同的豆子，把其中一种用手从一个大碗挑拣到另一个大碗中。尝试一段时间后，提升难度，如，增加豆子的种类、使用工具等，激发幼儿学习的兴趣，从而提升幼儿的注意力。

与家长在线沟通交流中，教师根据幼儿不同的特点和障碍程度，以及家长的不同期望，针对班级儿童在弱势领域增加了活动的设计，进行了详细的记录，同时也收到了家长的积极反馈。教师为每位幼儿提供了适合其自身发展的活动，确保每位幼儿得到了专属的、量身打造的一对一指导的学习空间。教师和家长让个性化指导的虚拟学习空间发挥了更大的价值。

（三）沟通反馈，巩固学习效果

教师要与家长及时沟通，在教学反馈的基础上，调整教学内容，促使虚拟学习空间更高效。线上教学与线下教学的最大区别在于无法及时获得反馈、无法直观了解幼儿的学习效果、无法得知家长是否及时指导、指导方式是否有效及教学内容的难易程度是否适合幼儿。因此，与家长及时的沟通能很好地帮助教师了解幼儿的实际情况，从而在教学反馈的基础上，调整教学内容，让虚拟学习空间更高效，更具存在的价值。

班级中的幼儿D，是一名自闭症幼儿，不喜欢和其他小朋友接触，专注力较差，不能眼神对视。在与其家长的沟通中，家长表示在家时，即使是面对最亲近的家人，幼儿也不能很好地进行眼神对视，呼唤他的名字，眼神也只有瞬间的停留。

从幼儿的角度来说，眼神缺失，存在以下三种原因：一是对人和物缺乏兴趣；二是不清楚交往的规则；三是幼儿不理解。面对幼儿D妈妈的困惑，教师在幼儿的学习空间里，设计了眼神对视的游戏。首先，在幼儿保持安静并坐好的情况下，向他出示喜欢或感兴趣的物品，将其放置在他的正前方。随后，一旦发现幼儿的目光投向了强化物，便迅速将该物品移动到家长的眼睛位置。当幼儿的视线与家长手中的物品相交会，家长立即对幼儿进行表扬，例如，

"你主动看到了妈妈,做得非常好"。最后,当幼儿能够借助强化物稳定地看向家长时,家长可以适当地提升难度,将强化物在鼻子、嘴巴、下巴、脖子等身体部位进行缓慢移动。

在尝试过程中,幼儿D的妈妈曾表示,她根据教师的提示,选用幼儿最喜欢的棒棒糖作为强化物,试图吸引幼儿的目光。操作中由于着急,家长会不自觉地将强化物在幼儿眼前晃动几次,导致幼儿的目光被棒棒糖吸引,而不是落在她的脸上,强化物移动的速度跟不上幼儿眼神移走的速度。对此,教师马上向她提出了新的指导建议:首先,禁止将物品在幼儿面前晃动,否则他将一直关注棒棒糖;其次,物品的移动速度要快,确保在幼儿目光转移之前快速移动到家长的脸旁;最后,成功后立即给予幼儿鼓励。经过之后几天的持续尝试和及时沟通,家长不断地调整策略,最终,幼儿能将目光转移到妈妈身上,并在目光对视方面取得了一些小进展。

家长与教师之间实时的互动沟通,能方便教师更好地收集幼儿的学习情况,及时调整教学内容,为更好地创设虚拟学习空间打下基础,让学习空间更有效、更高能地服务于幼儿、服务于教师。

(四)追踪实施情况,开展家校合作

家是孩子的第一所学校,也是学校教育和社会教育的前提和基础。针对特殊儿童的教育,从家庭角度来看,需要得到中观、外层、宏观的支持,其中,中观层面要求家长要与机构、社区进行合作,为特殊儿童家庭提供情感支持,以此使得家长有更多的信心投入特殊儿童教育中。新形势下的虚拟学习空间,对家长而言是一个不小的挑战。因此,教师在设计教学内容时,须考虑家长的协作能力,为家长提供不同程度的辅导,方便家长能更好地指导幼儿有效地完成学习内容。及时跟踪家长实施的情况,第一时间了解家长遇到的困难,并为他们解惑。在沟通中,要了解家长指导孩子的需求,结合幼儿自身实际情况,推送专业知识、康复技巧,帮助特殊儿童父母制定个性活动,有针对性地开展家庭训练。

在与本班家长进行沟通的过程中,家长往往会出现焦虑、迷惘的状态。为了帮助他们更好地应对孩子的特殊需要,教师要积极鼓励家长正视孩子的特殊性,认识到幼儿的康复是一个长期且需要逐步推进的过程。家长必须具备坚定

的信心和足够的耐心，通过不断的练习和观察，全面掌握幼儿的优劣势，对幼儿及其微小的进步及时予以肯定和鼓励。同时，鼓励家长带孩子走出家门，慢慢地适应社会环境和接触陌生人群。

四、总结与思考

虽然幼儿的成长环境不同，家长的教育理念、教育方式也存在不同的差异，但家长和教师希望孩子健康成长的愿望是相同的。在此基础上，教师和家长要以沟通为基础，相互配合、合力育人。作为教师，在正确引导幼儿的同时，还需要进一步地思考如何做好家校沟通，建立好学校与家庭的桥梁，实现家校协作的一致性。有效的家校沟通能更好地助推学习空间的建设。

通过家长拍摄的幼儿在家期间的视频和照片，教师能够及时发现幼儿在某些方面发展的不足，进而采取相应的措施来促进他们的全面发展。利用云端家长会、线上沟通等渠道，能让教师进一步了解家长对幼儿身心发展的需求，便于教师为幼儿创设更有针对性的学习空间，尊重每个幼儿的个体差异，让幼儿能根据自身需求，取长补短，学习成长。家长记录过程，并对实施的效果进行评价，让教师对家长的需求有了进一步的了解，由此能更好地针对每一位幼儿制定相应的训练目标，对幼儿的康复起到实质性的帮助，为幼儿打造一对一的切实有效的学习空间。家庭教育和学校教育相辅相成，发挥家校协作的优势，才能助力幼儿更好地成长。

参考文献：

[1] 王春晖，许如春.特殊儿童家庭教育社会支持情况调查研究［J］.现代交际，2017（04）：27-28.

提高中重度智障学生生活自理能力的实施策略

倪春虹

摘要：培智学校中重度智力障碍学生大多存在不同程度的生活自理困难的问题，因此，在《培智学校义务教育课程标准（2016年版）》中，"适应生活"成为各门学科教学的根本目标，而生活自理能力是"适应生活"的基础和关键，所以，在培智学校开展生活自理能力教学研究，具有重要的实践意义。本文从生活自理能力培养的范畴、生活自理能力培养的方法，以及对生活自理能力培养的思考三个方面，阐述有效的实施策略。

关键词：智力障碍　生活自理能力　实施策略

美国智力与发展障碍学会（简称AAIDD）对智力障碍的定义是：智力障碍是一种障碍，其特征是在智力功能及适应性行为两个方面受到显著限制，表现在概念性、社会性和实践性适应技能方面的落后。世界卫生组织（WHO）1993年出版的《国际疾病分类》中指出，中重度智力障碍是指IQ范围为20～49，在儿童期表现为显著的发展落后，多数儿童能够通过学习在自我照料方面有所发展，并获得一定的沟通与学科技能，在生活中需要持续不断的支持性服务。当前，我国中重度智力障碍儿童，主要的教育安置方式是培智学校，从《培智学校义务教育课程标准（2016年版）》中不难发现，让培育学生掌握"适应生活"的学科知识与技能是培智学校教育的根本目标。其中，生活自理能力是"适应生活"的基础和关键，而多数中重度智力障碍学生存在显著的适应性障碍，因此，在培智学校对中重度智力障碍学生进行生活自理能力的培养具有重要的实践意义。

一、生活自理能力培养的范畴

在日常教学中，参照教材内容和国家课程标准，笔者把中重度智力障碍学生的生活自理能力界定为以下十个方面：

（一）学生的进食能力

学生的进食能力包括能独立使用勺子、筷子吃饭菜、用杯子喝水、独立打开塑料包装吃零食、拧开瓶盖喝水等，以及学生能否按时、按量规范饮食，做到不偏食、不挑食。对于中重度智力障碍学生进食能力的培养，不仅能够使他们成为生活的自立者，能够负责自己的饮食健康，同时能为他们以后走向更广阔的天地奠定生活基础。

（二）学生的如厕能力

学生的如厕能力包括学生认识厕所的标志、能够独立找到适合自身性别的厕所、能够独立开关厕所的门、能独立穿脱自己的裤子，并保持衣服和身体清洁、能够认识并正确使用坐便器、能正确使用卫生纸、能自主控制自己的大小便等一系列能力。吃喝拉撒，是日常生活中必备的基本要素，所以，培养学生如厕的能力是生活自理能力中非常重要的一个方面。对于普通学生而言，培养他们自主大小便的能力可能只需要几天，但对中重度智力障碍的学生而言，可能需要半年、一年、甚至更长的时间。

（三）学生的穿衣能力

学生的穿衣能力包括分辨衣服、鞋袜的前后、正反和左右，以及上衣和下装、内衣和外套等。穿衣、脱衣、叠衣是生活自理能力中必不可少的基本技能。中重度智力障碍的学生在日常生活中经常会遇到的难题就是穿衣问题，如，衬衫的领子没有翻好、衣服纽扣没有扣齐、裤子不分前后反着穿、裤腰没拉到腰上等，这些问题其实是孩子的手指运动功能不足造成的。我们要帮助孩子记住穿脱衣服的顺序，即让他们掌握一看正反、二看前后、三套双手（双脚）、四整理（扣纽扣、拉拉链、拉裤腰）的过程，从而使他们掌握正确的穿衣能力，发展他们的手指功能及手眼协调能力。这些能力的培养都应该尽可能利用生活场景来进行。

（四）学生的洗漱能力

学生能独立洗漱、清洁自己也是生活自理能力的一部分，如认识洗漱用品（牙杯、牙刷、牙膏、浴巾、洗发水等），能独立漱口、刷牙，独立洗头、洗脚、洗澡等。对于智力障碍的孩子，我们一定要不厌其烦地一遍遍去教，当孩子掌握这些技能以后，他们就离独立生活近了一步。

（五）学生的行走能力

学生的独立行走能力对生活自理能力的发展有重要影响，所以，对行动不便的智障儿童而言，我们要尽可能地培养他们的行走能力，让他们能借助轮椅独立行走，能借助助行器行走，能不依赖其他物品独立站立，能独立蹲下、站起，甚至能高抬脚、单脚跳或双脚跳等，为之后他们能够独立生活提供支持。

（六）学生的劳动能力

热爱劳动是中华民族的传统美德。热爱劳动的孩子更容易获得人生幸福感、满足感。所以，我们要培养智障学生的劳动能力，比如，教会他们清洗简单的衣物（袜子、内衣等），教一些简单的家务劳动（扫地、擦桌子、洗碗等），对于动手能力好一些的孩子，还可以教授一些做简单的饭菜、制作点心等相关技能，甚至可以尝试教授一些钉纽扣、擦皮鞋、组装物品等技能，为他们更好地融入社会奠定基础。

（七）学生的购物能力

在现代社会日常生活中，不可避免地会涉及物品的买卖，所以，为了帮助智力障碍的儿童更好地融入社会，一方面要培养他们出门购物的能力，让他们了解并掌握购物的步骤（找到商店或者超市，选择需要的物品，结账付款）和要注意的地方；另一方面要教授他们使用手机进行购物（选择正规的网站，学会筛选价格合理的商品等），以使他们能更好地适应现代生活。

（八）学生的出行能力

如今，社会交通四通八达，所以，我们要让智力障碍的学生学会乘坐家门口的公交车，学会打出租车，学会乘坐地铁、高铁和飞机等常见的交通工具，这样，当他们有想法或者愿意出去接触世界时，便有能力去实现了。

（九）学生的求助能力

学生在生活中不可避免地会遇到各种各样的困难，而对智力障碍的学生而言，他们所面对的困难要比普通人多得多，所以，在面对困难时，能及时求助是他们生存的必修课。我们一定要教会他们在遇到生活困难时，要及时寻求帮助，要会拨打相关的急救电话，会向邻居、居委会等求助。

（十）学生的娱乐能力

娱乐活动是生活中必不可少的一部分，是解压和获得快乐的重要途径。对于智力障碍的学生而言，由于他们的生理缺陷，很多娱乐活动没有办法参与或者需要在其他人的协助下才能进行，但是，每个人都渴望拥有丰富多彩的生活，智障孩子也不例外。所以，可以教授他们一些使用电脑、电视、智能手机的方法，通过手机游戏、电视节目、网络视频等娱乐活动，使他们的生活变得充实和丰富。

二、弱智学生教育前后生活自理能力状况调查

以下是根据培智学校自编教材《实用生活》设计的《中重度智障学生教育前后生活能力状况调查表》，汇总了我校低中高年级30名弱智学生的调查情况：

项目	教育前 得分率	教育后 得分率
进食能力	18%	100%
如厕能力	27%	90%

（续表）

项　　目	教育前 得分率	教育后 得分率
穿衣能力	64%	100%
洗漱能力	9%	73%
行走能力	27%	73%
劳动能力	36%	100%
购物能力	36%	90%
出行能力	18%	82%
求助能力	27%	82%
娱乐能力	12%	51%

由上表可见，弱智儿童生活自理能力低下，缺乏教育是主要原因。如果教师能在孩子的成长过程中，结合生活实际，耐心地、不失时机地提出要求并加以指导训练，那么，他们的生活自理能力可以得到很大的改善。一般来说，程度较轻的弱智儿童，经过恰当的教育训练，生活自理能力可以达到与正常人接近的水平。

三、生活自理能力培养的实施策略

（一）运用趣味化教辅具，激发学生的学习兴趣

对多数中重度智力障碍的学生而言，他们不仅有智力缺陷，还多伴有肢体、言语等障碍，所以，在学习的过程中，可能会出现很多意想不到的困难和阻碍，这就使得他们会产生对学习的恐惧心理。另外，多数中重度智力障碍学生的有意注意能力差、注意力维持时间短等问题，因此，在进行课程教学和康复训练时，我们要注重运用具有一定趣味性的教学辅助工具，培养他们的自理能力和学习兴趣。例如，笔者曾经有这样一位特殊的学生，他叫小杨，是患有唐氏综合征的智障孩子。他平时在课上的表现比较内向，如果受到鼓励，就会

情绪昂扬,但稍有不如意或是遇到一些不懂的地方,就会大发脾气,出现明显的厌学情绪。经过一段时间的观察和分析,笔者认为他的这些表现和行为主要是由于早期干预的缺乏及同伴之间的嘲笑和疏远,所以,笔者就采用动画的方式,来唤起他对于知识的渴望,同时,运用小玩偶或卡通画像等教育辅助工具,让他适应不同的评价语言,让他感受到学习过程中的快乐与知识汲取的美妙。在他认真完成作业以后,给予小红花以资鼓励。逐渐地,他产生了一种被重视、被鼓舞的感觉,提升了自信心,也激发了学习兴趣,在畏难情绪上得到了较好的改善。

(二)创设真实生活情境,促进学生在做中学

对患有智力障碍的孩子而言,他们很多时候会缺乏与实际生活的接触,更多的是被家长关在家里,或者家长主观上认为孩子能力不行,无形中剥夺了孩子参与家务劳动的机会。因此,在培养他们生活自理能力的过程中,一定要抓住机会、创造机会,借助或者模拟真实的生活场景,让他们体验生活情境,在生活事件中实操,在实操中学习、在实操中锻炼,最终掌握学习的知识和技能,提高自身的生活自理能力。例如,笔者在生活课上经常会带学生去学校的家政室学习整理床铺、去烹饪室学习洗碗做菜和制作点心、去盥洗室学习清洗简单的衣物,甚至去校外的超市和菜场学习购物、去车站学习买票坐车。让学生通过亲自观察、动手操作及亲身体验,在真实的生活环境中得到有效的锻炼,既提升了他们的社交能力,又使他们获得了基本的社会素养,让他们在实操中实现生活自理能力的增长。

(三)细化技能培养步骤,推动学生逐步发展

中重度智力障碍的学生的注意力比较分散,他们思维的灵活性差,知识的理解、记忆和应用能力也都比较差。因此,在培养他们的生活自理能力时,是不能急于求成的,可以通过创设真实的生活情景,细化知识和技能学习的步骤,从最基础、最简单的知识或者动作技能学起,通过一个个小知识点和技能的学习,让学生积累扎实的知识基础,逐步掌握完整的知识和技能,即"小步走,不停走"的学习策略。例如,笔者班上的小明同学,他刚入校的时候,包着纸尿裤,吃饭洒得到处都是,喝水会流到衣服上,几乎没有主动的语言交

流,更不会写字,生活自理能力较差。针对他的这些情况,笔者先对他进行详细的评估,确定当前需要重点培养的内容,如独立喝水和吃饭的能力,通过评估和观察数据分析发现,他的手指抓握能力差,于是,笔者让他从抓握大的物体(如走廊扶手)开始,再到抓握光滑的物品(如小球),最后去捏小的或者移动的物品,把能力一点点培养起来,在教育的过程中不断地鼓励他,让他一步一个脚印地进行康复训练。慢慢地,他喝水和吃饭的能力得到明显改善,生活自理能力得到很大提高。

(四)采用及时多样的评价,促使学生扎实发展

由于大部分中重度智力障碍学生反应迟缓,自我纠错能力差,因此,在对他们的教育过程中要"时时关注,及时评价",一点点地纠正错误。另外,中重度智力障碍学生主动学习动力不足,学习的自控能力也比较差,这就需要教师通过"批评""表扬"等口语化评价,或者借助奖励物"贴纸"等,帮助学生把注意力维持在学习上。例如,笔者班上的小敏具有严重的认知障碍,没有办法将食物进行匹配,能听懂的只是一些常用的指令性语言,注意力非常分散,非常容易紧张、害怕。所以,对她的教育要区别于其他学生,笔者主要采用鼓励式的评价方法,当她能够借助辅助工具分辨出五个珠子的不同颜色时,会给予她一朵小红花,当她连续5次顺利完成教师布置的日常作业时,会满足她一个愿望,这样能够让她的自信心得到提升,从而更愿意参与自主训练,配合康复治疗。长此以往,她的康复之路也会走得越来越稳健,自理能力也能得到逐步发展。

(五)应用家庭教育资源,开展家校协同培养

很多智障儿童的家长,往往由于孩子智能低下或者动手能力差,很少或者放弃对孩子进行教育,放弃对孩子生活自理能力的要求,让学校包办一切教育。家长的这种做法实际上剥夺了孩子生活自理能力得到学习和锻炼的机会,扼杀了孩子学习的积极性。日积月累,就会造成孩子产生依赖性,甚至逐步丧失对自己的信心,使智障儿童与正常儿童的差距越来越大。所以,利用家庭资源,争取家校教育协作,将使我们的教育获得事半功倍的效果。例如,小辉刚来学校上学时,每次鞋带散了,他都只会叫别人帮忙,自己不会动手。刚开始时,教师和其他学生都会帮他系,后来,看到这种情况时常发生后,教师就想

让他自己学会系鞋带，这样，小辉就能自己解决困难了。在教师的鼓励和监督下，小辉慢慢尝试学习系鞋带，也愿意自己动手系鞋带了。当然，初学时，鞋带系得很松，走几步就散了的情况经常发生。由于在学校里练习的时间有限，教师联系了家长，告诉他们孩子在学校里学习了系鞋带的本领，希望他们在家里也多创造机会让孩子练习系鞋带，并请家长及时给予鼓励和表扬。就这样，在教师和家长同步的指导教育下，孩子自己把鞋带系得越来越规范和漂亮。他的妈妈还高兴地向教师反映："以前，每次孩子穿有鞋带的鞋，就伸着脚让我们帮他系。现在，不仅他自己的鞋带自己系，还总是抢着要帮我们大人系鞋带呢！"

对中重度智力障碍学生生活自理能力的培养，构建真实的生活情境很重要，同时，还需要通过大量的、重复的、多样化的训练，学生才能掌握技能，在生活中变通着运用。由于学校环境受限制和训练时间有限，势必要联合家长配合学校的教学内容，帮助学生在实际生活中坚持练习，不断反复、不断强化，以此来巩固学校教授的新知识与技能，最终完成教育任务，促进学生生活自理能力的发展。

（六）依托社区实践活动，增进学生互动融合

社会是最好的实践课堂，因此，在帮助智力障碍的青少年能够顺利地适应现代社会的生活、提高自身生活自理能力的过程中，不仅教师要付出100%的努力，家长要做好协作，还需要充分发挥社区的力量，通过"家校社"共育，共同助力孩子的成长。很多时候，康复训练不仅是培养智力障碍学生的自理能力，同时也是一个改善社会人员接纳特殊孩子的过程。例如，九年级的小王同学，如今即将步入更高一级的校园（职校），所以，我们在给他提供青少年特殊就读学校申请的相关资料时，也会适当地让他去参加一些社区组织的实践活动，与社会上的人进行互动，并在节假日期间在教师和父母的带领下参加一些志愿者活动，进行技能训练和知识学习，让他更好地适应日常的社区生活。

四、生活自理能力培养的实践性思考

（一）生活自理能力培养要以学生身心发展规律为基础

不同年龄段学生的生活自理能力是有差异的，所以，对于他们生活自理能

力的培养，一定要循序渐进，符合他们的年龄特点及身心发展的规律。比如，对低年级的学生，可以教授一些简单的生活技能，如洗脸刷牙、穿脱衣物、上厕所、扫地、擦桌子等；对中年级的学生，可以教一些相对复杂的生活技能，如整理房间、洗简单的衣物、记住生活中常用的急救电话号码，整理厨房等；对高年级学生，可以教授外出购物、做饭烧菜、乘坐交通工具等技能。由于智障孩子的病因不同，同一年龄阶段的学生之间存在着巨大的差异，有的学生属于脑瘫儿童，小脑发育不健全，导致先天的手脚不灵活，讲话口齿不清；有的学生属于唐氏综合征患者，手脚灵活但理解能力差；有的孩子属于自闭症患者，不能与旁人沟通，没有自控能力；还有的孩子就是单纯的智力低下，学习能力差。对于不同类型的孩子，我们在培养他们的生活自理能力时，只能根据实际情况制订不同的教学计划，针对每个孩子的优缺点进行教学，使我们的教学内容和方法尽可能符合每一个学生的特征，使他们易于接受，让他们的生活自理能力在原有的基础上有所提高。

（二）生活自理能力培养要以学生生活环境与需求为依据

学生是发展中的人，因此，对于他们自理能力的培养，要不断地与时俱进，且对不同年龄段的学生不能一以贯之地进行同类技能的传授。对于3～4岁的幼儿，他们所学习的生活技能，可以是学会自己穿衣服、自己穿鞋子、自己刷牙洗脸，但对于中高小学阶段的学生，他们所要掌握的则不仅仅是这些，还要具备一些基础的交往能力、娱乐能力、购物出行等自理能力。而且每一个学生的生长环境也有所不同，他们在脱离学校之后所面临的社会环境也可能大相径庭，因此，我们要因材施教，根据每个学生的具体情况来制定个性化的教学方法和教学活动，切实地提高学生对现实社会的适应能力，提高训练效果。

（三）生活自理能力培养要以学生的意愿与兴趣为切入点

俗话说，兴趣是最好的老师。智力障碍的学生也和正常的孩子一样，喜欢听到教师的表扬，讨厌受到批评，所以，我们在培养他们自理能力的过程中，要善于发现他们的点滴进步，激发学生的主动性，智力障碍的孩子对实物的兴趣是最高的，当他们能够初步掌握自我照顾的能力时，我们可以把实物作为奖励品，适时地给予鼓励，让他们从表扬中得到自信，体验自理的乐趣和价值，最终达到提升生活自理能力这一根本目标。

  总之，智力障碍学生的生活自理能力培养，并不是通过一次两次的教学就能够立竿见影的，这是一个漫长的、系统的过程，我们要不断地为他们创造学习和练习的机会，并在此基础上言传身教，耐心细致地给予教导，只有这样，才能使他们掌握独立的生活自理能力，让他们走进社会的脚步变得更加轻盈，让他们的心灵绽放出绚丽的花朵。

参考文献：

［1］陈云英.智力落后心理、教育、康复［M］.北京：高等教育出版社，2007.

［2］高川.早期教育康复对智力落后儿童生活自理能力的影响［J］.绥化学院学报，2013（1）.

［3］陈芳.智障儿童的自理能力培养之我见［N］.三明日报，2010，1（23）：A04.

［4］周颖.漫议智障儿童生活自理能力的培养［J］.现代特殊教育，2012（8）.

［5］刘英芬.浅谈智障儿童生活自理能力的培养［J］.科学咨询，2017（26）.

学前特殊儿童生活体验式学习空间的创设与应用

陆易佳

摘要：一日生活是幼儿在幼儿园中的全部经历，是他们生命充实与展现的历程，也是个体在参与、体验与创造中利用环境自我更新的历程。对特殊儿童来说，他们同样需要通过幼儿园的一日生活实现自我认知能力的提升。本文以学前特殊儿童康复教育现状为基础，围绕特殊儿童生活体验式学习空间的创设与应用展开探讨，提出具体的创设思路和应用策略，为特殊儿童教育工作者提供实践上的参考。

关键词：学前特殊儿童　生活体验式学习空间　创设与应用

生活即课程，体验即学习。据国内外专家研究论证，特殊儿童早期干预的内容要与其日常生活紧密相关，即要重视学前特殊儿童的语言、交往和生活自理等能力的培养。但由于学前特殊儿童在情绪稳定、指令理解和执行能力等方面，都与健全儿童存在明显的差距，因此，很难通过常规学前教育来实现对特殊儿童的康复教育。开展生活体验式学习空间的创设，能够有效吸引特殊儿童的注意力，稳定特殊儿童的情绪，使之能在生活化的情境中，进行有效的康复训练。作为一名特殊儿童教师，应该积极为之创设多样化的生活体验式学习空间，以实现更好的康复教育。

一、学前特殊儿童生活体验式学习空间的创设思路

在创设学前特殊儿童生活体验式学习空间的过程中，教师应该合理挖掘并利用生活化课程资源，保证学习空间尽可能贴近真实生活场景，让幼儿在体验式学习空间中收获知识与成长。具体可以通过以下创设思路实现：

（一）围绕真实生活场景进行学习材料投放

环境对儿童的影响不容小觑，充分利用环境能够达到更理想的育人效果，而学习材料是学习环境的重要组成因素，在创设生活体验式学习空间的过程中，是否合理地进行材料投放，直接关系到学习空间创设的水平及最终的教育效果。对学前特殊儿童来说，他们在幼儿园生活中更容易感到焦虑，为了引导特殊儿童更好地适应幼儿园集体生活，教师应该积极为学生营造出温馨、积极的学习空间。如，在学习《整理物品》时，为了鼓励特殊儿童积极参与集体学习活动，教师可以将真实生活场景中所要用到的物品，应用于学习空间的创设中，如模拟家庭生活场景，将活动室划分为厨房、衣帽间、书房、卧室、卫生间等空间，并将日常生活所需要的各种餐具、衣物、书籍、玩具、洗漱用品等作为学习材料进行投放，让幼儿根据自己的生活经验，将不同的学习材料进行分类与整理。这不仅让幼儿学会给各种物品分类，还能让他们学会叠挂衣物、摆放书籍、整理玩具等生活技能，有效提高特殊儿童的生活自理能力。生活化的材料投放，让整个体验式学习空间也更加生活化，能够有效激发幼儿的动手欲望与学习积极性，让幼儿获得更良好的学习体验。

（二）充分利用学校环境创设学习空间

教师可以利用我校"果蔬汇"教学实践基地，为特殊儿童打造生活体验式学习空间，让幼儿前往"果蔬汇"进行自主游戏活动，感受鸟语花香、触摸金色的阳光、坐一坐柔软的草毯、享受清风拂面的快感……大自然拥有神奇的治愈力，它不仅能够驱散人心中的阴霾，还会让人心境开阔，贴近自然生活的体验式学习空间，是特殊儿童所喜爱的空间。教师还可以利用"果蔬汇"的空地，为学前的幼儿开辟一个小小的种植园，让幼儿根据自己的喜好种植萝卜、红薯、花生或其他蔬菜，这样既能让幼儿近距离感受农业劳动的乐趣，在种植的过程中，幼儿还能够对各种植物进行观察和学习，探索植物生长的奥秘，享受"一分耕耘，一分收获"的乐趣。

（三）立足社会实践创设多样化学习空间

陶行知的生活教育理论强调"社会即学校"，毋庸置疑，社会是最大的学堂，它能让儿童收获更多课本上难以学到的知识和经验。对特殊儿童来说，围绕社会实践创设的体验式学习空间，更有助于他们接触社会，了解更多的社会常识，从而更好地融入社会。因此，教师可以多围绕社会实践为儿童创造体验式学习空间。比如，教师可以围绕《小医院》的主题活动，请家长带领幼儿走进医院，了解医院不同大楼、不同窗口的功能，了解去医院就诊的流程；也可以围绕《小超市》主题开展社会实践活动，组织家长带领幼儿一起走进琳琅满目的超市，看一看让人眼花缭乱的商品，看看超市是如何将数量繁多的商品进行分类，参观的时候还可以出题让幼儿们比一比，看谁先找到指定的商品等。在各种社会实践主题基础之上，构建的学习空间能更加贴近社会生活，不仅能开阔幼儿的视野，还能让幼儿学到更多的生活常识，获得更良好的学习体验。

二、学前特殊儿童生活体验式学习空间的实践

要想实现良好的教育，除了需要构建好特殊儿童生活体验式学习空间，在实践过程中，还要做到有的放矢，尽可能为儿童提供良好的学习体验，帮助特殊儿童康复与成长。在学前特殊儿童生活体验式学习空间的实践中，应做到以下四点：

（一）尊重儿童意愿，给予儿童充分的自主体验空间

相较于一般儿童，特殊儿童虽然在认知能力、情绪控制、指令理解及执行能力方面都存在明显的差距，但这并不意味着他们没有自己的想法和意愿。作为教师，在应用生活体验式学习空间时，应充分尊重儿童的意愿和想法，让他们可以选择自己喜欢的活动方式，同时也能感受到教师的尊重和理解，从而更加主动、积极地面对康复学习，逐步提高自己的认知能力和实践水平。如，在组织小组游戏时，教师应在游戏开始前询问儿童的组队意愿，尽可能让儿童和自己熟悉的、喜爱的同伴进行组队，这样，一方面能够帮助儿童更好地融入集体游戏活动，另一方面也有助于儿童社会适应能力与社交能力的发展。

与此同时，在应用生活体验式学习空间的过程中，教师还应给予幼儿充分的自主权。如，在活动结束后，让幼儿说一说自己的感受，针对没有语言能

力、不会表达的幼儿或自闭症儿童，教师可以引导幼儿利用表情卡、小贴纸等材料表达自己对活动的喜爱之情，让幼儿以不同的方式"畅所欲言"。这样既能激发幼儿的表达欲望，又能锻炼幼儿的情绪表达能力。教师还应该给予幼儿充分的自主活动空间，让幼儿按照自己的意愿和想法开展游戏，做自己喜欢的事情。在幼儿自主体验的过程中，往往也更有助于教师观察，从而更好地了解幼儿的脾气喜好，对其实施针对性的康复教育。

（二）把握活动内容，创设适宜的体验式学习空间

根据活动的不同领域，教师把活动地点设在教室、操场或学校果蔬汇基地等，如，《找影子》的活动中，上课空间设置在广阔的操场上，且需要自然条件——太阳的支持，幼儿在绿草坪上吹着微风、晒着太阳，寻找自己的影子……幼儿不仅有意无意地开始了模仿动作的行为，情绪也稳定很多。又如，春耕秋收的季节，为了让幼儿感知季节变化，教师会带领幼儿去看一看、摸一摸"果蔬汇"里新长的嫩芽、刚结的果子、拾落叶、捡树枝……让幼儿真正地去体验、去感受、去学习。

根据活动的内容，以及为了避免幼儿过度用眼，教师制作了教学展板、教具，把幼儿的视线从电子屏幕转移到可操作的活动展板上，让知识"活"起来，形成操作性强的教学方法。如，《三角形、圆形、方形》活动中，教师把三种图形宝宝的形象做成了立体的、可移动的、可触摸的展板，幼儿可以通过看一看、摸一摸、摆一摆的形式认识三种图形，这样的空间调动了幼儿的多种感官，让幼儿更好地理解、掌握知识。

对于生活类课程，教师更要把学习空间创设到各个生活场景中，采用直观的教学模式。例如，幼儿不会洗手，如果教师只是利用图片或口头传授，幼儿可能会不知所措。因此，教师可以利用班级现有的环境，积极地开展直观教学，如，改变集体活动的位置、围绕教室洗手台进行活动、给幼儿演示洗手步骤、直观地传授幼儿洗手技巧、让幼儿进行洗手练习等，帮助幼儿真正学会生活自理。

幼儿的学习空间不能局限在班级的一亩三分地，也不可局限在电子屏。教师应当在学校找空间、自己创空间，把学习技能融入一日生活中，真正做到生活即课程，体验即学习。教师创设的学习空间，既贴近幼儿真实的生活场景，

还增加了不少的趣味性，面对不同能力的幼儿，要及时调整空间材料的使用方法，让每一个幼儿在体验式学习空间中都收获知识与成长。

（三）鼓励家长参与，提升体验式学习空间的有效性

幼儿的生活体验有很大一部分来自家庭和家长。因此，在应用生活体验式学习空间的过程中，教师还应重视家长资源的开发，引导家长积极融入幼儿的学习空间，成为幼儿体验式学习中的重要角色。

特殊儿童的康复与发展离不开家校间的配合，幼儿在体验式活动中的蜕变，让家长看到孩子身上所蕴藏的无数种可能，从而坚定育儿信心，给予幼儿更多的关注与呵护。教师也可以引导家长在家中为幼儿开辟新的体验式学习空间，如，在家中为幼儿准备一个属于他自己的角落，为幼儿提供各种贴近生活的玩具（如娃娃家、各种交通工具的玩具、医生玩具套装等），让幼儿学大人的模样练习洗菜、切菜、炒菜，也可以适当地让幼儿参与家庭劳动，尝试做一做折衣物、清理桌面垃圾、扫地、拖地等简单易行的家务。在真实的或模拟真实的体验式学习空间中，幼儿的学习体验会更加良好，加上家校同步式的教育教学，让幼儿的生活自理能力大有提高，让幼儿更加热爱生活，对生活充满向往。

此外，在现实生活中，许多家长不具备专业的、科学的特殊儿童康复训练知识和技能，因此，在家中进行康复教育，时常会出现因为家长指导不当而导致幼儿抗拒等情况，不利于特殊儿童的康复和成长。为保证幼儿在家也能获得专业的康复训练，教师可以亲自模拟示范并制作成小视频，以电子文件的形式传送给家长，切实保证幼儿的康复效果。同时，教师时刻保持微信在线，鼓励家长积极地通过发文字、发语音、发视频等方式与教师沟通幼儿的康复训练问题，以保证家长能够对幼儿进行正确的、合理的康复训练。教师要成为家长最有力的后盾，帮助家长获得更专业的特殊儿童康复训练的能力，让体验式学习空间更好地运用于家庭。

（四）坚持正面引导，帮助儿童树立康复学习的自信心

对特殊儿童来说，他们的心灵更加脆弱，也更容易陷入焦虑、沮丧等情绪。作为教师，应该尽可能采用正面引导的方式，一方面帮助特殊儿童树立康

复锻炼的自信心，另一方面充分激发幼儿参与康复锻炼的积极性。在活动过程中，教师除了要在幼儿遭遇困难和挫折时及时地鼓励幼儿，在幼儿有所进步时给予充分的肯定，还要学会为幼儿制定层次化的学习目标，让幼儿从最简单的目标开始奋斗，逐步向更高、更难的目标前进，循序渐进地实现幼儿的进步与成长。如，在应用"抓放物体"主题体验式学习空间时，教师先提出"能用两指或三指捡起物品"的学习目标，设计《三指捏》与《两指捏》的学习活动，利用教室美食店、娃娃家等游戏区创设剥橘子（三指捏）、装饰蛋糕、夹夹子（二指捏）等学习空间，促使学生把在活动中学到的本领拓展到生活中进行练习。这样分层目标设定的引导方式，以及真实场景中的不断练习，既有效解决了幼儿的畏难心理，帮助幼儿树立起学习信心，激发幼儿参与活动的积极性，还让幼儿更牢固地掌握了相应的技能。

三、生活体验式学习空间创设与实践后的思考

（一）生活体验式学习空间的优点

1. 激发学习兴趣。生活体验式学习空间通过丰富多样的实践活动和情境模拟，能够激发幼儿参与活动的兴趣。幼儿在实践中亲身体验、观察和思考，能够更加主动地参与学习，从而提高学习的积极性和主动性。

2. 增强实践能力。生活体验式学习空间注重培养幼儿的实践能力。通过实践活动，幼儿可以运用所学知识解决实际问题，培养实践能力和创新能力。例如，在校内，教师通过创设红绿灯的场景，通过操控红绿灯教具，让幼儿体验"红灯停，绿灯行"的过马路规则；在校外，家长带幼儿过马路时，孩子慢慢有了过马路要看红绿灯的意识，最终能在家长的陪伴下，根据红绿灯正确地过马路。

3. 增加实践经验。生活体验式学习空间为幼儿提供了更多实践的机会。通过在真实场景中的实践，幼儿可以获得更多的实践经验，提升自己的应对能力和解决问题的能力。例如，自闭症幼儿在模拟小超市活动中，亲身参与超市购物项目，通过在学校创设的超市环境中购物，熟悉超市环境、购物流程等，之后，跟随家长去超市时，能情绪稳定地完成购物。生活体验式学习空间增加了特殊儿童的社会实践经验。

（二）生活体验式学习空间的不足之处

1. 教学资源和设备不足。在创设生活体验式学习空间时，需要用到丰富多样的教学资源和设备，包括实践工具、活动器材、模型展示等（如适宜特殊儿童参与野趣活动的沙水池），资源和设备不充足会限制特殊儿童在学习空间中的实践和体验。因此，改进的方法是增加投入，购置更多适合特殊儿童需求的教学资源和设备。

2. 学习活动设计不够差异化。特殊儿童的学习需求各不相同，因此，在设计学习活动时应该更加注重差异化，考虑不同特殊儿童的个体差异性和学习特点。不足之处在于有些生活体验式学习空间可能过于一体化，欠缺针对特殊儿童的差异化设计。教师在设计学习活动时，要着重根据特殊儿童的个体差异性，设计更具针对性和差异化的学习活动。

3. 缺乏专业的教育支持。特殊儿童面临着特殊的学习挑战，因此，生活体验式学习空间需要配备专业的教育支持，包括康复师、教育心理学家等。我校还须加强专业队伍建设，为特殊儿童提供更好的教育支持。

4. 缺乏与普通幼儿的融合机会。融合活动对于学前特殊儿童发展有着重要的价值，融合活动也是生活体验的重要部分。由于我校是专业的特殊教育学校，无法高频次地为特殊儿童提供与普通幼儿融合的机会，使得特殊幼儿缺乏与普通幼儿融合的机会。以往，学校会组织班与班的和跨年级的融合活动。今后，学校将积极开发与校外普通幼儿园的融合活动，为特殊儿童的社会性发展提供有力支持。

总而言之，生活体验式学习空间的创设与运用，对于特殊儿童自理能力的提高、认知能力的改善都大有裨益。在创设生活体验式学习空间的过程中，教师应做到围绕真实生活场景合理地投放学习材料、充分利用学校环境创设学习空间、立足社会实践创设多样化学习空间，为幼儿提供良好的康复教育环境。在实践生活体验式学习的过程中，尊重幼儿意愿，给予幼儿充分的自主体验空间；鼓励家长积极参与，提升生活体验式学习空间的有效性；坚持正面引导，帮助幼儿建立康复学习的自信心，保障幼儿体验式学习的效果。最后，实施多主体、内容全面、方式多样的评价，全面呵护幼儿的康复与成长。

参考文献：

［1］陈荔敏.创建体验式生活场促进幼儿体验式学习［J］.学苑教育，2020（02）：88-89.

［2］戴雅文.浅谈如何促进幼儿的自主成长［J］.幸福家庭，2021（16）：43-44.

［3］韩路红，董鑫.抓住一日生活契机 促进幼儿自主成长［J］.山东教育，2020（Z6）：126.

［4］吴志青.促进幼儿生活能力发展的教育策略［J］.学前教育研究，2018（12）：64-66.

［5］贺文霞.在常规管理中提升保教质量［J］.儿童与健康，2016（12）：41-43.

运动康复

运动康复板块涵盖了运动与保健课程及康复训练课程。运动与保健课程致力于挖掘学生的运动潜能，改善其运动功能，激发他们的运动兴趣，并引导学生掌握基础知识和技能方法。康复训练课程根据学生的身心发展规律，分为动作、感知觉、沟通与交往、情绪与行为四个康复训练模块，通过教育与康复的有机结合，弥补学生的身心缺陷，满足其学习与发展需求。

为满足我校特殊学生的多样化需求，我们充分开发和利用了教师资源、校园场地设施、器材资源及课程内容资源。根据学生的特殊类型、残障程度、年龄特征和身心发展特点，通过仔细研读国家课程标准，结合我校学生的实际情况及课程特色，合理地设计规范的运动和康复的校本课程。此外，我校针对性地改造和建设了规范化的运动及康复场地和设施。结合信息化技术，我们建立了虚拟实践学习空间，丰富了学习空间类型，满足了各类特殊学生的运动和康复需求。

在满足学生兴趣和需求的前提下，我们通过创设富有吸引力的场景环境，如"农场""动物园"等，将体育运动的教学内容灵活设置在该空间内，提高了学生运动学习的积极性；通过表演和游戏情境的创设，使原本需要进行重复枯燥练习的韵律操教学更活泼有趣了，学生在想象中领悟了动作要点，在竞争游戏中提高了训练量；通过虚拟实践学习空间的创设，为特殊学生心理教育增添了更多形式的干预策略，网络虚拟空间在心理课程中具有其独特性，能灵活兼顾特殊学生的隐私和心理需求。

创设学习空间，
提升培智学生运动康复教学效果
——以二年级《运动与保健——走与游戏》为例

张 凤

摘要：在培智学校运动与保健课程的队列教学中，由于低年级特殊学生具有整体障碍程度重、残障类型多等生理特点，学生在掌握运动技能方面显现出一定的困难。教师应利用现有教学资源，结合特殊学生的学习特点，进行学习空间创设和体育游戏改编。本研究将从创设学习空间的具体实践入手来改进运动康复教学。通过实证研究发现，在创设情景游戏学习空间后，不同层次的特殊学生能将掌握的运动技能从单一的课堂拓展到现有学校资源的各种场景，并将所获得的知识和技能、规则意识应用于社会生活中。

关键词：学习空间 走与游戏 运动康复

一、创设实践学习空间的必要性

我校二年级学生呈现以下几个特点：班级人数较多，学生整体障碍程度重，残障类型中自闭症学生占多数，新入学的插班生行为规范意识尚未形成，整班课堂常规须慢慢建立，多数学生难以理解教师指令，动作启动慢，注意力涣散。由此可见，在二年级创设实践学习空间进行教学非常有必要。

根据《培智学校义务教育运动与保健课程标准（2016年版）》的要求，低年段的课程目标是：具有运动兴趣，感受运动快乐，遵守体育游戏基本规则；初步了解运动技能与方法，学习简单的动作与体育游戏，发展基本运动技能。结合二年级学生的学情，运动与保健课程的重点在于队列、课堂常规的建立，让学生体验走、跑、跳、投等体育游戏，提升体育兴趣。

简单的体育游戏可以帮助学生增强学习动机、初步感知运动技能、在课堂上模拟情境练习，但特殊学生的学习特点是知识迁移能力弱和形象思维的欠缺，因而进行在《走和游戏》这一单元的教学设计时，除了改编传统的体育游戏，还可以结合现有的教学资源、学校果蔬汇基地来进行学习空间创设，帮助学生更好地沉浸式学习，获得运动兴趣。

二、结合单元学习，开展培智学生运动康复训练

（一）本单元涉及走的练习内容

《走与游戏》这一单元学习，旨在帮助学生掌握自然协调走的正确方法和姿势，模仿自然走动作的不同变化，结合二年级学生的学情，本单元内容涉及走的练习中较基础的运动技能有：直线走、曲线走，应结合学生认知水平和生活情境，开展游戏训练活动。本单元第1课时自然走；第2课时直线走；第3课时曲线走；第4课时直线走和曲线走的综合训练。

（二）明确课时重难点

例如，直线走的动作要求有：自然挺胸，眼看前方目标，两臂前后自然摆动，两脚交替迈步，腿臂动作协调等。通过对本班的学情分析及对水平一学生的要求，确立教学重点为：走成直线。教学难点为集中注意力、身体协调、自然地走。

（三）帮助学生建立安全行走的意识

通过前期常规训练、队列训练，学生已经熟悉自然站立、排队走、立正等身体姿态和空间体位感觉的训练。在此基础上，开展走的练习有助于孩子集中注意力、观察目标地点、提高躯干的核心控制、改善走动作的自然协调能力，帮助学生建立安全行走的意识。

（四）对学生进行课前评估

二年级学生整体障碍程度重，属中重度智力障碍，动作协调能力差，对语言理解能力差，对指令反应迟钝，运动能力弱，神经系统发育障碍导致注意力集中时间短，多动且易受环境和他人影响，小脑发育落后导致平衡感觉缺陷，

走路易摇晃。由于入学时间短，没有形成正确的身体姿势和队列意识，在出操排队及下课走廊里行走时很多学生走路不稳，难以根据前方目标地点正确地调节行走方位，东张西望，步频时快时慢，容易互相撞到，或者撞到路上的障碍物。本班学生7人（男生5人，女生2人），学生残障情况为：自闭症、中重度智障、发育落后、视觉障碍、脑瘫等。通过课前教育观察并结合《特殊儿童运动能力评估指导手册》相关版块内容，对学生进行课前评估后进行分层。

（五）将习得的动作技能融入生活情景

通过教学实践，结合运动技能要求进行体育游戏设计，果蔬汇学习空间中有田间小路、各蔬果区域，利用自然生态田园环境，结合教学对学习空间进行改进，帮助学生将习得的自然走动作技能融入生活情景中。

三、创设学习空间，进行运动康复训练的教学实践

（一）运用运动理念组织运动康复活动

参考教学观察（行走步态）、学生障碍特点、运动能力评估，将学生以同质分组的方式分为三组：A组：能听懂教师的部分指令，能与教师进行简单的对话，有基本的队列常规意识，乐于和同伴一起完成体育游戏。行走能力方面，能注意到目标点，自然的迈步动作较好，自然走时手脚比较协调，走路时易东张西望。B组：反应较迟钝，但是能听懂教师的部分指令，需要教师帮助建立队列常规意识。在行走能力方面，目标点意识弱，犹犹豫豫，时走时停，走路方向感差，动作启动比较慢，东张西望的问题明显。C组：对指令要求理解困难且课堂常规意识薄弱。在行走能力方面，由于障碍原因都有各自的步态问题，在教师的帮助下能够参与课堂活动。

（二）创设具有吸引力的情景游戏学习空间

情景游戏学习空间的创设，能激发学生的学习动机，提高学生保持注意力的时间。拓展不同地形的走活动，可以在学生认识田间路、田埂等可以行走的地方后，带领学生进行实践，以此来激发学生自主学习的能力，如，教学生识别可行走及不方便行走的区域，在田埂上强调动态平衡的调动。从狭小的室内

空间延伸到生态复杂的自然田园中，借助丰富多变的地形特征，能帮助学生沉浸在体育游戏中，提高应变能力和动作技能的应用。

1. "动物园""田园里"等学习空间的创设思路

结合学情、联系实际学校资源或自创资源创设符合教学目标并解决教学难题的学习空间；以提升学习动机和兴趣为目标，结合学生接受度进行多形式练习，保证一定的训练强度和频率，提升训练效果；通过学习空间的创设搭建个性化学习支架，帮助不同层次的学生掌握动作技能。

2. 通过学习空间创设特定情境应用动作技能

例如，"直线走"课程的设计以"游动物园""田园劳作"为情景贯穿，让生活体验浸入课堂。

3. 在学习空间中搭建学习支架

为了让不同程度、不同障碍类型的学生都能融入课堂活动中，需要从学生的运动能力基础和学习特点出发，进行差异化教学，即时练习，同步指导反馈。针对不同障碍类型的学生努力创造支持性的教学环境，教学过程中通过视觉刺激（色彩鲜艳的动物标志、地面标示线等）、听觉刺激（口哨）及触觉刺激（摸一摸毛绒小动物、扔一扔苹果沙包等）帮助学生进行多感官感受和维持注意力。例如，根据认知评估，发现本班学生在"能根据指示从2个以上的物体中选择目标物"这一项目的得分都还可以，因而把游戏的目标地点设定为三个，确保游戏难度符合学生的最近发展区，提高学生的练习兴趣。

4. 学习空间应用于集体游戏

依据课标，在进行教学内容设计时，要基于学情，注重激发、培养学生的运动兴趣和参与意识，选择适合学生的训练方式，结合运动能力基础和运动心理进行游戏设计，利用班级授课的集体化优势，进行运动互动和集体游戏，提高学生的内在动机，尽可能地去挖掘运动潜力。集体练习学习空间如"逛动物园""喂食小动物""播种、收获"等，在直线走练习中逐级提示动作要求，减慢学习节奏，鼓励帮扶，将运动技能的学习着眼于学生的生活需求和缺陷补偿，多变的学习空间也能为学生带来新鲜感。

5. 多维度学习活动设计提升学生体能和综合素养

例如，沿着特定路线开展"赶小猪"活动（可以在地上画出路线以做提示）时，除了完成走的练习，同时注重培养学生的视觉追踪能力、手眼协调能力及上臂的灵活性。"收获果蔬"学习活动中，学生先在室内学习空间中练习基础的抓球动作（各种大小球：海绵球、羽毛球、乒乓球、篮球等），体会双手十指分开，利用手指力量抓握球的动作技能，抓球动作是掌握投、滚、拍球的基础，再拓展到果蔬汇里对不同大小的果蔬进行生生合作传递搬运。"搬运蔬果"活动要求学生按线路行走，对不同的果蔬（大白菜、小茄子、辣椒、番茄等）完成搬、运的动作，提高上肢力量，体会劳作的乐趣。在"逛动物园""投喂小动物"等直线走学习活动中，设立三个小动物区域，以独立、生生合作、师生合作等形式完成多个目标地点的直线走。

（三）根据特殊学生障碍及运动技能习得特点，改编传统体育游戏

皮亚杰的认知发展游戏理论提出，儿童的认知发展划分为四个阶段，游戏的发展随着认知的发展呈现出不同的水平。感知运动阶段的儿童应该以练习性游戏为主，这种游戏大都体现在个体为了获得快乐体验而单纯重复某种动作，这是个体游戏发展的最初形式；前运算阶段的个体要将符号物和被符号物所表示的事物联系在一起，要用象征性游戏成为此阶段儿童的主要游戏；具体运算阶段的儿童逻辑运算能力得到发展，此阶段儿童应以规则性游戏为主。结合特殊学生水平一的障碍情况、认知能力，教师须创设与学生运动经验相关的有趣味性的教学情景、注重多领域结合的课程内容、支持实践与整合的资源环境。丰富及有层次的学习空间创设能激发障碍儿童的学习热情，构建训练的情境和心情。学习空间对后续课堂的教学具设计有启迪作用。要根据现有的训练资源和学情搭建学习支架，开展合理的训练内容。针对教学目标的不同进行不同内容和层次的动作技能训练，分为动作技能的学习、模仿、熟练和完善阶段。例如，在"播种，收获"这个体育游戏中，通过"播种"让学生在练习直线走过程中放下一个又一个沙包，然后通过"收获"在路上捡起几个小球进行游戏。提前让孩子感知"播种，收获"这一劳作过程。由于学生对农作物的播种采收动作没有具体的概念，教师不仅要调取相关的教学视频来让学生进行初步感知，同时也要在进行室内体育游戏之前，让学生亲自到果蔬汇实地参观阿姨在秋季是如何播种和收获萝卜的。再如，在进行"对着前方目标直线走"实践练习时，把实践场景放在果蔬汇的果园区，学习识别简单易记忆的3个区域后，让学生用直线走的方式依次去3个目标点进行浇水作业。

在"喂食小动物"这一体育游戏中，让学生识别不同的蔬果和菜叶，如萝卜、苹果、毛豆叶、萝卜叶等，通过投掷这些农作物的不同部位（果实、叶）让学生感知模拟场景，激发学习兴趣。

1. 设计分层学习任务，满足不同学生身体姿态的发展需要

教师通过示范讲解直线走的基本动作要求，让学生模仿进行集体学练，发现问题，讨论纠错。根据学生能力进行分组，三个层次的学生有不同的练习要求：A层学生无辅助地进行长距离的直线走；B层学生有视觉辅助，地面有引导线，提示其走成直线；C层学生通过在两条高于地面的辅助引导中行走来完成直线走的学习目标，教师通过语言提示进行及时指导帮学。每次练习中强调直线走的技能要点：自然协调地走；眼看前方目标，集中注意力，走成直线；体会自然迈步动作和上身的正直，身体不摇晃。根据学生对动作技能的掌握程度适时地搭建和撤除学习支架，调节训练内容。课堂活动中的辅具应用增加了趣味性，调整了难度要求，帮助学生在直线走中建立正确的身体姿态。在不同形式的练习中，提示学生带着问题去体会动作。分组学练环节中引出情境，帮助学生进行知识的迁移和动作技能的巩固。在单人完成直线走多个目标点练习时，指导学生在"纵横交错"的情景下该如何安全地行走，提示注意观察来往同学，注意礼让，以此来增强学生文明行走和安全意识。

2. 结合学生接受度，调节体育游戏的具体实施细节

根据运动保健课国家课标，水平一的教学，要注重激发、培养学生的运动兴趣和参与意识，充分考虑学生的生活需求。选择适合孩子的训练内容，结合孩子的运动能力基础和运动心理进行游戏设计，实现班级授课的集体化，提高学生的内在动机，通过运动互动和集体游戏，尽可能地去挖掘学生的潜力。

四、实践成效与反思

（一）课堂改变

通过《走与游戏》学习空间的创设，让学生为了体验有趣的游戏过程自觉自愿参加游戏活动，发挥了他们最大的能动性，同时增加了学生的生活认知，与自然环境相融合，有效提高了学生的学习积极性和兴趣；安静、宽敞的场地，为特殊学生提供了充足的活动空间，保证了训练的安全性和舒适性。

（二）经验收获

在改编体育游戏时，需要了解学生的个别化需求，挖掘学生的兴趣、需要、爱好和动机。同时，在教学中应该兼顾运动技能的习得和社会规则意识的建立，特殊学生安全意识差，在集体授课模式下，教师需要坚持不懈地开发学生的运动兴趣，并借助创设的学习空间的环境资源，拓展学生的能力。

（三）应用设想

在创设实践学习空间的过程中，教师需要熟悉各年龄段的教学内容，思考怎样整合才能更好地为本学科服务，例如，结合田间劳作，将不同季节不同农作物的生长收获过程融入体育游戏的运动练习。在活动开展中，学生需要亲自尝试才能发现并解决问题。教师也可以设计亲子作业单，结合本土特色，利用乡村田园、公园、动物园等场景，让家长帮助学生将习得的运动技能在生活中进行应用，帮助学生在生活中注意良好身体姿态、文明行走意识的修正。

参考文献：

[1] 陈菲菲.体感游戏促进幼儿感知运动能力发展研究［D］.长沙：湖南师范大学，2019.

创设主题式运动空间，
提升学生学练主动性

——以培智学校低学段运动与保健为例

姚 方

摘要：主题式运动空间下的运动与保健课是一种创新的教学尝试。创设主题式运动空间，既符合低阶段特殊学生的认知水平和兴趣爱好，也有效结合了学生需要掌握的低阶段运动技能。以学生的实际情况为基础，我们将"农场"作为主题，并将农场元素与运动课程进行有机地融合。通过情境化教学方式的运用，以及信息技术手段的辅助，我们设计出科学合理的运动教学内容。这些内容能有效地吸引学生的学习兴趣，激发他们的学习动机，从而显著提升学生在运动与保健课程中的学习主动性和参与度。

关键词：主题式运动空间 运动与保健 学练主动性

一、案例背景

在宽敞的体育场馆内，各类体育器材整齐有序地摆放在各个层架上，包括滑板、小马、沙包、软式排球、弹力小球、大龙球及羊角球等。这些器材色彩鲜明，造型可爱，引人注目，让人忍不住想要一试。然而，当低学段的特殊学生进入体育场馆后，他们尚未听从教师的指导便开始活跃起来。学生四处奔跑，争相玩耍，甚至开始争夺器材。特别是面对一年级新生和转学生时，这种情况的持续时间更长。在培智学校低学段运动与保健课中，这种情况尤为常见，处理起来颇为棘手。运动与保健课很多时候需要在体育场馆内进行。然而，由于没有固定的桌椅和相对较小的教室空间，且低学段的学生年纪较小，认知水平较低，注意力容易分散，因此，当他们来到体育馆后，失去了物理条件的约束，容易失控并不服从指令。这就导致学生注意力分散，学习主动性和练习效果难以提高，教师的课堂教学效果自然大打折扣。

当笔者对低年级运动与保健课的教学感到困惑时，曾来到我校的"果蔬汇"基地散心，偶然间看到学生在那里上课。尽管教学环境同样宽敞，但是学生却有序地浇水、择菜、拔草等，这给笔者带来了启发。在"果蔬汇"里有清晰的区域划分，如青菜地、白菜地、橘树地等，学生在不同的区域菜地里，会根据教师的明确指令和要求，进行相关的学习和体验。这形成了一个以"果蔬汇"为主题的田园生活教学环境，学生在该主题式教学场景中，注意力更为集中，对于教学内容也更感兴趣。

在体育馆上课期间，我们是否可以尝试创设一个主题式的运动空间呢？基于对培智学校低学段学生学情的深入分析，结合国家课标的课程指导，运动与保健教研组经过研讨后决定，将体育馆的一部分区域规划为"农场"主题式运动空间，并根据学生所须掌握的运动技能来划分区域空间。通过以运动活动为载体、创设主题式运动空间为手段，我们旨在探索新的教学形式，吸引学生的学习兴趣，激发学生的学习动机，从而有效提升学生在运动与保健课程中的学练主动性。

二、案例描述

（一）从学生实际出发，规划"农场"主题运动空间

低学段的特殊学生由于运动能力弱、个体差异大、认知能力较低、规则意识薄弱等特点，在常规的体育课堂中经常会出现四处奔跑、抢夺运动器材等行为。为了解决这些问题，运动与保健组经过深入研讨后，决定对体育馆授课模式进行创新，选取部分空间来创设一个以"农场"为主题的新型运动空间。这个农场主题运动空间主要基于低学段学生的兴趣和认知能力，以农场为主题，通过模拟各种农场活动，融入运动技能练习，让学生在愉悦的氛围中提高运动能力和规则意识。

在农场主题运动空间里，我们主要设置了三大区域：水果区、蔬菜区和动物区。水果区里设置了苹果树、橘子树、葡萄树、西瓜田、草莓田等体验区，通过模拟采摘水果的方式，让学生能够融入运动技能练习，如走、跑、

跳、爬、投等。在动物体验区，我们设置了模仿各种小动物的爬行方式，如小狗爬、大熊爬和鳄鱼爬等。这些模仿动物爬行的活动不仅增加了运动趣味性，同时也帮助学生锻炼了身体协调能力和肌肉力量。此外，我们还根据实际情况设置了水域、陆地和桥等活动场所。例如，当学生学习双脚跳时，我们可以将教学场地设置成"池塘"水域，让学生模仿小青蛙跳荷叶。这种身临其境的教学方式大大提高了学生的学习兴趣和参与度。通过这种创新的教学方式，我们能够更好地满足低学段特殊学生的需求，提高他们的运动能力和认知能力。同时，教师也能够更加灵活地指导学生的运动教学活动，提高教学效果。

对低学段的特殊学生而言，"在玩中学习"是一种符合他们年龄和认知特点的主题创设教学方式。以"农场"主题为例，其中涵盖了学生日常生活中熟悉的各种水果、蔬菜、动物及不同场域，如水域、陆地等。将这些元素有机地融入运动课程中，设计科学合理的运动教学内容，能够有效地吸引学生的运动学习兴趣，确保运动课程的顺利进行。

此外，根据低学段特殊学生的课程标准要求，1至3年级或低运动能力段的学生须注重简单的动作与体育游戏学习，发展基本的运动技能，并须在体育运动中培养保持稳定情绪和遵守规则的意识。因此，设计这样的"农场"主题运动空间教学环境，能为低学段学生创造一个充满童趣的运动教学场所，让他们在玩耍中学会一些运动技能，避免了枯燥乏味的重复练习。这不仅激发了学生的学习动机，还帮助特殊学生培养了社交融合能力，并学会了一些简单的规则意识等。

（二）以情境化教学方式，加持主题空间实践

情境化教学是低学段特殊学生运动与保健课堂中的重要教学方法之一。然而，以往教师为了一节课，需要投入大量的时间和精力去构建一个与课程内容相匹配的情境化教学环境，并在课程结束后立即拆除。这种做法让许多教师觉得这样做非常可惜。现在，通过"农场"主题式运动空间的设置，为教师提供了更多的教学选择，同时也为教师的教学运动场景搭建减轻了不小的压力，从而更有效地提升了教学效果。

例如，在《地滚小皮球3-2》这节运动与保健课中，教学目标是让学生学会地滚小皮球的正确摆臂姿势。教师将教学环境设置在主题空间中的蔬果区

域,那里有预先搭建好的各类蔬菜水果模型。在上课时,教师创设了这样一个情境:在蔬果园地里来了好多"坏坏虫",它们吃光了美味的蔬果,还把园地弄得乱七八糟。不过这些坏坏虫最怕地滚小皮球,因此,学生需要学会地滚小皮球的正确动作才能打败这些坏坏虫。在农场主题运动空间里,这个情境自然地融入了课程中,从而引出了这节课的主题——用地滚小皮球的方式击打坏坏虫。教师只需要提前制作一些"坏坏虫"的模型放置在蔬果园地里。在教学过程中,通过教师的引导,学生可以清晰地看到"坏坏虫"的身影,从而激发了他们的学习热情。在练习摆臂姿势的过程中,学生始终保持注意力集中,努力完成每一环节的练习。在情境游戏环节中,学生充满斗志地来到蔬果园地,学着用地滚小皮球的正确摆臂姿势去打坏坏虫。在这个趣味性十足的游戏中,学生进一步巩固了所学的内容。在整个课程中,学生始终被这个情境和主题空间所吸引,使学习效果得到了有效的提升。

根据国家课程标准,运动与保健课程的教学目标主要是提高学生的运动参与、运动技能、身体健康和心理健康水平。然而,在特殊学校的低学段教学中,传统体育教学方式往往难以激发学生的学练兴趣。由于学生个体差异较大,如,自闭症学生规则意识薄弱、脑瘫学生肌张力偏高或偏低、部分智障学生肢体协调性差等,这给运动与保健教师的集体授课带来了很大的挑战。

为了提高教学的趣味性和游戏性,教师通常会创设情境,搭建合适的场景。然而,每次准备过程较为烦琐。通过创设持久性的"农场"主题式运动空间,教师只须选择合适的区域,再融入相应的教学情境,两者相结合,丰富了教学场景,低学段的学生在这种趣味性更强的情境中,更愿意主动尝试学习相关运动技能。这正是激发学生进行学练的有效途径之一。

(三)用信息技术手段,助推主题式运动教学

在主题式运动教学空间中,通过应用信息技术手段,能够进一步丰富和生动已创建好的教学场景,让学生获得更为深入的教学体验。以《学各种动物爬行》这节课为例,课程目标是让学生模仿小狗爬的动作进行手膝爬的相关练习。为此,教师在苹果树果园区域中提前布置了教学环境,特别在远处的苹果树前铺设了一条高低起伏的小山洞。此外,通过多媒体信息技术,加入了一个重要的卡通人物"小狗宝宝",它活灵活现地出现在了大屏幕上,向学生打招

呼并述说自己遇到的困难。学生看到这个情景后，纷纷表示愿意帮助小狗宝宝克服困难。在教师的引导下，学生通过努力练习各种爬行动作，成功摘到了苹果。最后，小狗宝宝通过媒体动画向学生表示感谢，并邀请他们一起参加生日聚会。整个教学过程紧凑有序，学生在轻松愉快的环境中掌握了相关技能，并增强了团队协作和解决问题的能力。在多媒体卡通人物"小狗宝宝"的求助下，学生纷纷热情相助，他们认真努力地学习新的运动技能——手膝爬，并全部顺利完成了相应的教学目标。

在本次课程中，我们运用多媒体信息技术，制作了动画和音频作为教学辅助工具，为学生营造了一个沉浸式的教学故事背景。其中，可爱的动画形象和活泼的童声音效，均根据学生的实际认知水平和兴趣爱好进行精心设计。通常，传统的体育运动教学方式比较单一，学生在反复练习过程中容易感到枯燥，缺乏主动练习的意愿，导致训练效果不佳。然而，本次课程以主题式运动空间为核心，借助多媒体信息技术的辅助，让学生充分沉浸在情境之中，将教学任务趣味化，有效吸引了学生的注意力。

通过主题式运动空间与多媒体信息技术的结合，我们显著提高了特殊学生参与运动的内在动力，从而自然且有效地达成了本节课的教学目标。这种创新的教学方式不仅有助于提高学生的学习兴趣和积极性，同时也为他们在身体和心理层面上提供了全面的支持。

三、效果与反思

（一）效果

1. 趣味性的教学氛围支持学生的积极体验

在农场主题式运动空间中，我们努力营造一种兼具趣味性和严谨性的教学氛围。这种氛围不仅体现在物理环境的轻松和有趣，也体现在学生心理环境的放松和积极。在这样的环境中，学生能够主动参与各类体育教学，不仅在运动技能方面得到充分发展，身心也得到了健康的发展。在主题式运动空间教学实践过程中，我们将体育运动教学目标与教学环境、情境及游戏等元素有机地结合在一起，为低学段的特殊学生营造出一个充满吸引力的教学氛围。这种氛围能够有效地调动学生的学练积极性，从而促进教学活动的顺利进行。

2. 丰富的主题活动促进学生的社交互动

在常规的运动与保健课程中，低学段特殊学生往往表现出规则意识薄弱、互动交往能力欠缺的问题。然而，我校通过因地制宜地创设"农场"主题式运动空间，为课堂教学的开展提供了显著的帮助。除了提升学生的运动技能外，该主题空间有效促进了特殊学生的社交互动。在这个有趣且清晰的主题空间中，通过教师循序渐进的引导与辅助，不同类型的特殊学生逐渐养成了遵守规则和相互合作的意识。这不仅对学生的运动技能学习起到了相辅相成的作用，还使学生全身心地投入课堂，自然习得各类技能。

（二）反思

1. 应权衡好趣味性与教育性的平衡点

在主题式运动空间的教学实践中，我们强调情境教学和游戏教学等富有趣味性的教学方法。然而，教师在实施教学目标和教学内容的过程中，必须审慎选择相应的情境和游戏内容，以免学生在教学过程中仅仅关注趣味性游戏本身，而忽视了如何突破教学重难点的关键问题。为了把握好趣味性与教育性之间的平衡，教师应确保主题式运动空间在运动与保健课的教学中更具实践价值。

2. 应做好后续的调整和改进

在多次的"农场"主题式运动空间下的课堂教学实践中，我们不断摸索并总结出更多的教学经验，更准确地掌握了特殊学生的实际需求。基于这样的实践经验，我们对主题空间内的区域规划做出了更合理的改进。例如，考虑到脑瘫类学生肢体不利的情况，我们在主题空间内增加了扶手等协助走路的器具；针对自闭症学生规则意识差的问题，我们增加了更多的视觉提示图标等。为了确保特殊学生在教学过程中实现有效的学练成果，主题式运动空间的使用需要经过不断的实践与探索。

参考文献：

[1] 走进特教编委会.培智学校义务教育课程标准[M].北京：北京日报出版社，2018：135-136.

虚拟实践学习空间，
促进培智学生心理课程的有效学习

宋克霞

摘要：培智学生心理课程在线学习遇到诸多问题，如，学生情感支架应用、学生互动学习方式和过程性学习评价受限。因此，笔者尝试通过创设虚拟实践学习空间，即创设多元"学情分析"空间、创设自主"学习内容"空间、创设智能"巩固练习"空间、创设生活"知识应用"空间、创设持续"心理支持"空间，激发学生的学习兴趣，丰富学习内容，创新学习方式，以提高培智学生心理课堂的学习效率。

关键词：学习空间 培智学生 心理课程 有效学习

新冠肺炎疫情封控期间，学生被迫居家学习，心理健康教育课程不得不进行在线学习，学生需要在心理课堂中用心地聆听，师生需要深入的沟通与交流，以及教师需要通过辨析学生的应答情况和情绪或者肢体反应，了解学生的情绪感受和心理认知，从而及时调整沟通的问题或沟通的方式，但是这些在线上学习中较难实现，因此，心理网课对培智学生来说具有较大的挑战。

一、培智心理课居家在线教学遇到的问题

（一）学生情感支架应用受限

教育学中有"学习支架"这一概念，即以维果斯基的"最近发展区"理论为基础，开展"支架式"教学，在学生现有的知识基础上，通过"搭建脚手架"，使学生掌握、建构、内化那些处于"最近发展区"里的新知识，能够提高课堂学习的效率。同理，在心理课堂上，心理教师常需要为学生搭建"情感支架"，即通过教师的"语言激励""眼神鼓励""动作勉励"或者"同

伴效应激发"，使学生有勇气面对自己内心真实的感受，能够把自己的想法与课堂活动融合起来，通过教师引导学生进行深刻反思，找出心理困惑的根本原因，运用心理疏导策略，让心理问题自愈。而在线学习时，"情感支架"策略较难实施，教师的语言、神态或者肢体动作在网络课堂上缺少了"真情"，缺乏"针对性"，给学生的感觉是"老师是在给大家讲课"，而不是"关注到自己"。

（二）课堂学习互动方式受限

心理辅导的方式主要有团体辅导和个别化辅导，而团体辅导时常用到心理游戏、心理剧等情境化教学策略，教师为学生创设生活化的"问题情境"，学生"身临其境"就会"真情流露"，即在活动中，呈现学生的心理问题，探索治愈心理问题的方式。在线学习由于师生互动的方式受到限制，多数教师会选择语言沟通或者学生独立参与的在线游戏等，因此，"教师的引领"和"同伴的启发"作用得不到发挥。"老师看不见""老师听不到"这种错误心理会滋生，学生应付式学习会比较普遍，学生的主动性学习、探究性学习被遏制。

（三）课堂过程性学习评价受限

教师根据课程内容和培养目标设计课堂评价表，对学生课堂学习情况开展过程性评价，过程性评价很大程度上依赖于教师对学生课堂学习情况的"观察"与"记录"，以及对"课堂教学实录"的分析与评价等。而在线学习时，由于摄像镜头拍摄角度的限制等，教师较难时时关注到每位学生的学习状态，难以及时把握学生课堂任务的完成情况，仅靠学生的口头表达，不能全面反映学生课堂学习的效果。课堂评价不能有效开展，教师对这节课的教学反思就会不精确，因此，教学改进就更难有效落实了。

二、培智心理课虚拟实践学习空间的创设

（一）创设多元"学情分析"空间

教师课前对学生学习情况的精准分析，是课堂教学有效开展的基础，常规心理课学情分析，主要依据教师课堂或课间观察、课前调研等，而在线教学不

利于教师进行课堂或者课间观察，因此，需要创新课前调研形式，以充分获取学生的心理发展信息，比较成功的经验有以下五点：

1. 学生"应答区"——学生发展"问卷"

教师根据《培智学校义务教育运动与保健课程标准（2016年版）》和"日常教学观察"确定该班级学生心理健康教育的培养目标，参照《初中生心理健康自助手册》选择课程内容，并以此作为问卷内容设计的基础，参照"特殊儿童发展评估系列工具"编制学生发展情况课前调查问卷，根据每节课学习的主题设计相应的问卷题目，题目包括"封闭式问题"和"开放式问题"，结合培智学生的学习认知特点，学生问卷部分以"封闭式问题"为主，家长问卷部分以"开放式问题"为主，通过家长的开放式描述，便于获得更多学生的信息。例如，在为学习"亲亲一家人"这一主题开展调研时，学生问卷中包括"你最喜欢的家人是谁？"，那么，在家长问卷中对应设置"×××为什么最喜欢×××？"这一问题，请家长对学生的答案进行简要解释。学生问卷和家长问卷以"问卷星"的形式发放，学生和家长通过微信完成，教师也比较容易收集问卷数据。学生和家长课前问卷调研具有便捷、高效（包含的信息量大）等优势，因此，也是在线"学情分析"可采用的有效策略之一。

2. 学生"记录区"——生活事件"实录"

教师课前调研的数据并不能完全满足精准学情分析的需要，因为在学生或者家长回答问题时存在一定的主观性，甚至有些问题会刻意隐瞒，所以，这就需要找到一个规避这一问题的方法，以弥补课前调研中的"问题数据"，使学情分析更真实有效。因此，在上课前一周，可以请家长利用亲子活动时间，带领孩子到特定场景中，拍摄一些生活片段，以私信的形式发给教师（即发在"记录区"）。这一步的重点是：为了让家长能拍摄有效的生活视频片段，教师需要根据备课内容，撰写拍摄提纲。例如，在为学习"亲亲一家人"这一主题而进行学情分析时，教师撰写的拍摄提纲要点是：视频一，×××（长辈）饭后收拾碗筷，没有邀请×××（学生）一起做；视频二，×××（长辈）饭后收拾碗筷，邀请×××（学生）一起做。教师通过分析这两段视频可以推断学生与长辈的相处方式，发现长辈在教育孩子方面、孩子在家庭事务参与方面等存在的问题，为拟定有效的课堂干预策略提供依据。

3. 学生"风采区"——"我导我演"情景剧

教师在开展课前学情分析时，还要考虑学生参与的兴趣与主动性，如果只是简单地问答，获取的信息会缺少学生的"真情流露"，这样的学情分析更适合把握学生的知识基础，与心理课的学情分析并不完全契合。例如，基于这样的考虑，笔者尝试使用"我导我演"情景剧的形式，课前以PPT的形式发送给学生，PPT中包含一个"生活情境"，在为学习"亲亲一家人"这一主题而进行学情分析时，PPT中呈现：一位长辈很疲惫，请学生利用旁边的素材，贴出"自己遇到这种情境时会怎么做？"学生根据自己的思考完成贴图，并把截图粘贴在学生"风采区"。在这个环节，学生思考的过程是一个心理重构的过程，对学生的心理成长有一定的帮助。

4. 家长"智慧区"——课堂学习"金点子"

家长通过自己完成或者协助孩子完成课前调研问卷，对将要学习的课程有一定的了解，同时，他们也会反思自己的孩子在这方面的发展情况，如，"孩子的优势是什么？""孩子哪些方面需要提高？""孩子喜欢的教学辅具是什么？""孩子讨厌的学习方式是什么样的？"等，家长对这些问题有清晰的认识，而这些正是教师想要了解的。因此，教师可以此为契机，向家长征询意见，例如，通过在家长"智慧区"发布"这节课你有哪些好的建议？"之类的讨论主题，调动家长的积极性，家长间的智慧碰撞会让教师产生不少有创意的、比较实用的教育策略，教师以此为启发，进行改进，并用于课堂教学。这样的学情分析具有更大的价值。

5. 学生"任务区"——家庭辅助"小贴士"

教师通过前面这些学生学情资料的收集，对班级每位学生的发展情况会有准确的把握，根据学生的发展水平进行分层设计，但是，即便是同一层次学生个体间的差异也比较大，这是培智学生中比较常见的现象，因此，进行适当的课前辅导，缩短同一层次学生个体间的差异是很有必要的。例如，笔者通过家庭辅助"小贴士"的方式解决这一问题，在学生"任务区"，为某位学生家长准备了一张家庭辅助"小贴士"，在学习"亲亲一家人"这一主题前，×××（学生名字）的家庭辅助"小贴士"是：请家长主动向×××（学生名字）说"我爱你！""谢谢你的帮助！"，因为该名学生不太懂得"感恩家人"。通过这样的课前辅导，让学生提前感受课程学习的关联性内容，为新课的学习打基础。

（二）创设自主"学习内容"空间

心理课是对心理知识的理解、记忆和应用，使学生学会学习和生活，正确认识自我，提高自主自助和自我教育能力，增强调控情绪、承受挫折、适应环境的能力，培养学生健全的人格和良好的个性心理品质；对有心理困扰或心理问题的学生，进行科学有效的心理辅导，及时给予必要的危机干预，提高其心理健康水平。因此，笔者把在线"学习内容"分为以下几个版块，学生通过"顺序学习""随机学习"或者"循环多次学习"等形式，完成自主学习，达成课程目标。

1."心理知识"诵读区

在这个学习区，教师罗列一些相关的"心理知识"，包括规范学生言行的词句和影响学生意识的名言等。例如，在学习"亲亲一家人"这一主题时，知识点一有：尊重家人、理解家人、帮助家人和陪伴家人等词语或短句；知识点二有："快乐因分享而加倍，悲伤因分担而减半""岁月给母亲忧愁，但未使她的爱减去半分（华兹华斯）""一家人能够相互密切合作，才是世界上唯一的真正幸福（居里夫人）""家庭生活的乐趣是抵抗坏风气的毒害的最好良剂（卢梭）"等名言警句；知识点三有：关于家人相处的童谣、儿歌或者古诗等，如，唐代孟郊的《游子吟》、儿歌《我是家庭小主人》、李霄云和陈翔的歌曲《相亲相爱一家人》等，学生在诵读中感受家人的重要，培养爱家人的意识。

2."心理故事"阅读区

教师根据学习的主题，为学生准备一些绘本故事（文字阅读）和有声故事（视频或者音频），学生可以自主阅读，也可以与爸爸妈妈共读；学生可以读一读每个故事，也可以选择其中一个或者几个故事阅读，阅读前，有故事导读，阅读后，有问题竞答，学生理解故事的寓意，学会做人的道理。例如，在学习"亲亲一家人"这一主题时，提供《口袋里的爸爸妈妈》《不要吃大的》等儿童故事、《孔融让梨》《扇枕温衾》《百里负米》等历史典故，学生通过阅读学习与家人正确相处的方法。

3."生活事件"辩论区

教师在这个学习区为学生呈现一些生活中的"常见事件"，例如，在学习"亲亲一家人"这一主题时，教师以绘本的形式展现这样的故事内容："当爸爸和妈妈闹矛盾时，我想劝解他们，他们说这是大人的事情，不让我管，这时我该怎么办？"和"奶奶总喜欢给我做甜食，妈妈担心对我的牙齿不好，总说不让我吃，可是我又很喜欢吃，这时我该怎么办？"故事情节主要以图片的形式呈现，配有简单的文字介绍，以适合培智学生阅读。阅读后，学生说一说自己会怎么做，同伴之间可以相互辩论。

4."心理成长"记载区

学生在课程学习的过程中，会有不同的心理感受，教师指导学生学习绘制"心理成长历程图"，一个曲折但整体向上的箭头，当学生经历的事件对他有积极的影响时，这个阶段的箭头是竖直向上的，这是学生心理的"正向成长"；当学生经历的事件对他有消极影响时，这个阶段的箭头是平行或者向下的，这是学生心理的"负向成长"，其中，事件内容概要要标注在旁边，对自己产生的影响也要做标注，能力好的学生可以独立绘制，能力差的学生可以请家长协助完成，根据课程学习的进度，不断拓展"心理成长历程图"，通过这一过程，学生可以觉察自己的成长变化，教师可以分析教学的成效。

5."外显行为"互动区

学生通过课程的学习，会有新的想法产生，或者会有意识地改变自己的行为等，因此，教师创设这一区域，让学生把自己的构想图或者自己实际生活中变化的照片等发布在这里，学生之间可以相互学习借鉴，通过学生与教师、学生与学生、学生与家长或者家长与家长之间的互动，固化学生的良好行为。

6."心理困惑"留言区

学生或者家长参与在线学习的过程中，或者新知识在生活中应用的过程中，都可能会遇到一些自己解决不了的问题，这时就需要与教师进行新的沟通，基于此，"心理困惑"留言区就能有效地满足这一需求。学生或者家长可以采用"实名留言"，也可以采用"匿名留言"（仅教师可见），而教师看到留言后，采用适当的方式反馈解决，如语音留言、文字图片指导等。

（三）创设智能"巩固练习"空间

"巩固练习"是培智学生新知识习得的重要环节，培智学生理解、识记新知识困难，需要进行反复、多次练习，因此，"巩固练习"要做到有选择性、有针对性地练习，即确定学生对新知识的掌握情况，侧重于对薄弱知识点的巩固练习。

1. 学生"学习情况诊断区"

教师在这个区域设置一些"知识应答"题或者生活情境分析题，学生可以通过操作鼠标或键盘，完成内容的填写，教师通过学生的练习情况，综合分析学生对新知识的掌握，生成"学生学习情况报告单"，以此作为学生针对性练习的主要参照。

2. 学生"练习活动选择区"

学生根据"学习情况报告单"，进入"练习活动选择区"，该区有"知识记忆练习题"和"知识应用练习题"两大类，每类题型、每个知识点都有多道同质题目组成，学生可以反复练习一个知识点，也可以叠加练习，通过多次巩固练习逐渐改正之前错误的知识架构，形成正确的新知识结构。

3. 学生"练习情况反馈区"

学生的练习情况在电脑后台有记录，教师通过"学生哪部分的学习耗时最长""学生哪类问题的回答更多样化个性化""学生哪部分学习对家长的依赖性更大"等分析学生的学习特点和学习成效，指导学生改进当前的学习。

（四）创设生活"知识应用"空间

培智学校学生的主要培养目标是提高学生的社会适应能力，因此，学生学会把新习得的知识与技能在生活中使用，才真正体现教育的价值。在线学习时，笔者主要通过设置以下三个在线区域活动，让学生尝试使用新知识。

1. "生活事件"挑战区

培智学生对日常的通关游戏很感兴趣，受此启示，笔者把"生活事件"设置成一个个关卡（分步骤任务），按从易到难、从简到繁的顺序，学生可以通过放置图片、语音表述或者文字描绘等形式，把解决生活事件的方法填写在相应的区域内，当学生顺利通关时，会自动弹出"语言赞扬"等积极奖励。以学习"亲亲一家人"这一主题为例，第一关为：请学生在正确的图片（图中小朋友的行为是正确的）下打"√"，即考察学生是否能够看懂图片内容，并做简单的判断；第二关为：请学生把可以说的"话"拖到相应的方块内（图中一名学生在与家人谈话）；第三关为：请学生为故事选择恰当的结尾，即看图续写故事，要对故事情节进行推断。

2."两难问题"选择区

本部分的生活事件包含"两难问题",增加学生选择的难度,促使学生进行综合思考,并最终进行判断取舍,这对学生的能力有了更高的要求,学生做出选择后,可能面临更多的生活问题。例如,在学习"亲亲一家人"这一主题时,笔者在该区域设置这样的问题:"春节收到了很多压岁钱,我特别开心,但是妈妈却说要让我把钱给她保管,我不愿意交给她,但是又不想让妈妈生气,这时我该怎么做?"学生在解答这个"两难问题"时,需要自己和自己辩驳,这有助于学生与家人间高级沟通技能的培养。

3."遗憾经历"重构区

这个区域的学习需要家长协同进行,即家长引导学生回顾自己的生活经历,选择一个自己曾经感觉"遗憾的经历",结合这一生活事件,学生现在重新设想一下,如果类似的事情再发生,自己会怎么做,学生可以口头表述,也可以借助图片或者问题进行重构,教师指导学生家长侧重学生的心理感悟和具体行动计划,真正做到反思问题,纠正行为,以使学生更好地适应社会生活。

(五)创设持续"心理支持"空间

学生的心理辅导不是一蹴而就的,它需要一个持续的跟进过程,学生在某一个时间段心理状态可能是良好的,但是,突发事件能快速扭转学生的心理状态,这就需要教师持续跟进心理健康教育。在线心理课阶段,笔者主要运用以下三个方法:

1."心理成长"图卡区

这个区域的学习方式是:教师每周定时给学生发一些共读的"卡片",如"倾诉一分钟的烦恼,享受一小时的快乐",后台记录学生的阅读情况,通过"积极心理暗示",让学生接受一些正向影响,促使学生心理健康成长。

2."师生交流"直通区

教师通过不定时的"闲聊",即给学生的感觉是无确定主题的沟通,让学生放松警惕,把真实的自己"暴露"在教师面前,教师根据学生的言行或者学生对生活事件的描述等,确定学生是否需要进行持续的心理干预。

3."亲子互动"协作区

教师为家长与学生互动设置一个区域,学生或者家长可以定向发送信息,学生既可以发给自己家长信息，也可以发给其他家长信息，学生之间、家长之间也可以互发私信或者公开信，为学生、家长建立互动网络，他们相互学习，相互激励，共同进步。

三、培智心理课虚拟实践学习空间运行的成效与反思

心理课与其他课程相比更需要学生的用心参与，因此，虚拟实践学习空间既要涵盖心理课程的知识点，也要突出活动多样化；既要为学生创设直观的学习内容，还要兼顾学生的心理感受性，撼动学生心灵的活动才能够起到心理辅导的作用。

（一）培智心理课虚拟实践学习的成效

1. 激发了学习兴趣

多样化的虚拟实践学习空间，激发了学生和家长参与在线心理课程的学习兴趣，家长愿意主动帮助孩子完成各任务的学习。

2. 提供了巩固练习的机会

虚拟实践学习空间为学生提供了大量的巩固练习机会，学生在反复练习中正确掌握了新知识。

3. 自主控制学习要素

虚拟实践学习空间具有完善的功能，学生可以自主控制学习的进度、调节学习的内容等，便于开展分层教学和个别化辅导等差异化教学。

4. 有效及时监控学习状态

虚拟实践学习空间有助于教师或者学生家长及时监控学生的学习进度，即时进行多方沟通，快速拟定调整后的学习内容，多途径督促学生进行"补救性学习"。

（二）培智心理课虚拟实践学习的反思

虚拟实践学习空间是一个服务于课堂教学的综合性、工具性载体，每一个区域功能的完善、各区域之间的协同等，都需要教师不断创新挖掘，同时，不同的学习主题之间的切换等课题将成为后续研究的方向。

参考文献：

［1］云晶晶.体验式教学模式下培养积极心理品质课程的探索［J］.中小学心理健康教育，2023（7）：23-25.

［2］雷蓓蕾.初中趣味心理课的初步实践［J］.中小学心理健康教育，2019（19）：29-30.

［3］林贝，黄喜珊.预设性资源和生成性资源的关系处理——以小学心理课为例［J］.中小学心理健康教育，2019（12）：24-28.

智障学生韵律操教学中情境空间的创设与运用

仇伟伟

摘要：本文旨在探讨智障学生韵律操教学中情境空间的创设与运用。通过对相关理论和研究的综述，分析了情境空间创设在韵律操教学中的重要性，并提出了有效的创设和运用方法。在教学实践中，情境空间的创设能够帮助培智学生更好地理解、掌握韵律操的技巧，提高学习效果。本文结合实例，探讨了多种情境空间的创设，包括语言情境、表演情境、游戏情境、问题情境、多媒体情境和舞台情境，并提出了一些实施策略。

关键词：智障学生　情境教学　韵律操

智障学生通常表现为学习上持续性较短、记忆力较差、学习动机不足、缺乏学习转移能力，不能将所学知识和技能及时反馈输出于应用。他们的短板尤其表现在抽象思维方面，且悟性弱于普通孩子。他们的优点是思想纯真，性格率直。

情境教学是一种源远流长且蓬勃发展的教学模式。在教学过程中创设情境空间，能给学生创造良好的学习氛围来汲取教师所教的知识，使学生把学习的陌生感和日常生活的熟悉感进行融会贯通，从而获得更好的教学效果。本文立足于从创设情境的视角切入，对培智学生韵律操教学情境空间的创设模式下的创新教学方法和原理进行深入探讨，从实践教学的视角切入，总结情境创设应用于培智学生韵律操教学的实现途径。

韵律操是改善学生体质、提高学生体育素养的一个重要运动项目，对培智学生而言也不例外。该项目是将体育和美育进行结合，让学生能够在一定时间内，由低运动负荷至中运动负荷持续进行全身运动，有效锻炼学生的心肺功能。想要促使智力障碍的学生更加积极地投入韵律操这项运动，必须激发他们在学习上的主观能动性。所有知识都是由人体感官开始的，当学习者进入一定情境空间下，他们的感官就会受到刺激，因此，创设良好的情境空间能对智障学生起到刺激作用，可以激发他们的情感。在韵律操教学中，创设情境空间具有一定的可行性，情境教学改变了传统教学封闭式和单一化的教学模式。在声像和特定布置的环境中，学生的情感能得到充分激发，更加能感受到韵律操之美，提高感知美、认识美的能力。因此，为了促使学生提高对韵律操的兴趣，教师可以在进行韵律操教学时运用情境教学法，使得教学内容、参与角色和活动场景高度契合，引导学生顺利进入情境，提高锻炼的积极性。

一、情境空间在韵律操教学中的重要性

（一）提高学习兴趣和积极性

通过创设情境空间，将韵律操与具体的场景相结合，可以增加学生的参与度和兴趣。例如，在教授某种动作技巧时，可以模拟实际运动场景，让学生身临其境地感受到运动的快乐和挑战。如此一来，学生便会更加主动地参与到教学活动中，以此提高他们对韵律操这个项目的积极性。

（二）促进综合能力的培养

在韵律操教学中，情境空间的创设，不仅要关注学生的技能习得性，还要侧重培养这群特殊孩子的思维能力、表达能力和协作意识。例如，在设计舞蹈节目时，可以让学生分组合作完成各自角色和动作的设计，并进行排练和表演。从而，在促进学生身体素质锻炼的同时，还能有效培养他们在团队合作中的协调能力和沟通表达能力。

二、韵律操教学中创设情境的注意事项

（一）情境创设和教学内容相结合

将情境教学法引入韵律操时，首先，要注意情境的创设必须和教学内容相结合，切勿纯粹为创设情境而为之，会降低教学效果。例如，在为教授风格酷飒的街舞类韵律操创设情境时，必须选择与之风格相符的音乐、视频，如果伴

奏音乐过于舒缓，节奏不明显，就无法让学生感觉到自己的身体充满力量。其次，教师还要注意学生的年龄，在创设情境时，要选择符合学生身心特点的形式，例如，在表演式情境中，扮演森林中可爱的小动物适用于培智低、中年级的学生，但对于高年级学生而言，会让他们感到特别幼稚，导致不愿意配合教学，出现低情绪状态。最后，在情境空间创设时，教师要注意将学习内容和学习者的日常生活相联系，给学生以亲切感，更容易使他们进入学习状态。

（二）情境创设融入整个教学环节

在韵律操教学中进行情境创设时，还要注意将情境融入整个教学环节中，让情境拥有完整性。有的教师在课堂中，只在导入部分加入情境作为引子，用只言片语激发学生兴趣之后就忽略了情境的延续，等到课堂临近结束时，情境的设置效果荡然无存。教师在教学中，既然采用了情境创设，就要尽量将此情境贯穿于全部的教学环节，如果条件允许，还可以延伸到学生的课余时间。比如，指导学生排练自编操《Panda》时，可以采用表演情境创设，包含角色扮演、道具加持及环境布置。为了让学生在下一课时继续保持身临其境之感，教师在课堂教学结束后，可以向学生布置相应的作业，让学生尝试根据课堂上所扮演的角色，想一想、找一找该角色常常出现的动作，自由模仿，下节课进行展示。这种创设模式可以让学生将学习情绪从课中延伸到课外，有效激发他们对学习内容的探索兴趣。

三、情境创设在韵律操教学中的具体形式及运用

（一）创设语言情境，加深理解

语言情境的创设是情境空间创设形式中最为简单的一种，教师通过用语言描述情境来创设学习空间，对没有条件使用多媒体情境的教学环境来说，这不失为一种适宜的教学方法。由于培智学校高年级学生已在多年的教学与培养下，形成了相对较完善的逻辑思维能力和理解能力，能将听觉感知转化为视觉和其他感官的感知，所以，采用语言情境的创设可以达到一定的教学成效。在智障学生低、中年龄段的韵律操教学中，多以儿化式语言情境创设为主。如自编操《青春修炼手册》的教学，动作的编排虽然是与歌词相称的，但对智障学

生而言，长长的歌词根本来不及理解，又如何让他们体会动作所需要表达的感觉呢？为解决这一问题，教师可以将长句改成儿化式短句，例如，歌词中有一句"青春有太多未知的猜测"，编排的动作是双手握拳，伸出食指于两边耳侧交替绕圈，授课教师创设的语言情境为"想一想、猜一猜成长路上有什么？"。简洁易懂的儿化语让学生不由自主地切换到符合动作的表情，以达到动作所需要呈现的效果。

（二）创设表演情境，激发兴趣

在培智学校韵律操教学中，教师还可以创设一定的故事情节，让学生扮演其中的角色，这种方式使学生顺理成章地成为韵律操活动的主体，让他们在主动参与的过程中，提高韵律操教学的灵活性。对于有智力缺陷的学生来说，单一重复的动作更容易让他们失去兴趣，而表演情境空间的创设能起到激发他们学习兴趣的作用。例如，在进行学校自编操《小跳蛙》教学时，教师可以先简单介绍一下头颈、手指关节、腰胯连接部位、膝关节的动作要领，教学生一些基本动作。再创设表演情境，让学生将自己想象成一只活泼可爱的小青蛙，开心地在一片片荷叶上跳跃，整个身体是轻盈的、利落的。继而引发学生思考，如何才能让自己做到轻盈利落呢？以此为情境，反复练习动作至正确，就不会让学生觉得无趣，因为学生的注意力集中在了思考与进步的喜悦中。

（三）创设游戏情境，展开竞争

游戏情境的创设能提高韵律操运动的竞争性，鼓励更多的学生积极参与其中。在游戏情境中，大部分学生都会聚精会神，提高兴奋感，提升参与度，教师可以组织学生进行适合他们年龄段的游戏，促使学生更积极地投入活动中。例如，在学习了传统的有氧健身操之后，教师让学生进行竞争游戏，将学生分成若干小组，分别进行单人、双人、三人、集体等项目的比赛。教师为动作不同的难易程度设定2～3个规定动作及自选动作，每组学生根据自己的能力从中进行选择，把自己挑的自选动作加入韵律操。然后，教师根据每组学生对韵律操编创的完整性和指定动作的完成度来给予评分，如果无法完成所选动作就扣分，最终看哪组的分数最高。教师还可以给游戏设定竞赛主题，如"阳光少年""活力校园"等，以提高学生的积极性。

（四）创设问题情境，引发思索

培智学校的学生在思维能力上虽然存在短板，但他们也会像正常孩子一样对未知事物充满探究的兴趣，教师可在韵律操教学中，通过设置慢节奏的问题情境引发他们的思考，让学生在特定情境中学习新知识，以小步子递进的模式掌握韵律操。例如，在韵律操中常常会做波浪运动，包括手臂波浪、身体前波浪、集体波浪等，部分患有唐氏综合征的学生，天生拥有较好的身体柔韧性，能很好地完成波浪动作，但有的学生却不能完成。教师可以及时抓住这个学习难点，创设问题情境空间，组织学生进行讨论："怎样才能完成身体的前后波浪运动？有同学将这个动作完成得非常漂亮，请这位同学用自己的方式把学习过程分享给大家。"或者提出扩展性问题："如果将绳子和身体贴合，当身体在做波浪运动时，你身上的绳子是不是跟你的身体曲线一样呢？看看谁的绳子曲线最有弧度！"引导学生进入更深层的思考。

（五）创设多媒体情境，形象展示

多媒体情境空间创设是一种直观形象的情境创设法，其特色在于可以将声音、画面等元素用多媒体设备结合起来，更清晰地将韵律操的动作呈现给学生。例如，在进行手持器械类的韵律操教学中，既要完成身体协调运动的动作，又要控制手中的器械，于培智学生而言，其难度很大。教师在教授这类韵律操的时候，可以利用多媒体设备，通过播放视频展示慢动作，让学生清晰地观察每个动作的衔接过程，有些复杂的动作，可以通过截屏变成静态的分解动作图呈现给学生看。这样能让学生从正面、侧面、背面多角度、全面地、仔细地观察到这些动作。分屏显示视频还能有效助力分层教学，让能力偏弱的孩子可以跟着更慢速播放的视频模仿动作，能力较好的学生跟着正常速度的视频进行反复练习，从而助力学生更好地掌握动作要领。此外，还可以使用多媒体设备播放一些精彩的操化片段，让学生欣赏别人的操化动作，并鼓励学生自己模仿学习这些动作。多媒体情境的创设具备声画并茂的特点，能形象化地展现各种动作，有效补偿教师讲解的不足，增强学生对动作的感知和理解。

（六）创设舞台情境，培养默契

韵律操是由8人以上合作完成的团体运动项目，时而跟着音乐节奏整齐划一地完成动作、时而相互走位迅速变化队形、时而在一个乐句里按队形顺序轮流做相同的动作。这些都要靠团队里同伴间的默契配合才能做到。为了培养学生相互间的默契感，可以开展舞台式教学——小组比赛教学法，为学生搭建竞技舞台。执教教师可根据班级人数及各层次学生的占比进行分组，每组有一个能力强的学生作为团队小组长，教师需要给学生充足的时间进行小组练习，在练习过程中，鼓励小组长在队形上尝试设计，成员间在教师给出的要求基础上进行再讨论再交流。然后，每个团队在自己精心设计的队形中进一步练习巩固动作的熟练度。这样一来，营造了积极向上的学习氛围，提高了学生学习的主动性，还增进了同伴间的友谊，培养了学生之间相互尊重、团结协作的精神，增强了团队的凝聚力。

四、结论

韵律操教学中情境空间的创设与运用，对提高学习效果具有重要意义。通过合理地设计情境空间，可以增加学生对韵律操教学的兴趣和参与度，促进他们综合能力的培养。因此，在实际教学中，教师应该注重情境空间的创设和运用方法的探索和实践，为学生提供更丰富多样的韵律操教育体验。

参考文献：

[1] 郭洁.对普通高校健美操选修课情境教学模式的研究［J］.甘肃高师学报，2007（5）.

[2] 何丽琼.高职健美操课堂情境教学模式的研究［J］.湖北成人教育学院学报，2012（3）.

[3] 罗昊.情境教学法在健美操教学中的运用［J］.湖北体育科技，2011（3）.

[4] 李晓雯.音乐舞蹈课堂中情境空间设计［J］.课程教育研究，2017（02）：70-71.

[5] 张雅楠.韵律操教学中情境空间创设的研究与实践［J］.课程教育研究，2018（09）：128-129.

艺术课程

艺术课程是培智学校义务教育阶段的一门一般性课程，也是开展素质教育、实施美育的重要课程。艺术课程对于开发智障学生的潜能、促进他们身心的和谐发展、改善他们的生活品质都具有十分重要的意义。国家课程标准中也提到，教师应创设适宜的条件，运用灵活多样的教学方法和趣味化的教学手段，激发学生的学习兴趣，引导学生参与活动，在体验、操作、欣赏的过程中获得直接经验，感受学习的愉悦与满足。

由于智障儿童个性差异大，尤其表现在感统认知等方面，且存在许多缺陷，他们不能像普通学生那样自由、独立地去学习、去思考、去表现，而需要用特别的辅助方法给予引导和帮助，以满足不同的学习需求。创设学习空间能够为他们的个性发展提供有效的帮助和支持，课堂教学和学习活动也会因此而丰富多彩并充满活力。比如，在实际教学过程中，教师要不断地变换拓展工具素材以激发学生的学习兴趣。生活中还有许多可利用的材料，我们应该引导孩子多角度地去联想和制作，逐步培养用多种思路创作作品的良好习惯。每一个学生对同一件事物的理解是不同的，他们可以从不同的视角进行艺术创作，画出来的每一幅作品也是与众不同的。所以，要多鼓励、多引导，让学生遵循自己内心的声音，选择自己喜欢的东西来绘画，根据自己的理解来创作。教师要努力创设更多学生主动学习的空间，这样才能更加有效地培养和提升学生的实践能力。

本章节主要讲述学习空间在艺术课程中的应用与实践，对各空间的设计原则、创设过程、应用、意义等方面进行了详细介绍，从而使学生能够更易理解课程内容，提高参与的主动性，增强课堂趣味性，达成有效学习的目的。

唱游与律动学习空间的创设与运用

祝静雯

摘要： 唱游与律动教学是培智学校义务教育阶段的一般性课程。对培智学校的学生来说，创设唱游与律动的学习空间，能够通过其中轻松愉悦的音乐曲调减轻某些负面情绪，进而提高他们的自信心，这对特殊学生的能力发展有着非常重要的影响。对于需要进行特殊教育的学生来说，他们不能像一般的学生那样，自由地去学习、去思考、去表现，而需要通过特教教师来学习知识，培养日常生活能力。采用唱游和律动教学形式，将会对这些学生的恢复和成长产生积极的影响。唱游与律动空间的创设在培智学校教学中发挥着非常重要的作用。

关键词： 培智学校　唱游与律动教学　学习空间

音乐作为一门艺术，既可以用于生活，也可以用于教学，由于其是由独特的音符组成不同的排列，能碰撞出各种风格的曲调，再加上歌词朗朗上口，因此，深受学生的喜爱。音乐可以净化心灵，缓解压力与紧张，对特殊学生来说，可以通过音乐对他们进行康复训练。教师可以用感受欣赏、歌曲演唱、音乐游戏、律动等方式进行情境式教育，帮助学生进入音乐艺术世界，从优秀音乐作品中受到文化的熏陶和美感的滋润，培养乐观的人生态度，形成正确的价值观。

一、唱游与律动教学，在特殊教育学校的作用

国家教育部颁布的《培智学校义务教育唱游与律动课程标准（2016年版）》明确指出："唱游与律动课程是培智学校义务教育阶段的一般性课程。唱游与律动课程调动学生多感官，激发学生的学习兴趣，让学生获得基本的音乐

知识与技能，提高学生动作的灵活性、协调性，集中注意力，培养良好的行为习惯，促进学生身心和谐发展。"在培智教育的课堂中，唱游和律动的应用具有一定的必然性，这是一种能够帮助特殊学生接受教育，持续推动学生接近正常生活的重要方式。通过唱游与律动的学习，特殊学生能够逐步提升自己的听力水平，并与朗朗上口的音乐相结合，从而增强他们的语言表达能力，甚至对歌曲中出现的天空、小鸟、树木、朋友等一系列词语尝试理解。特殊学生由于智力发育迟缓，不能通过正确的方式表达自己的情绪，往往会通过大哭、大笑、吃手、撕咬衣服等怪异的行为来表达自己的不同情绪。利用音乐韵动，可以缓解他们的不安。特殊学生普遍存在一定的不足之处，因此，在培智学校中，利用唱游和律动教学的方式对特殊学生进行康复训练是非常有必要的。

（一）有利于激发学生运动机能，刺激感觉神经

对大多数特殊学生来说，他们的身体与大脑发育存在不同程度的缺陷，有的甚至连走路、摆臂都很难做到。他们的运动机能发育不完善，行动迟缓，在一定环境下不能自理，有的不能走路，有的不能站立，有的不能进行语言表达和肢体比画，总之，有许多种动作技能他们不能掌握。在培智学校的教学过程中，教师可以通过对某些歌曲进行传唱，并不断地进行重复，来激发特殊学生的身体运动机能和语言能力，刺激中枢神经，促进特殊学生的病情得到改善。例如，在培智学校唱游与律动教学课程中，一至三年级的学生可以根据音乐歌曲，初步练习口型和姿势，最后学会唱歌，并逐渐可以有节奏地吟唱简单儿歌。这在一定程度上可以帮助学生开展不同的姿势训练，比如站立、行走、抬脚等，这样可以持续地加强特殊学生对运动方面的认识，并进行锻炼，最后慢慢地让他们的情况变得更好。诵念简单的儿歌，能让特殊学生更好地掌握音乐的律动和节拍，在某种程度上，可以帮助他们在快乐的环境中进行智力的开发与节奏感的提高。

（二）有利于提高特殊学生的语言表达能力

每一位特殊学生表现出的缺陷不尽相同，有的是运动机能有缺陷，有的是肢体不协调，有的则是语言有障碍。很多特殊学校的学生无法将内心的想法完全表达出来，只能一次又一次地重复别人的问题，无法以自己的方式进行传达

和输出。这类学生不仅有语言表达障碍，而且在句式内容理解、书面化口语交际，甚至是正常的语言交流等方面都有问题。如果实行唱游与律动教学，在一定程度上可以帮助学生提高自己的语言表达能力，还可以让学生展开思考。在对句式理解方面，特殊学生可以通过长时间地接受唱游与律动教学，慢慢地提高自己对日常生活中常见句式的理解能力，并可以逐步地进行相应的解答。例如，让他们反复听《洗手歌》，久而久之，他们就会对教师的问题产生思考，如，"你今天洗手了吗？""你什么时候洗手？"等。教师因势利导，刚开始时，他们只能逐字进行回答，但经过长期的训练后，这些学生的语言表达能力得到了提升，可以将自己想要说的话完整地表达出来，有效地促进了能力发展。

（三）有利于提高特殊学生的交往能力

对于需要长期接受康复训练的特殊学生群体来说，通常有一些人不懂得与他人进行交流与沟通，而另一部分人可能会存在一定的心理障碍，如自闭症学生群体。这些学生在日常生活中，可能在别的方面与其他人没有任何区别。但是，一旦涉及人与人之间的交往，这类学生便不能与其他人的目光产生交流和对视，他们存在一种恐惧心理，就像我们现在所说的社交恐惧症一样，在大街上恨不得能够躲到没有人的地方，对人际交往产生敌意。其实，这也是大部分学生成长过程中的缺憾。自闭症是一种神经发展候群疾病，患者是需要进行特殊教育的。唱游和律动教学可以在一定程度上提高歌曲与学生的情感共鸣，可以让学生逐渐从自我封闭中走出来，当他们遇到快乐或者不快乐的事情时，可以学会向别人倾诉，通过持续地播放歌曲，可以让这一类特殊的学生获得安慰，减轻他们对社交的畏惧，慢慢地敞开心扉，让他们释放自己，从而慢慢地变得更好。

（四）有利于改善学生的不良情绪与激进行为

对于特殊学生来说，不管是哪方面有不足，他们在很多时候都不能控制自己的情绪，经常会喜怒无常，有的学生还会出现极端的行为，如对周围的物体进行摔打，有的学生会产生焦虑、害怕、失眠、暴躁等多种情绪，最重要的是这些情绪的出现是学生不能控制的。小学生在生理上的发展较慢，往往会产生一系列的负面情绪，如自卑、缺乏安全感等。虽然特殊学生无法像普通学生那样进行独立的学习,但他们同样渴望得到家长、教师的鼓励和表扬,也希望教师可以看到他们的努力,从而让他们觉得幸福。教师可以选择一些轻快、欢快的歌曲来辅助教育,例如,播放歌曲《两只老虎》,原本吵闹的教室会慢慢安静下来。通过音乐可以让特殊学生更好地控制、调整自己的情绪,更好地抑制自己的冲动,更好地促进他们身心的和谐发展。

二、唱游与律动学习空间创设的具体策略

唱游与律动课主要是通过教育学、心理学、音乐美学把舞台空间、歌唱、游戏、音乐欣赏及律动综合到一起的,让学生在唱唱跳跳的活动中感受音乐的快乐,在快乐融洽的氛围中游戏和学习,使他们的个性更加活泼。

(一)以学生发展为本,优化教学目标

教学目标是指导教师进行知识讲授活动和能力培养活动的基础与方向,也是进行教学方案设计的重要前提。特殊教育学校的音乐教师在进行唱游与律动授课活动前,必须要结合实际情况,制定合理的教学目标,明确每节课的教学目标,然后按照课程目标来设计授课内容和授课活动,以使其真正起到应有的作用,达到预期的教学效果。为此,特殊教育工作者必须遵循"以学生发展为本"的教育理念,以提高课程目标的科学性、合理性和有效性,并根据"三维"的教学要求,设计符合特殊教育的教学目标。

以《我爱我的小动物》课程为例。在设计教学目标之前,笔者先深入了解当前班级学生的具体情况,了解学生存在哪方面的问题,如智力障碍、自闭症等,了解每一位学生的具体表现如何。再根据教学情况设计教学目标,让这些特殊学生能够在聆听的过程中感受到音乐的魅力,同时也能够激发他们主动参与的热情。接着,通过不同的形式来检验学生课堂上的学习效果,如个人演唱。有的学生通过一次次的个人演唱喜欢上了唱歌,愿意在家里给家人唱一唱,特别是一位自闭症孩子,能够将课堂中学过的每一首曲子都在家中给爷爷唱一唱,还有一位学生在家中准备了话筒,穿上了小裙子,唱了起来,这位学生也给了笔者启发。在《我爱我的小动物》这一课中,笔者提前录制了四段音频分别对应四个按钮,将按钮放在舞台的旁边,音频内容分别是:小鸡段完

整歌词伴奏、小鸭段完整歌词伴奏、小鸡段伴奏、小鸭段伴奏,在课堂教学环节中,充分利用舞台空间进行教学活动。学生能在音乐舞台空间中完成轻松快乐的音乐活动。

在此基础上,笔者还在课堂上播放了许多类似于《我爱我的小动物》的音乐,以活跃课堂气氛,调动特殊孩子的积极性,让特殊孩子能听懂不同的音乐,从而提高他们的听力。同时,笔者利用游戏活动、体验活动等形式,对特教学生的肢体灵活性与协调性进行了训练,从而提升了他们的语言表达能力和互动交际能力,并对他们的乐感和律动感进行了强化。在特殊教育的音乐教学中,只要对其进行科学、合理的设计,就可以真正地满足所有特教学生的真实学习需求和康复需要。与此同时,还可以对课程中的重难点知识进行更深一步的定位,对学科综合能力的培养目标进行明确,进而为后续的高效唱游与律动教学方案的设计打下良好的基础。

(二)以活动为载体,丰富教学内容

教师可以将特教学生熟悉的现实生活元素作为教学内容的素材,指导他们运用自己已经有的生活经验或学习经验,对唱游与律动知识展开探索与学习,从而在增强他们认知体验的同时,提升课程学习的质量。生活化的教学内容,可以有效地减少特教学生对知识学习的排斥感,有效地缓解他们的情绪波动。此外,还可以使学生在更加熟悉的认知环境中,提高对音乐的感觉,在参加一项项活生生的学习活动的过程中,体会到音乐带来的快乐,使学生可以长时间地保持愉快的心情。除此之外,教师还可以运用生活化的内容来加强特教学生的亲身体验感,使他们可以发现生活中的韵律美、律动美和艺术美,从而可以有效地深化他们对音乐知识的理解,提高课程学习的效果。

以《小小音乐会》课程为例。笔者在进行教学时,从实际出发,精心设计了教学活动,从而使教学能适应特教学生学习和康复的需要。笔者曾思考该如何唤醒学生的音乐情感和音乐感知,促进他们的课程学习。根据特教学生的成长规律及心理需求,笔者创设了师生互动游戏活动,运用趣味的游戏内容与游戏方式,启发其积极主动地学习音乐,感悟旋律,体验律动之趣,动员他们进行互动交流、合作探知,增强其社交能力。例如,在此次活动中,需要学生认识"沙锤",于是,笔者设置了小小音乐会游戏,让学生加深对沙锤的认识。首先，根据教学目标，制作出符合学情的教案，明确此次教学的目标是通过制作沙锤，锻炼学生的动手操作能力。同时，通过寻找声音，发现生活中的音乐元素，感受生活中的音乐。此外，还需要学生能够跟着音乐尝试跟随生活中的声音，有节奏地敲打，培养学生的节奏感。其次，在对沙锤的相关知识进行普及后，结合课件中准备的简易沙锤制作视频，向学生讲解，并通过视频互动，实时带领学生进行简易沙锤的制作，通过观察学生制作的情况，给出一定的指导。随时关注学生的状态及提出的问题，及时给出反馈，最终帮助学生完成沙锤的制作。接着，在完成沙锤的制作后，让学生感受一下自己制作的沙锤发出的声音是怎样的，对比同学的沙锤有什么不同，让学生在聆听中感受不同沙锤的律动感。最后，进一步拓展，让学生通过寻找家中其他能够发出声音的物件，进一步感受不一样的音乐魅力，并让学生拿着自己找到的乐器，跟随音乐的律动敲打乐器，一起来一场小小的音乐会。在此过程中，邀请家长加入进来，这样可以更好地帮助教师完成整个教学任务。

（三）以多媒体直观形式，激发学生的学习兴趣

要提高唱游和律动的教学效果，就必须在课堂上进行适当的创新。例如，可以利用趣味性的游戏活动来激发特教学生主动学习的兴趣，以此来强化他们之间的互动与交流。与此同时，还可以让他们在器乐伴奏的过程中，对音乐律动、旋律、律动感知进行体验，从而提升他们的身体协调性。通过角色扮演活动，可以提高学生的语言组织和情感表达能力，在轻松的学习氛围中，提高律动感知的效果，从而达到有效的身心康复。音乐艺术充满着很强的想象力，要想提高课程的教学效果，特教教师可以运用这一特征来组织角色扮演的教学活动。引导特教学生结合歌曲内容进行模仿扮演，使其在表演过程中加深对歌词内容的理解，提高肢体表现和情感表达的能力。同时，通过参与配乐表演活动，能提高他们对音乐律动的感知能力，借此改善唱游与律动课程学习的效果。例如，《谁会这样》这一节课需要学生理解动物的动作特点、能流畅地唱出这首歌、能按照自身的领悟利用身体语言来表现歌曲的内容、能准确地表达出这首歌的观点。针对这些目标，音乐教师可在课堂上进行"角色扮演"的教学。上课之前，先播放《谁会这样》的音乐短片，让学生通过直观、形象的视频，对飞禽走兽、鱼类、昆虫等动物的动作特点有一个初步的认

识。接着，播放一些不同物种的动态图像，例如，猎豹在草原上奔跑、雄鹰在天空中飞翔、海豚在水里唱歌游泳、虫子在叶子上爬，蚯蚓在泥土里爬。通过生动的图像来引起特殊学生的注意，从而提高他们的学习兴趣。然后，教师组织模仿动物的音乐活动。当歌曲来道"鸟会飞，鸟儿鸟儿怎样飞？"的时候，学生需要与前面所学到的信息相结合，展开角色扮演。比如，有的人会扮演雄鹰，而雄鹰飞翔的特点是先扇动几下翅膀，在起飞之后，它的翅膀可以一直不动，翱翔很远的距离。有些人扮演的是一只小麻雀，麻雀飞行的特点是需要不停地扇动翅膀，飞行的时间很短。当播放到歌曲的其他部分，学生仍然需要以所看到的内容或者所知道的信息为基础，模仿动物的动作。通过让学生对各种动物的动作特点进行描述，可以提高口头表达能力。通过进行角色扮演的教学，教师可以有效地强化特教学生的观察能力和模仿能力，还可以让他们在模仿的过程中提高对音乐韵动的感知水平，从而提升他们对音乐情感的表达能力。除此之外，学生还能在互动交流的过程中，提高口语交际能力和社会交往能力。

（四）以评价为导向，增强学生的学习信心

在特殊教育活动中，音乐教师还须注重课程评价环节，多采用鼓励性、表扬性、激励性言语对特教学生进行学习评价，以此来转变他们对唱游与律动课程的学习态度，增强他们主动学习的信心。同时，要根据这类学生的心理发展需要，让他们有更强烈的成就感，在优化他们学习体验的同时，提高他们参加各种活动的主动性和积极性。

以《勇敢的鄂伦春》这门课为例，在教学评估中，笔者运用表扬性和鼓励性的语言，对特教学生的行为、态度和成果进行了评估，并提出了一些建议。例如，在赞美智力障碍学生后，他们渐渐能准确地感受到这首歌的节奏，并能跟着歌曲旋律做打拍子的练习。在称赞自闭症学生后，他们能够积极地参与合作互动活动，并可以主动地跟着歌曲进行歌唱练习。在赞美多动症的孩子后，他们能很好地控制自己的情感与行为。显然，教师使用积极、向上的语言来评估特教学生的学习情况不但能够提升他们在音乐学习方面的自信心，还可以通过这种方式激发他们积极参加唱游和律动活动的热情，从而有效地提升他们在课堂上的学习效果。

总而言之，在特殊教育学校教育中，创设唱游与律动的学习空间，重在学生的实践活动，要注重生活情境化，提升学生的兴趣，才能有效地减轻学生的负面情绪，提高他们的感官能力、运动能力和交流能力，进而促进学生的心智成长，提高他们的自信心，健全他们的人格，让他们更好地获得身体和精神的康复。特教教师通过传授知识不断地培养培智学生的日常生活能力，而采用唱游和律动的教学形式，能对这一过程产生积极的影响。作为教师，应该善于运用生动的教学方式，对课程目标、教学内容、教学方法和评估语言进行优化，这对特殊学生的智力发展有着非常重要的影响。

参考文献：

[1] 陶娟.游戏化教学在培智学校唱游与律动教学中的应用[J].新课程，2021（42）：149.

[2] 杨晓春.培智学校唱游与律动创新课堂教学模式探析[J].新课程，2021（35）：69.

[3] 牛继梅.小学特殊教育中的唱游与律动探讨[J].新课程，2020（51）：101.

[4] 余根花.特殊教育学校唱游与律动课有效教学方法探究[J].科幻画报，2020（10）：171.

[5] 余林媛.浅谈奥尔夫音乐在培智辅读班唱游与律动教学中的应用[J].考试周刊，2019（A1）：149-150.

[6] 蒋勤楠，刘晓华.扬长教育理念下唱游与律动教学的实践探索[J].现代特殊教育，2019（23）：40-42.

创设多元的学习空间，促进培智学生有效学习

朱 萍

摘要： 特殊教育的特殊性在于，儿童个性差异非常大，尤其在感统认知等方面存在许多缺陷。当学生居家线上学习时，更要思考如何在美术教学中，针对培智学生创设多元的学习空间，并进行有效的实践。新的小学美术新课程标准按学习方式，把美术课程分为造型表现、设计应用、欣赏评述、综合探索四大学习领域。这就需要教师有针对性地从促进学生有效学习的视角，创设虚拟实践学习空间。

关键词： 学习空间　培智学生　有效学习

特殊教育面对的教学对象比较"特殊"，他们个性差异极大，感统认知等方面存在不少的缺陷。以2022年上半学期学生居家学习为例，学生线上居家学习是新冠肺炎疫情期间必然的学习方式，笔者在线上教学时，为针对培智学生创设多元的学习空间做了一些有效的尝试。新的小学美术新课程标准按学习方式，把美术课程分为造型表现、设计应用、欣赏评述、综合探索四大学习领域。如何在新的学习模式中，让学生生动、活泼、主动地发展，促进学生有效地学习呢？

笔者尝试以"创设实践学习空间教学方式"研究为契机，走出封闭、单一的课堂，创设多维度的充满活力的课堂，真正把学习的主动权交给学生，使学生的个性在课堂中得到发展。

一、创设实践性学习空间，启发学生多维思维

（一）根据培智学生的智力、动手能力、绘画能力，布置不同的教学任务，进行分层教学

例如，在《小斑马》一课中，学生小唐表示家里没有黑色的纸，原本让他

用黑卡纸撕画的要求没办法完成，怎么办呢？笔者启发学生的多维思维，让他从家中已有的材料去思考，学生告诉我，可以用报纸撕贴，先涂黑一张纸再撕贴……学生自己找到了答案，笔者趁机鼓励学生，并示范这种方法的制作要领。学生掌握了学习的主动权，并且得到了教师的肯定，因此，做作业的积极性很高，完成的作品别具一格，有个性，又很有想象力。只有不断创新的美术教育才能展现美术学科的独特魅力。要给学生一片自由的想象空间，在这一思想的指导下，尊重学生，尊重学生的艺术创作，帮助各个层次的学生获得发展，最大限度地挖掘他们内心世界的艺术美，进而培养学生的艺术综合能力。这既能拓展学生的视野，又可以给教师教学提供更多的选择。

（二）美术教学中多维思维的逐步推进

思维是人脑对客观事物间接概括的反映，思维都是从问题开始的，当人们发现问题时，常常会说："让我想一想。"这里的"想一想"就是思维。通过想一想，问题得到了解决，从发现问题到解决问题的全部过程都依赖思维。笔者根据学生的不同层次，针对性地进行美术学科中各个环节的空间创设，以多维的角度挖掘学生的潜力。如，在《小手套》一课中，教学目标是认识各种线条及建立对手套的认知。笔者按学生的层次，运用游戏、音乐、实验，让学生从线条涂鸦到有序排列，所有的学生都能展开想象，画出他们想象世界里的图像。多维思维辅以手部的描画动作，帮助认知有缺陷的特殊学生进一步康复。

二、创设主动性学习空间，培养学生的实践能力

（一）为师生营造和谐愉快的气氛

教师必须以最大的热情和爱心对待工作，才能在教学中做到关爱学生、理解学生。稚嫩的儿童最看重教师对他们的态度，教师的爱最具有吸引力，它能激发儿童的学习热情，儿童的学习动力常产生于对教师的眷恋。儿童常因喜欢老师而愿意参加美术活动，因为喜欢老师而变得守纪律和听话，积极配合教师进行教学活动。教师更要关注学生在师生互动、自主学习、同伴合作中的行为表现、参与热情、情感体验和探究、思考的过程，不能拘泥于教材。教学有法，亦无定法，贵在创造，妙在灵活。对于外来经验，教师应结合实际情况，

借鉴、运用、拓展。

（二）针对不同的教材采用不同的方法，让学生对教师的教法保持"新鲜感"

例如，在教学《参观和旅行》一课时，教师利用多媒体展示一组绘画信息，要求学生观察并思考：看到了什么？有什么特点？想到了哪些景色？然后，组织学生讨论。在教学中，教师要灵活运用多种教学方法，例如，设计手工课程，激发学生的思维，让学生在实际操作中学习。在线上的课堂中，培养学生的学习空间能力是学科教育的重要内容，让学生在观察中感悟，在观察中思考并寻找异同点，然后自主交流，相互分享自己的感悟和见解。

（三）课前导入，引导学生感知美、表现美，创设主动学习空间

在线上教学中，笔者注重课前的导入，让课堂更加有趣生动。教师可以引导性地让学生自发地组织、设计、分工、讨论，可以在家里或者小区附近的乡间或小溪边，让学生在生活中寻找美术、参与美术活动、走进美术，以自己独特的方式享受美术的快乐，表达个人的情智，获得审美体验。例如，在教《装饰画》一课时，有的学生带来了麦秆、稻草、麻绳、鹅卵石，有的带来了匾、贝壳、纽扣、啤酒瓶，还有的带来了各种各样的花瓣、花生壳、废纸板……通过粘贴制作，一个个别具风格的装饰画就这样诞生了。又如，在第五册《植物籽粒拼图》的教学中，提前让学生收集各种植物籽和小的饰品（纽扣、珠子等）。在教学中，学生就可以自由地去粘贴素材，获得学习的乐趣。因此，在美术教学中，教师应不断拓展工具材料的新鲜性和独特性，引发学生的兴趣。在生活中也要引导孩子从多角度进行联想和制作，逐步养成用多种思路创作作品的好习惯。每个学生对同一事物的理解不同，他们可以从不同的视角作画，画出不同的作品。所以，要多鼓励学生选择自己喜欢的东西来绘画，让学生根据自己的理解来创作。教师要努力创设让学生主动学习的空间，这样才能有效地培养学生的实践能力。

三、创设探索性学习空间，培养学生的创新精神

爱玩是孩子的天性，可以鼓励学生进行探索性的玩耍，将枯燥的知识转化

为游戏的形式。例如，通过魔术、讲故事，找不同的切入点；泥工、水彩颜料、家里的废旧物品，皆可入画。线上学习，还可以形成良好的亲子互动，让家人一起参与，让学生和爸爸妈妈、兄弟姐妹一起创作一幅主题画。比如，笔者在《打开春天的窗户》一课中，要求学生打开窗户观察窗外的景色，用彩泥捏花瓣，和爸爸妈妈一起画窗户，拿着作品和爸爸妈妈合影。原本焦虑的学生，情绪得到了矫正，家长也变得更积极乐观。这种尝试，体现了美育的力量：我们不仅仅是为了画画而画，还有更多的目标，如观察心情、培养动手能力、四肢康复、情绪的稳定、获得成功的喜悦、被肯定后自信心的提升、家庭的和谐……在平时的教学中，还要引导学生善于选用生活中的废弃材料，增强"变废为新"的意识，如把生活中常见的废纸板制作成个性化的镜框、小画夹等手工作品；也可以启发孩子多角度地去思考利用这张废纸板，如用彩绘的形式、水粉画装饰的形式、线描的形式进行创作。只有深刻理解了教材，才能捕捉到有价值的信息，有效地培养学生的创新精神。

四、创设情境式学习空间，激发学生的学习热情

（一）模拟社会环境，创设逼真空间

学校是学生非常熟悉的地方，对于智障学生来说，他们对这个社会的认知绝大多数来自校园。我们学校根据学生的特点，布置了家政室、模拟银行、公交车站、医院、超市……通过模拟的情境，带领学生探索生活中常见的场景。这有利于学生日后在社会生活中能有一定的适应能力，可以做到独立自主。这有区别于普通学校教育的情境式学习，能锻炼学生的肢体运作和大脑的思考。模拟的学习空间，逼真有趣，能够让学生身临其境，比课堂上的图文解说要生动很多。例如，在学校果蔬汇的菜园，种了许多的蔬菜瓜果，一年四季都可以看到不同的蔬果。学生特别喜欢去果蔬汇，那里有桃树、橘子树、青菜、萝卜、葡萄、辣椒、红薯、韭菜、土豆……通过观察、摸一摸、挖一挖、讲故事、猜谜语、烹饪尝味道等一系列新颖的教学，激发了学生的学习热情。

（二）在学校"果蔬汇"空间里观察植物，进行更直观的教学

在日常美术课上，笔者会带学生素描、写生、挖红薯、摘辣椒，进行拓印

画，用颜料和蔬果在绘画纸上留下美丽的图案。一张拓印作品，简单易得，色彩鲜亮，让学生体会到了成功的快乐。例如，在《伞韵》一课中，笔者利用线条素描，以"果蔬"为载体，让学生直接在伞面上作画。将不同的蔬果按照大小、疏密排列，形成独特的画面效果。在提问环节，有学生说："春天的时候我看到菜花开了，秋天的时候我去摘了橘子，橘子很甜。"学生的发言引起了同学的共鸣，似乎闻到了花的香气，尝到了橘子醉人的甜味。

五、创设实物性学习空间，有助于拓展学生的想象力

学习空间离不开各种各样的教学实物，以学校美术室为例，墙壁上挂着的优秀儿童画、悬吊着的大大小小的伞、写生用的写生台……不止这些，教师经常会把一些有趣的东西搬进课堂。例如，在上《金鱼》一课时，作为国画启蒙，需要让学生观察到金鱼的形态，教师就会把金鱼缸带入课堂。利用空间实物，让学生近距离观察、欣赏，分析鱼有几个部位，在水里是怎么游动的，颜色是什么样的，金鱼眼睛有什么特点，鱼鳞的形状是什么样的……具象地分析后，金鱼的形象在学生的脑中留下了深刻的印象，学生不仅可以用浓墨和淡墨表现金鱼的形象，还能为金鱼上色，添加水草、鱼缸，造就一张生动的国画练习作品。空间实物的运用更符合培智学生的认知。教学过程中，利用实物创设学习空间是非常成功的尝试，有助于拓展学生的想象力和自由表达能力。

六、在创设学生学习空间中，助力孩子获取知识与能力

面对智障儿童，一成不变的说教会显得枯燥难懂，如果能打开思维，加入创新的点子，会取得意想不到的效果。在美术教学中，我们要不断地创新，孩子才能在美术中找到兴趣、找到快乐。现在的美术教学并不是单一地用笔画，而是用各种形式、各种材料、各种方法作画。通过学习让学生领略了内容丰富、材料多样、作画形式独特的美术活动。只要我们认真、用心去做，我们的美术教学就会越来越精彩！学校传统的教学模式在时间、空间上会受到限制，而线上教学是无界限的。其中，创新的教学模式是提升孩子获取知识与能力的关键。创新的教学模式要以探究式教学赋能课堂，激发孩子的表达欲，促进课

堂互动，让孩子展示他们的创造力。在教学中，要强调以学生的主动学习、自主探索为主，让学生表达他们的声音，提升思维能力。教师以情境引导、提问、组织互动，让学生在思考中完成创作。美术需要教师的指导，也需要学生自己花费时间"打磨"。

不管是线上教学还是线下教学，我们的出发点只有一个，那就是培养培智学生学习的主动性、绘画的自主性、独立思考的习惯。有位家长感叹道："我的孩子每天都有进步，我很开心。"教师要因势利导地挖掘学生的潜力，让他们保持学习的热情，在薄弱的自身基础上，持续点滴的变化，从而达到质的改变。学校"云画展"的圆满举办，让每一位家长和学生都收获了成功的喜悦。创设这样的学习空间，能在家、校、社会层面引发蝴蝶效应。诚然，如何有效地激发学生主动学习的能力尚待深入研究，期待有更多的亮点出现。

参考文献：

［1］［苏］B.A.苏霍姆林斯基.帕夫雷什中学［M］.北京：教育科学出版社，1983.

［2］杨清.刍议当前初中美术教学工作中的困境及对策［J］.科教导刊，2011（6）.

［3］郭继红.新课改下的初中美术鉴赏教学探析［J］.新课程：教育学术，2010（8）.

创设音乐学习活力课堂，提升学生感受与欣赏能力

张 蓓

摘要：感受与欣赏在唱游与律动课堂上，是一个重要的教学环节，而多种形式的聆听作为感受与欣赏的媒介，在音乐欣赏过程中既可以培养智障学生多种音乐欣赏能力，帮助他们在高效的教学中对歌曲有一个全面的了解，又可以充分感受音乐作品的意境，提升他们的音乐鉴赏能力。因此，教师要运用自身的学科本领，发挥示范引领作用，帮助学生习得音乐本体性知识；创设生动有趣的情境，加深学生对乐曲的理解，在多种形式的聆听活动中，增强学生的听辨能力；提供多效互动，把学生放置于快乐的氛围中，让他们准确地把握音乐所要表达的情感意识；融合多学科知识，使学生在音乐学习过程中呈现出无限的激情与活力，实现高效的唱游与律动课堂教学。

关键词：感受与欣赏 听辨能力 生动聆听

唱游与律动课程是培智学校义务教育阶段的一般性课程，是培智学校开展音乐艺术教育的重要形式，更是开展素质教育、实施美育的重要课程。唱游与律动课程对于开发智障学校学生的潜能、促进他们身心的和谐发展、改善他们的生活品质，都具有十分重要的意义。唱游和律动课程可以带领智障学生走进音乐艺术的世界，调动他们的多感官，激发他们的学习兴趣，使他们获得基本的音乐知识和技能，提高他们动作的灵活性、协调性，促进他们身心的和谐发展。

感受与欣赏活动是唱游与律动课程的一个重要领域，也是一切音乐学习活动的基础。通过感受与欣赏活动，不仅可以激发学生的学习兴趣，逐步养成良好的聆听习惯，在感受音乐艺术魅力的同时，也可以积累鉴赏经验，为后续的音乐学习活动做好储备。由此可以看出，在唱游与律动课堂中增强学生的感受

与欣赏能力是十分必要的。"听"是感受和欣赏的前提，不同形式、丰富多样的聆听体验，不仅可以使智障学生的感知能力得到很大提高，还可以提升他们的音乐表现能力。因此，教师在唱游与律动的课堂上，要有意识地开展学生倾听能力的培养，帮助学生在灵活多样的倾听活动中，领悟音乐的主体意思，准确地把握乐曲的情感表达。那么，如何让学生达到最好的聆听效果，从而提高学生的感受和欣赏能力呢？教师可以这样做，具体如下：

一、在情境创设中，生动聆听

智障学生由于自身障碍导致各感知觉速度比正常学生发展更慢，因此，他们接受视觉通路的刺激比起听觉刺激要更容易一些，所以，在欣赏音乐的过程中，运用多媒体等辅助技术创设一定的情境，能够帮助学生生动地聆听，从而达到较好的效果。

（一）创设虚拟情境，引导学生高效聆听

生动别致的主题情境能带给学生身临其境的画面感，能激发学生的学习热情，使他们热衷于欣赏音乐的同时，获得完美的聆听效果，从而提高课堂教学质量。例如，《小雪花》是一首与冬季题材相关的歌曲。为了帮助学生感知冬日大自然的情趣，笔者结合冬日的主题和歌词内容，进行了富有成效的情景创设。漫天飞舞的小雪花，在学生稚嫩纯真的心灵里，散发着诱人的魅力。此外，笔者还在课件中运用Flash动画将冬天银装素裹的美景和雪花飘落的动感场景呈现给学生，让他们在直观的视觉冲击下，充分欣赏银装素裹、粉雕玉砌的冬天景象，激发他们对冬天的热爱、对雪花的喜欢，为后面的学习进行铺垫。由此可以看出，在欣赏与聆听的过程中结合虚拟多媒体情境，既能促使学生在欣赏和演唱中更加投入，又能达到高效聆听的教学效果。

（二）创设真实情境，提升学生音乐体验

在课堂教学过程中，学生是学习的主体，创设真实、直观的情境，一方面可以活跃课堂氛围，另一方面还可以提升学生的音乐体验。当学生在真实的情境中欣赏音乐，就会很自然地被调动起学习新乐曲的好奇心和积极性。

例如，在学习歌曲《七彩光与果娃娃》时，笔者充分利用学校"果蔬汇"实践基地这一现实资源，在果蔬汇基地中进行了相关情境布置，并根据歌词内容制作了"七彩光""橘子""香蕉""紫葡萄"等头饰。学生一踏入创设的真实情境，好奇心就被充分激发出来，学习态度也变得十分积极，为后面的新歌赏析教学做好了铺垫。接着，教师趁热打铁，充分利用课堂资源，让学生对歌曲内容反复聆听。最终，学生在这堂感受与欣赏课里，收获了不一样的精彩。

二、在声情范唱中，有效聆听

教师声情并茂的演唱在感受与欣赏的教学中是必不可少的一环，它不仅能感染和打动学生，还能提高他们的音乐鉴赏能力。教师在课堂上可以运用自己的范唱帮助学生获得有效的聆听，引起学生情感上的共鸣，达到理想的赏听效果。当然，教师的演唱范本一定要有水准，在运用一定技巧方法的同时，还要有个人魅力，例如，在教《草原就是我的家》这首歌时，笔者用声情并茂的范唱作为课前导入。为了让范唱更具感染力，笔者还加入了生动、简单的肢体动作。果然，一开始，学生就纷纷被教师那曼妙的歌声给深深吸引住了。接着，在理解歌曲内涵的环节中，笔者又进行了第二次范唱，帮助学生更好地理解歌词大意，以此来引导学生深刻感悟歌曲所要表达的那种热爱家乡、热爱草原、热爱祖国的情感，为后面整首歌曲的学习打下基础。学习是一个循序渐进的过程，为了激发学生内心的爱国情感，在第三遍范唱的时候，笔者再次借助视频课件，带学生欣赏内蒙古大草原辽阔无边的美景画面，让学生深情投入地聆听，引起他们真正的共鸣。可见，教师的示范演唱不仅可以提高学生的感受和欣赏能力，还可以促进唱游与律动课堂教学的科学发展和高效实施。

三、在相互交流中，愉悦聆听

多方位的相互交流，在感受与欣赏课堂活动中显得格外重要。相互交流与倾听相结合，既能促进师生之间的亲密关系，又能使学生在互动交流中发展多种能力，在体验互动乐趣的同时，拓展思维想象，享受美妙的音乐世界。因此，教师在实施感受与欣赏教学活动时，可以进行适当的相互交流活动，让学生在轻松、活跃的气氛中进行互动，达到身心愉快地倾听。如，在欣赏《青蛙音乐会》这首乐曲时，由于该乐曲乐段和章节分明，乐曲节奏对比强烈，既有愉悦欢快的首尾呼应部分，又有抒情悠扬的主题说明部分，再配以青蛙叫声的声效，音乐形象鲜明，十分适合学生欣赏学习。为了让学生充分感受到这首乐曲所要表达的情感，笔者在班里开展了丰富多样的互动沟通活动。首先，在听课过程中，笔者通过向学生提问"夏天喜欢干什么？"，让学生边听音乐，边思考问题，从视觉到听觉的角度体验自然之美。然后，笔者再抛出问题，让学生描述"夏天的各种趣事"，通过回忆性的互动描述，使学生更加深刻地了解这首乐曲的意义。在此期间，笔者还准备了几种打击乐器来模仿夏天小动物的叫声，并让学生一起讨论这些打击乐器发出的声音分别代表了什么动物，这样的互动方式不仅吸引了他们，还营造了愉悦的学习氛围。学生经过几次轻松的互动交流之后，当再次欣赏音乐的时候，基本都能辨别出乐曲的速度变化，也能知道乐曲的节奏特点。为了让学生的聆听体验更深入，最后，笔者还让学生分组进行了音乐伴奏，有的敲碰钟，有的打响板，还有的摇沙锤……在完美的互动合作中，仿佛每个人都真正置身于乡村田野，聆听着蛙声一片。这种和谐、愉悦的互动交流形式，不仅使学生在课堂上主动展示自我，体验音乐欣赏的愉悦，还能使课堂教学的质量和效率得到有效提高。总之，在感受与欣赏的课堂上开展一系列的相互交流活动，不仅能够创造和谐的课堂氛围，还能增进师生间、同伴间的亲近关系，更能引导学生展开自由的想象，挖掘其潜能，提升感知欣赏能力，体会认真倾听所带来的愉悦感。

四、在丰富资源中，长效聆听

在感受与欣赏活动中，教师也可以借助其他丰富的资源来增强聆听效果。艺术的表现形式有很多种，对智障学生而言，在聆听的过程中，通过丰富的课程资源可以引发情感上的共鸣，从而达到长效聆听的效果。

（一）各种乐器与音乐牵手

新颖独特的乐器不仅能吸引各方面反应都慢半拍的智障学生的目光，还能激发他们的学习兴趣。教师在课堂上可以充分利用音乐学科资源，用打击乐器模仿各种物体发出的声音，激发学生的参与热情，促进学生感受音的高低、长短、强弱等基本音乐要素。例如，在《火车开了》一课中，笔者就运用了各种打击乐器让学生模仿演奏火车"鸣笛""起动""加速"等过程中的声音，学生通过这种寓教于乐的方式一下子就体会了长、短音的区别，效果十分显著。

（二）绘本故事与音乐牵手

绘本故事是文字与画面交互式叙述的图画故事书，它可以带给学生丰富的视觉感受。针对智障学生视觉、听觉、触觉、嗅觉等方面能力较弱的特点，教师运用绘本故事，不仅可以搭建学习支架，帮助学生理解乐曲内容，还可以促使他们的多感官发展，提高他们的综合理解和鉴赏能力。在此过程中，学生也可以通过说、唱、拍、奏等多种音乐活动方式来演绎绘本故事，在多感官的聆听体验中对乐曲的各个环节进行了解和熟知。例如，在教《小红帽》这首歌时，在导入环节，笔者和学生边读《小红帽》的绘本故事，边配上整首歌的音乐，学生的好奇心一下子被调动起来，积极性和参与度都提高了不少。可以看出，将绘本故事和唱游与律动课程结合起来，是一种创新，也是一种新的潮流。

五、在学科融合中，综合聆听

单一的学科教学模式无法满足智障学生多方面的需求，学科与学科间的融合，更能满足现阶段学生所需要的知识储备。此外，学科与学科间的融合还能有效促进智障学生各方面能力的综合发展。智障学生教育的最终目的在于培养他们的生活自理能力，从而帮助他们适应社会生活。所以，教师可以将唱游与律动课程与生活适应课程相结合，把生活适应学科的相关内容融入感受与欣赏的活动过程中，帮助学生更好地理解乐曲中的歌词含义。例如，在教《洗手绢》这首歌时，笔者事先向生活适应学科的教师了解了班级学生的家务自理能力情况，也和他们同步了歌曲的学习内容，让学生在生活适应课上学习如何洗手绢。通过生活适应课的前期学习，学生在唱游与律动课上就能很好地把握这首乐曲的歌词内容，学习歌曲的意愿也更主动了。

智障学生的障碍类型复杂多元，能力的发展也参差不齐，因此，笔者还根据学生的个性发展特点,将绘画与手工学科知识渗透到唱游与律动课堂。例如,在教《春天在哪里》这首歌时,笔者再次把课堂搬到了"果蔬汇"实践基地,让学生在宽阔的自然环境中欣赏歌曲,并设计多个感知环节让学生通过听一听、闻一闻、拍一拍等活动去发现春天的美好。随后,笔者让学生边听音乐,边用彩色的蜡笔随意创作出他们眼中所看到的春天美景。在这个环节中,学生积极地在画板上进行创作,用鲜艳的色彩描绘出心中的春天,动听的歌声激发出学生对于春天的想象与无限创意。整节课,学生通过动手描绘创作的方式寻找到了春天,还获得了丰富的感官体验,每个人的脸上都洋溢着满足的笑容。可见,在唱游与律动课堂上进行多学科的综合运用与融合,能够达到更好的教学效果,促进学生多方面能力的共同发展。

学生在唱游与律动课程中,通过聆听能感受音乐中活泼欢快、抒情优美、悲伤难过等情绪的特点,还能在学习音乐本体知识的过程中,培养爱祖国、爱家乡、爱父母、爱生活等情感。综上所述,在唱游与律动课中,教师要着力为学生创设音乐学习的活力课堂,开展丰富多彩的聆听活动,以充分挖掘学生的音乐潜能。此外,更要注重对学生感受和欣赏能力的培养,在教授时关注学生的全面发展,给予他们足够的成长空间,发挥他们学习音乐的天赋,通过自由的音乐表达方式,培养学生对音乐的热爱,引领他们真正进入奇妙的音乐世界。

作为一名特教战线上的一线音乐教师,要不断探索和尝试新颖的教育教学方法,选择和创造适合智障学生的教学模式,通过积累和提炼教学经验,让学生在愉快的氛围中感知、体验、表达和参与,使其在提高音乐表现力和创造力的同时,实现语言和多感官的发展、情感行为的改善、团队合作和人际交往能力的提高、生活自理能力的增强。

参考文献:

[1] 王春明.浅析小学音乐欣赏课的教学实践[J].学周刊,2018(21):157-158.

[2] 宋凯.再造佳境,拨动心弦——运用多媒体营造小学音乐欣赏教学中的课堂氛围[J].中小学电教(下半月),2018(08):42.

[3] 何春涛.基于"多维一核"理念下的小学音乐欣赏教学[J].小学生(下旬刊),2019(04):20.

[4] 走进特教编委会.走进聋校义务教育课程标准[M].北京:北京日报出版社,2018.

小学培智音乐游戏学习空间的创设与运用

蒋亦文

摘要：小学培智音乐教育是特殊教育的重要组成部分，与普通学校的学生相比，培智学校的学生智力发育比较迟缓，他们在学习能力、学习兴趣、学习习惯等方面存在明显差异。为了提升小学培智学校音乐教学的效率，提高培智学校音乐教学水平，音乐教师需要依据学生的智力发育特征制订科学的教学方案。本文基于音乐游戏与学习空间概念，从多个方面探讨了在小学培智学校的音乐教育中如何创设良好的游戏学习空间。

关键词：培智　音乐游戏　学习空间

在教学中，我们经常会遇到一个问题，那就是在教室里，有学生总是对着黑板或者教师做一些小动作，课堂气氛十分沉闷。于是，我们想到了利用音乐来改变课堂气氛。在小学培智教育中，音乐游戏是一种有效的辅助教学手段。教师可以利用音乐游戏激发学生对音乐学习的兴趣，同时提高他们的注意力和听觉能力。小学培智是特殊教育的一种，主要是针对智力发育迟缓、存在严重缺陷或障碍的特殊儿童实施教育，使他们能融入正常的生活。与普通学校的学生相比，培智学生的智力发育水平比较落后，他们在学习能力、学习兴趣、学习习惯等方面存在明显差异。因此，在培智学校的音乐教学中，教师需要结合学生的实际情况进行音乐教学内容设计，通过游戏化教学策略来激发学生对音乐的兴趣，从而提高学生对音乐知识的理解和掌握能力。小学培智学校的音乐教育是素质教育的重要组成部分，在培养学生个性、开发潜能、健全人格等方面具有重要作用。教师需要不断地创新教学理念与教学方法，促进小学培智学校音乐教育质量的提升。

一、小学培智音乐游戏的概念与特点

（一）小学培智的概念及重要性

1. 有利于促进学生的个性发展

音乐作为一种艺术形式，既能陶冶情操，又能培养学生的审美能力，同时还能够增强学生的艺术感知能力和艺术创作能力。音乐教师在进行音乐教学时，需要尊重每一位学生的个性和特点，根据他们的兴趣爱好和认知水平来选择教学内容。在这个过程中，教师需要根据学生的实际情况来选择合适的歌曲，并为他们提供多种表现形式。教师既可以锻炼学生的歌唱能力和节奏感，又可以提高他们的艺术感知能力和音乐创作能力。此外，通过对学生音乐水平、表现能力等方面的分析来设计个性化的课堂教学可以有效增强他们对音乐学习的自信心和兴趣。

2. 有利于提高学生的音乐素养

音乐是人类文化的重要组成部分，也是人类情感表达的重要手段。在音乐教学中，不仅可以让学生获得音乐知识，还能满足他们的情感和审美需求，让他们在音乐学习中获得美的体验。由于小学生正处于智力发育阶段，理解能力、感知能力、记忆能力等存在一定程度的差异，因此，在音乐教学中，教师需要结合学生的实际情况，以学生为中心，创设良好的教学情境。小学培智学校的学生音乐素养普遍较低，他们缺乏音乐鉴赏能力与审美水平。优秀的课堂教学设计可以培养学生对音乐的兴趣与情感认知，提高他们的音乐素养。

（二）音乐游戏的概念

音乐游戏是一种通过音乐学习来促进儿童心理发展的方法。它以音乐为媒介，通过培养儿童的音乐听觉能力和对音乐的兴趣来实现教学目标。在教学中，教师可以利用游戏的形式让学生学习音乐知识，同时提高学生的注意力和听觉能力。

音乐游戏有以下几种类型：节奏游戏、律动游戏、智力游戏、空间游戏等。其中，节奏游戏是最常见的。例如，教师可以用一些简单的节奏来训练儿童的节奏感，从而提高他们的反应速度和记忆力。律动游戏是通过身体律动来让儿童理解和感受音乐。例如，教师可以通过肢体动作来帮助儿童理解音乐。智力游戏是一种需要大脑参与的活动，能够锻炼儿童的思维能力、记忆能力和反应能力。空间游戏是一种能够将不同类型的空间组合起来，以满足儿童成长需求的游戏。例如，教师可以用不同形状、颜色、大小的空间组合来帮助儿童学习认识各种颜色和形状。

（三）小学培智音乐游戏的特点及优势

根据培智学校学生的智力发育特征，游戏可以分为智障型和感统失调型两种。智障型学生在感知能力、运动协调能力、语言理解能力、自我学习能力等方面存在较大差异，在音乐学习方面存在较大困难。感统失调型学生在音乐学习方面表现出对音乐的理解能力较弱，无法准确把握音乐节奏，对音乐的感知能力较弱。

因此，培智学校的音乐教师在设计游戏时，要注意区分智障型与感统失调型学生，针对不同类型的学生设计不同的游戏活动。比如，智障型学生更喜欢音乐游戏，而感统失调型学生则更喜欢棋类游戏。在培智学校开展音乐游戏活动时，教师需要注重对智障型与感统失调型学生的区别对待，如果将智障型和感统失调型学生放在一起进行教学活动，可能会对他们的心理健康造成负面影响。因此，教师在设计游戏活动时要考虑到不同类型学生的心理特征。

二、小学培智音乐游戏学习空间的设计原则

（一）多样化的学习环境

有一种说法认为，在音乐教学中，教师一定要把握好节奏，让学生跟着音乐走。实际上，在培智教育中，节奏是一个非常重要的内容。音乐游戏能让学生在轻松愉快的氛围下掌握节奏。

学习环境的多样化能够激发智障儿童的兴趣，调动其积极性，让他们在多种环境中学习，有利于促进其各项能力的发展。在设计音乐游戏时，要保证学习环境的多样化，可以根据智障儿童的身心特点设置不同的游戏区域。例如，音乐游戏区域可以分为音乐鉴赏区、乐高区、乐器展示区等。

在音乐鉴赏区内，可以摆放一些儿童喜欢的乐器，如钢琴、古筝等。在乐

高区内，可以摆放一些积木、乐高等玩具。在乐器展示区内，可以摆放一些打击乐器及其他需要组装和操作的乐器。在游戏区域内，可以布置一些小地毯、积木、积木盒等环境物品。

（二）创新的教学模式

音乐游戏教学是一种集游戏、音乐和教学于一体的综合教学方式，通过在游戏中融入音乐或与音乐相关的内容，来对儿童进行音乐教育。在设计时，可以采用"模仿学习法""创编学习法"等教学模式来进行教学。例如，在对儿童进行歌曲的教学时，教师可以通过游戏的形式，将歌曲与儿童熟悉的生活场景联系起来，让儿童在玩游戏的过程中理解歌曲。如，在"找朋友"游戏中，教师可以在教室中布置一个大型的滑梯，通过让学生观察和判断来寻找滑梯上的小动物并与其互动。教师可以通过给小动物取名字的形式来吸引儿童对音乐游戏学习空间的注意力。同时，教师可以将教室布置成一个游乐场，让儿童可以自由地玩耍。这种游戏式的教学模式既能激发儿童对音乐游戏学习空间的兴趣，又能让他们在玩中学到音乐知识，从而实现"寓教于乐"。

（三）适应性的教学资源

音乐游戏的教学资源包括教材、教具、课件、教学视频等。在实际的教学中，教师要根据教学内容和学生的实际情况选择合适的资源，如，教具要选择具有针对性的，教材要与学生实际情况相结合，这样才能发挥音乐游戏的最大作用。在资源选择上，教师需要考虑以下因素：一是游戏活动内容应符合学生实际情况；二是游戏活动内容应与学生生活经验相联系；三是游戏活动内容应简单有趣。教学资源是为教育教学活动提供服务的物质基础，是实现教学目标、开展教学活动的必要条件。音乐游戏学习空间的设计，必须要为智障儿童提供良好的环境和必要的设施，保证其正常使用，并能根据智障儿童在音乐游戏活动中出现的问题提供相应的解决方案。

音乐游戏学习空间中的设施和环境是为学生服务的，所以，其设计必须要有针对性，即根据智障儿童的具体情况来确定。对于那些处于教育环境"边缘"位置、没有充足时间和能力参与音乐游戏活动的儿童，可以设置"无""简单"和"中等"三个等级，在这些等级下进行不同难度的音乐游戏活动,让学生在最容易接受的难度下感受音乐游戏带来的快乐,以提高他们对音乐活动和音乐学习的兴趣。

三、小学培智音乐游戏学习空间的创设与运用

(一)音乐游戏教室的设计与运用

音乐游戏教室以音乐为媒介,可以充分调动学生的多种感官,激发他们的学习兴趣,促进他们对音乐的理解和感受,从而达到音乐教学的目的。音乐游戏教室主要由音源、乐器、空间、评价等部分组成。音源是音乐游戏教室中最重要的部分,音乐游戏的学习需要以音源为载体。音源是由多种乐器演奏出来的声音,不同种类、不同乐器的音色和节奏有较大差异。教师可以采用多媒体设备播放不同类型的乐器演奏出的声音,让学生在游戏中感受到音乐之美。在音乐游戏教室中还可以通过创建乐器角或多功能厅来增添音乐游戏的趣味性和互动性。如,在"拍手歌"活动中,教师可以设计一个模拟乐器角或多功能厅,在里面可以放置多种乐器,如钢琴、电子琴等。学生可以通过敲击键盘、拨动琴弦等方式来进行弹奏。评价是对音乐游戏进行评价和反馈的重要环节。为了激发学生参与活动的兴趣,教师可以将学生在游戏活动中的表现纳入评价体系。如,在"拍手歌"活动中,教师先播放歌曲《拍手歌》,并将游戏规则告知学生。在学生完整地完成规定动作后,教师可以根据学生完成的情况给出适当评价。

音乐游戏教室要与教学内容紧密结合、相互呼应、相辅相成。比如,在"节奏歌"活动中,教师可以用多媒体播放节奏感较强的音乐或节奏鲜明的儿歌来吸引学生的注意力。当学生完成相应动作后,教师可以根据教学内容让学生进行唱、跳、拍等活动,并给出相应评价。

此外,在音乐游戏教室中,还可以开设特色课程、开展合作活动等。如,在"击鼓传花"活动中,教师可以让学生分小组进行击鼓传花游戏。在游戏过程中,教师可以选择适合智障学生的鼓点进行敲击,如果鼓点声音过小或过大,则要换成其他乐器进行演奏。通过这样的形式,让智障学生感受到击鼓传花游戏的乐趣并增强参与感,从而更好地掌握课堂知识。

在音乐游戏教室中创设"情境"也是音乐游戏化教学的一个重要方法。教

师可以通过将现实生活引入课堂来进行教学活动的设计和组织，使学生在真实的生活场景中学习、体验、感悟音乐知识。

（二）音乐游戏角色扮演区域的创设与运用

在音乐游戏中，教师可以运用角色扮演，让学生扮演不同的角色，并通过语言和动作来表现歌曲的内容，从而更好地理解歌曲。在培智学校的音乐教学中，教师可以通过创设音乐游戏角色扮演区域来开展音乐游戏化教学活动，让学生在音乐游戏中获得情感体验，激发学习兴趣。例如，在律动《走路》的教学中，利用图片、音频等方式引导学生观察和思考，并在欢快轻松的环境渲染下，鼓励学生大胆模仿歌曲中兔子跳和鸭子摇的走路动作，跟随音乐节奏进行表演，使学生在潜移默化中感受到音乐和律动带来的乐趣，从而培养了学生对音乐的兴趣。通过创设小兔子拔萝卜（跳）、小鸭子摘青菜（摇）的情境，使课堂更加生动有趣。将兴趣和游戏有机地结合在一起，能让律动教学更具吸引力，让学生在教学过程中自然地律动起来。通过播放伴奏音乐，能让学生在游戏活动中更好地巩固动作内容，体验音乐活动带来的快乐，感受成功的喜悦。

（三）音乐游戏装饰元素的运用

培智学校的音乐教学应遵循特殊教育规律，根据智障学生的特点，为他们设计丰富多彩的学习活动，激发他们对音乐的兴趣和热情。在游戏活动设计中，我们要充分考虑智障学生对音乐的理解能力和接受能力，将游戏元素融入音乐学习过程，使之成为游戏化学习活动的有机组成部分。

一是运用简单的装饰元素来创设游戏环境。如，在游戏"画鼻子"中，可以给学生准备一些小纸条，让他们在小纸条上写一些简单的文字或画一些简单的图画，并贴在相应位置。这样不仅可以使学生在游戏过程中进行自我认知，更重要的是可以培养他们在生活中发现美、感受美和创造美的能力。

二是运用具有象征意义的装饰元素来激发学生参与游戏。如，在《小星星洗澡》这首儿歌的教学中，利用小星星玩偶、小星星手腕套等教具增强学生学习的趣味性，将枯燥的动作康复转化成生动形象的律动表演，达到锻炼手部肌肉张力和手臂的效果。

音乐游戏能够为培智学生提供一种"身临其境"的学习体验，通过游戏中的角色扮演，让学生体验到音乐世界的丰富多彩，进而激发其学习兴趣。此外，笔者还认为音乐游戏能够增强学生对音乐的感性认识和理解，并能够让学生通过参与游戏感受音乐的情绪，体验音乐的情感。笔者将在培智学校音乐教学中，应用音乐游戏作为实践探索，对课程内容进行设计与实施。通过实践发现，音乐游戏学习空间能让学生更加轻松地参与教学活动，在愉悦的氛围中学有所获。

参考文献：

［1］丁星，赵志毅.音乐本位的幼儿园音乐教学活动管窥——以中班音乐游戏教学《小侦探寻羊记》为例［J］.中国教师，2023（07）：94-97.

［2］王卫华.保持高昂情绪 释放儿童天性——音乐课堂教学中应用音乐游戏的实践探讨［J］.小学教学研究，2023（17）：20-21.

［3］陈杨.音乐游戏在课堂教学中的应用分析［J］.小学生（中旬刊），2023（05）：100-102.

［4］蔡镜思之.音乐游戏促进中班幼儿执行功能的教育实验研究［D］.成都：成都大学，2023.

［5］殷珊红.音乐游戏启蒙怡情，幼儿天性快乐养成［J］.第二课堂（D），2023（04）：18.

绘画游戏学习空间的创设与运用

朱怡婷

摘要：特殊学校的学生在绘画与手工知识的学习过程中面临诸多挑战。为了提高绘画与手工课堂上学生学习的有效性，教师的耐心指导与对课堂教学过程的精心设计至关重要。本文着重探讨在特殊教育绘画与手工课堂中，如何通过创设游戏学习空间来实施教学，实现以学生为中心，建立以学生为主体的课堂环境，进而增加课堂的趣味性，提高学生的学习效率。

关键词：特殊教育　绘画游戏学习空间　实践与运用

一、背景介绍

人们常说："提出问题比解决问题更为重要。"我们教学的最终目标，就是要教会学生如何学习，即"授之以渔"。但是，"一问一答"式的传统教学方法，未能充分考虑学生的个性化需求，遏制了学生的学习主动性，以至于学生的学习一直处于被动状态，阻碍了学生创新思维的主动发展。因此，作为教师，我们需要从学生的角度出发，创设一个符合学生实际情况的学习空间，从而营造一个轻松的课堂氛围。通过优化课堂环境和课程内容并进行有效结合，激发学生对绘画与手工课程的兴趣。

《培智学校义务教育绘画与手工课程标准（2016年版）》（以下简称《课程标准》）中明确指出，教师在课堂上应该利用各种工具和媒介，采取造型、色彩、构图等不同的艺术手段，让学生完成绘画与手工作品的制作。目的就是为了提高学生的手眼协调能力，培养学生的视觉、观察、绘画与手工制作能力，以此发展学生的审美能力。最终，通过这一系列的教学活动，我们期望学生能够更好地适应生活、融入社会。

为了达成这一目标，教师在实际教学中应积极创造适宜的条件，灵活运用各种教学方法和多样化的教学手段，以此激发学生的学习兴趣。教师还应积极引导学生参与课堂活动，让学生在体验和操作的过程中获得知识和技能，感受到学习的乐趣。

二、面临的问题

（一）学生之间差异程度较大

四年级的学生总体上具备了一定的绘画基础，他们倾向于借助画笔来展现自己，表现自己头脑内那些天马行空的想法。学生能够挑选与实物相似的颜色进行着色，也能够进行简单的折纸活动，并逐渐养成了一些良好的绘画手工习惯，对美术产生了浓厚的兴趣和热情。为了满足不同学生的学习需求，笔者根据本届学生的个体差异将他们划分为A、B、C三个层次。

A层学生展现出较为端正的学习态度，具备活跃的思维能力、理解学习能力、造型创作能力和手工能力。他们在平时能够保持注意力集中，积极参与各类课堂活动，并具备一定程度的竞争意识。在活动中，他们能够发表一些浅显的个人想法和意见，展现出较强的独立能力。

B层学生相对于A层学生来说，动手能力稍差一点。他们的思维能力、手工能力及认知能力均有所欠缺，难以通过画笔及时展现个人想法。他们需要在教师的指导下完成任务。

C层学生存在自身情况的特殊性，他们的理解能力、学习习惯及自制能力普遍较差，因此，时常无法控制自己的行为，干扰课堂的行为也时有发生。他们的行为习惯有待进一步培养，教师需要多花时间进行辅导，以帮助他们克服这些问题。

（二）课堂学习的注意力和主动性差

1. 注意力不集中

本届四年级学生中，自闭症学生占据了较大比例。这些学生在课堂上往往难以保持注意力，在后半节课中常会沉浸于自我世界。有时，他们的不良行为习惯会给课堂带来干扰，导致其他学生分心。

2. 课堂氛围不理想

平时的课堂教学，主要由多媒体课件展示、教师示范和学生操作三部分组成。虽然导入和观看课件环节能够吸引学生的注意力，但是，学生的学习积极性还有待提高。

三、设计可行性措施

由于学生的独特性，绘画与手工课的教学过程中常常会遇到各种预料之外的问题。因此，教师需要根据不同类型、不同程度、不同需求的学生，采取分层教学的方式，实施差异化教学和个性化教育，以帮助学生最大限度地发挥自身潜力。

传统的"一问一答"式教学往往压抑了学生学习的主动性，让学生的学习环境一直很被动，怎样才能做到让每个学生都能主动自发地参与各种课堂活动？《课程标准》明确提出以下要求：

1. 教师应当创造适当的条件，运用灵活多样的教学方法和具有趣味性的教学手段，以激发学生的学习兴趣，引导他们积极参与课堂活动。在体验与操作过程中获得美的直接经验，感受学习的愉悦与满足。

2. 强调从学生的生活需求出发，结合学生的实际情况开展相对应的教学活动。这意味着教学要紧密联系学生的生活实际，将课堂学习与日常生活结合起来，以便更好地促进学生的发展。

3. 注重激发学生的潜在能力，通过探究学习和实践活动，鼓励学生展现自己的个性与创意。这样可以帮助学生发展他们的手眼协调、精细动作等能力，调整情绪、表达情感，并提升社会适应能力。

通过这些方法，我们能够为学生创造一个更加适宜的学习环境，促进他们在各种课堂活动中积极参与、充分展示自己，从而实现更好的学习效果。

因此，在课堂教学过程中，我们应该根据实际情况和条件，选择并改编一些教学活动，以增强教学活动的灵活性。为了吸引学生的注意力并激发他们对课程的兴趣，我们可以创建一个绘画游戏学习空间，这将给学生营造一个轻松的课堂氛围，并使学生能够从被动学习逐渐转向主动学习。

四、实践与分类运用

游戏具有一定的吸引力，我们的学生都喜欢玩游戏。一旦他们进入游戏的世界，往往能够沉浸其中，享受游戏的乐趣。对智障学生而言，以直观形象的方式呈现课堂内容，有助于加速他们的理解进程。因此，为了提高教学效果，教师在课堂上设置一些简单的互动小游戏，创设一个游戏学习空间是十分必要的。

（一）摸箱游戏

在平日的师生互动中，笔者发现这个年龄段的学生普遍具有强烈的好奇心。在与学生的交流中，笔者发现他们热衷于购买盲盒形式的玩具，因为他们享受这种充满未知和刺激的拆包过程。所以，笔者经常会在课上增加摸箱游戏，来提高学生的参与度和吸引他们的注意力。例如，在教学《纸扇花》这一堂课时，笔者利用摸箱游戏进行了课堂导入。在教室的一角布置一个小摊位，在上面摆放不同的小盒子和本节课所需的教具，其中一些盒子里放了一张有折痕的彩纸，而另一些盒子里则放了一张全新的彩纸。在正式上课时，笔者先设置了悬念，表示今天的主角就在我们的盒子里面，需要学生排队选择自己喜欢的盒子并打开看看里面有什么。然后，让学生通过看一看、摸一摸自己和同伴手里的彩纸，来说一说两张彩纸之间的区别。通过实际操作，学生可以感受到"折"的概念，知道彩纸是可以折叠的。A、B层的学生主动举手要求上台进行选择，C层的学生也能在教师的帮助下选择并感受不同彩纸之间的区别。

（二）"找数字"游戏

对我们的学生来说，连边对折边对齐都是一项颇具挑战的任务，更不用说连续前后正反对折了。因此，在思考如何破解这一难点时，笔者尝试了许多方法，最终选择了"找数字"游戏。四年级的学生对数字1~7非常熟悉，因为这些数字在日常生活和数学课堂上经常用到。例如，在教学《纸扇花》《折纸向日葵》这两节课时，笔者先用投影仪一步步向学生示范制作技巧，并使用PPT显示分解步骤。鉴于学生的差异性较大，当教师讲解连续前后正反折的第二步时，会在彩纸的正反面标注数字1～7（见图1），并告诉学生两个数字1是好朋友，需要通过"折"的方式将1和1重合，让它们相遇，再是2，将2和2重合，依次重复下去，使整张纸形成一个"纸条"状。通过"找数字"这一小游戏，我们成功突破了难点，降低了B、C层学生的学习难度。在实际课堂活动操作练习时，A层学生能够快速自主完成，B层学生也能根据数字的视觉提示独立完成，C层学生在教师的语言和视觉提示下，根据找数字，再一一对应，最终也能完成。

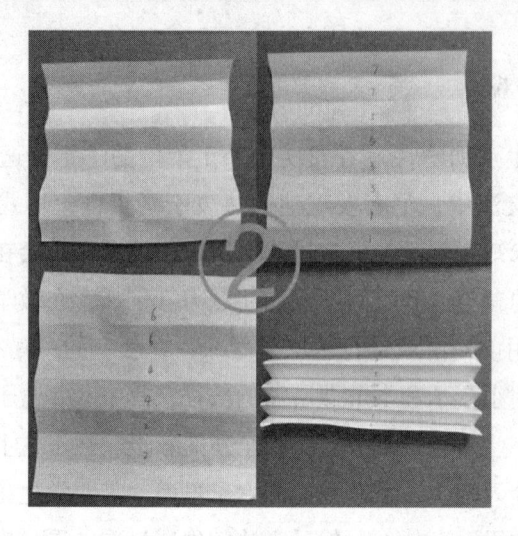

图1

（三）多媒体拼贴游戏

多媒体课件是课堂上必不可少的，我们可以通过多媒体播放音频、视频来吸引学生的注意力，也可以通过多媒体来播放一些示范解析动图和视频。教师可在多媒体课件中加入一些简单的师生或者生生互动小游戏。比如，在进行《猕猴桃糖葫芦》的教学时，由于学生在之前的《山楂糖葫芦》课程中已经练习了搓圆的步骤，所以，本节课的重点和难点就在于如何叠加不同颜色的彩泥和点缀猕猴桃籽。在新授环节中，教师鼓励学生通过观看视频和观察图片来深入观察和分析猕猴桃片的结构。为了更好地让学生理解猕猴桃片的结构，笔者在希沃课件中设计了一个小游戏，让学生通过色块拼贴来直观地了解猕猴桃片的结构。

（四）竞赛游戏

在实践训练阶段，考虑到学生尚处于能力养成阶段，我们先安排他们观看预先录制的操作视频，随后通过动图展示来细致解析每一步。之后，在教师的逐步示范与讲解下，学生跟随教师的步骤进行实践操作，教师每示范和讲解一步，学生就跟随练习一步，这样就能及时发现并纠正学生出现的问题。以《猕猴桃糖葫芦》这一课程为例，由于在之前的课程中学生已多次练习搓圆技巧，本节课对此部分内容只进行了简要讲解。然而，在压扁环节中，部分B、C层的学生在控制力度和塑造圆片形状方面存在困难。所以，笔者为学生提供了彩泥盒上的圆盖进行辅助。在练习时，笔者设定了一分钟的竞赛游戏，鼓励B、C层的学生在这一分钟内竞相压出最为标准的彩泥片（评价标准为彩泥片是否够圆及厚度是否适中）。倒计时结束后，请A层学生进行检查和点评，挑选出最为出色的作品。由于竞赛的激励，B、C层的学生表现得十分积极，而A层的学生也会在一旁边提醒他们，课堂氛围立马就变得热烈起来。接着，借助之前课件和任务单中的拼贴游戏，学生已了解如何将三个不同颜色的彩泥片进行叠加，于是，教师便要求学生自主完成三色叠加，同时，也会从旁给予适当的指导。

（五）拼图游戏

对我们的学生来说，教具不能单一，我们需要运用多种多样的教具来吸引他们。因此，在课堂实践中，笔者制作了一些简单几何图形形状的色块图卡。同时，笔者还设计了一些符合学生实际情况的任务单，指引学生在自己的课桌上进行拼一拼、摆一摆，从而直观地感受不同色块之间的位置和大小关系。

在《猕猴桃糖葫芦》这一课的练习环节，笔者根据学生的不同水平和需求，设计了具有针对性的任务单。每份任务单都包含一块磁吸的小白板、三个不同颜色的磁吸圆片和一只勾线笔。任务要求是：A层学生能在自己的小白板上，叠加好三个色块并在准确位置点上猕猴桃籽；B层学生能在教师的提示下，叠加好三个色块并在准确位置点上猕猴桃籽；对于C层学生，笔者提供了一块已经叠加好三个色块并画好猕猴桃籽的塑料胶片，要求他们能够将其贴到准确的位置。

在实践操作环节，虽然出现了一些小问题，但每个学生都认真地跟随教师的指导动手操作，并主动请求检查他们的作品是否正确。这种分层练习的方法充分考虑到了每个学生的学习特点和需求，使得他们在实践中不断提升自己的能力。

在画一些简单的简笔画时，笔者会将物品简化成一些几何图形。然后，拿出学生喜欢的磁性几何拼图玩具或积木，让学生一起搭一搭、摆一摆，再根据搭出来的造型进行仿画。例如，在教学生画城堡或房子时，笔者先通过视频让学生了解如何通过搭积木来制作房子。随后，让学生一起玩积木，通过搭建和摆放来制作自己的城堡。最后，让学生根据自己搭出来的城堡在纸上进行仿画（如图2）。

在教学生画火车时，笔者下发了一些印有不同几何图形拼成的火车的任务单。学生需要从任务单中选择相应的磁性几何图形，并根据任务单上的造型摆一摆，再进行仿画（如图3）。

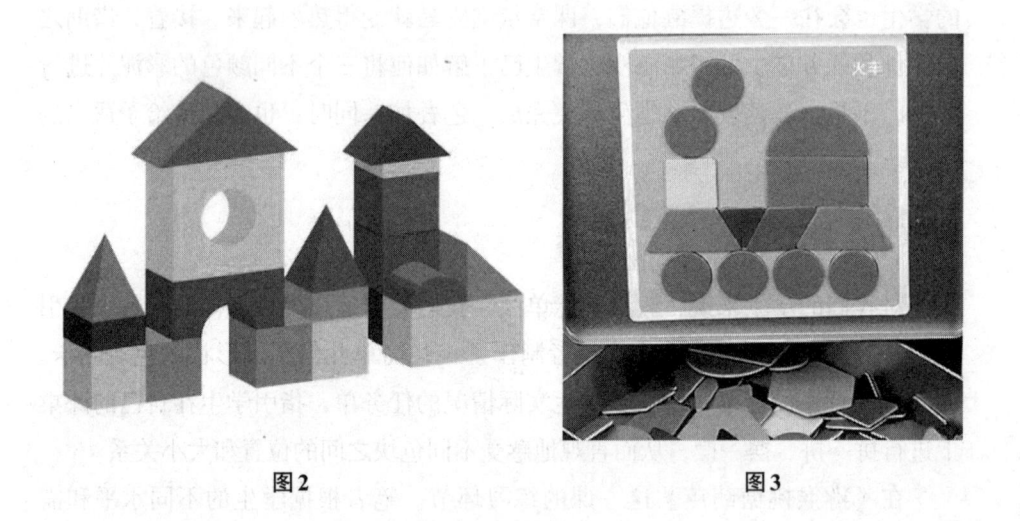

图2　　　　　　　　　　图3

（六）找影子游戏

在引导学生使用彩泥制作简易物品的过程中，笔者运用了多媒体课件，并设计了一个互动小游戏——找影子。具体而言，以《荷包蛋》这一课为例，在引导学生学习蛋白边缘不规则的特点时，笔者先在多媒体上展示不同造型的荷包蛋及其影子。在教学过程中，笔者用手电筒照射各种物品，让学生发现物品和它们的影子是密不可分的,以此启发学生理解形影不离的概念。然后,笔者告知学生荷包蛋和它们的影子走散了,需要学生的帮助才能让它们重新相聚。最后,邀请学生上台进行一一对应,帮助荷包蛋找到各自的影子。

五、效果与反思

(一)效果

人们常说"兴趣是最好的老师",所以,在设计空间时,笔者充分考虑了这一因素。对我们的学生来说,理解不同物品的形状、空间概念及大小差异并进行区分是比较困难的。但是,学生能够通过游戏学习空间中的各种游戏活动,如"拼一拼""叠一叠""贴一贴""找一找""摸一摸"等,来克服这些难点。这些游戏活动激发了学生的学习主动性,提高了课堂参与度,很符合我们常说的"玩中学、学中玩"这一理念。

通过将学习内容与游戏相结合,可以有效地提高学生的学习兴趣和主动性,让学生在轻松自然的氛围中学习、理解和掌握相关技法。A层学生一如既往地主动参与活动,也会主动引导同伴一起参与;B层学生也会在同伴及老师的影响和引导下,开始主动要求参与活动;最出乎意料的是C层学生,尽管他们的技能水平相对较差,但在老师和同伴的帮助下,也能够积极参与各种游戏互动,并成功完成一幅完整的作品。

(二)反思

1. 尽管课堂活动的设计仍存在不足,但学生的课堂参与度和作品成果超出了笔者的预期。每个学生都非常认真地参与各项活动。在操作练习时,虽然小问题不断,但学生始终积极尝试,寻求解决方案。如何在之后的教学中更好地调动学生的兴趣和参与度,是需要继续探索和改进的。

2. 由于学生的生活经验和感受具有多样性和差异性,因此,如何在教学过程中应对这种差异并满足不同学生的学习需求,是教师需要考虑的重要问题。

3. 个别学生的主动学习能力较差,如何促使学生在各类活动中积极主动地发现、探究和运用所学的技能,是教师需要在教学中持续探索和尝试的重要方向。

4. 为了准确评价和反馈学生在游戏学习空间中的学习成果，有必要建立一套科学的评价体系。

在研究实施过程中，我们收获颇丰，但也发现了自身的不足，及时进行了自省与调整。我们期待每个学生在不同方面都能取得进步，并期待在每一次课堂上都能发现他们带给我们的小惊喜。希望孩子们能继续这般简单、快乐地参与绘画与手工课堂活动，并从中体会绘画与手工的乐趣。愿他们能通过手中的"画笔"，变成神笔马良一般，记录生活、描绘梦想、憧憬未来！

利用"活动木偶"创设绘画与手工学习空间的实践研究

翁雪琪

摘要：在绘画与手工课堂中，让智力障碍学生体验创作的乐趣，是提升他们审美、想象和成功感的核心。但在日常教学中，由于学生的特殊性，他们无法直接感知美，缺乏创造美的能力，创设学习空间能够为他们的个性发展提供有效的帮助和支持，课堂教学和学习活动也会因此而多彩并充满活力。本文以"活动木偶"为例，介绍教师如何利用此学习空间，为学生搭建学习支架，让其在"画人物"时更易理解，更乐于操作。

关键词：绘画与手工　活动木偶　创设学习空间

一、选题缘由

"造型·表现"是通过观察、认识一些基本造型元素，学习运用一些基本形式原理来进行造型的活动，可以说，它是学习绘画与手工的基础。对有智力障碍的学生而言，他们的美学感知力相对较弱，且创新能力的培育仍处于初级水平。这些学生大部分关于艺术课和成品的理解主要来自于"造型·表现"领域的表现形式。教师需要特别重视学生的积极参与和实际感受，给他们机会去接触并探索艺术的世界，让他们基于对艺术品的观察和理解来激发想象力和自主创作能力。但由于学生的特殊性，特殊教育中绘画与手工课的教学存在许多问题，其中，"人物画"是绘画与手工教学中的重难点。把握好"画人物"的问题，有助于提高学生的绘画水平，同时，也能够使学生的观察能力和记忆力有所加强。

在实际教学中，学生能够通过多媒体的展示和生活经验知道人由头、颈、四肢和躯干组成。然而，由于自身的思考、认知及理解力相对较弱，他们对于一些抽象和概念性的内容很难掌握。在这种情况下，学生学习绘制人物的难度显著增加，能力相对较好的A层学生能够依据图片模仿画出人的形象，但整体的比例通常会出现失衡。有些手臂从腰部长出来；有些手臂画得比腿还长；有些身体特别短，显得整个人不太协调……且画出来的人几乎都是站立的姿态，十分呆板。而能力相对较弱的B、C层的学生更是画得"天马行空"，不是缺胳膊少腿，就是自创"外星人"，看着真让人哭笑不得。想要画好人物的比例对这些学生来说确实有些难度，而要画出人物的动态更是难上加难。因此，他们需要先了解人物运动时的肢体变化，学习观察四肢、头颈等关节部分的弯曲变化才能表现出人物的动态特征。传统的视频和图片展示枯燥且难理解，学生毫无兴趣，也无从落笔。怎样才能使每个学生画出来的人物都不再是呆板的"大"字形，而是比例协调、生动有变化的呢？这是教师一直在思考的问题。教师希望学生能够通过自己动手去探索、去感受人物的结构和动态，为他们带来更好的造型活动体验。

《培智学校义务教育绘画与手工课程标准（2016年版）》也明确提出："本课程强调教师创设适宜的条件，运用灵活多样的教学方法和趣味化的教学手段，激发学生的学习兴趣，引导学生参与活动，在体验、操作过程中获得美的直接经验，感受学习的愉悦与满足。"创设实践学习空间能够促使学生更易理解教师上课的内容，增加课堂的趣味性，从而达成有效学习的目的。

二、实践探索

（一）空间的创设

传统的人物造型训练应涵盖对人体构造原理的讲述、艺术专有词汇的解释及对应绘画技法的传授等。然而，对于特殊学生而言，他们的理解力和思考力不足以让他们掌握复杂的角色塑造理论，因此，激发他们的学习热情成了关键驱动力。在激励学生积极地研究和解析人类身体的主要构造时，教师设计制作了一个基于人体基础架构的"活动木偶"，如图1所示。

图1

教师用硬卡纸剪出组成人体的各个部位：头、颈、手臂、手、腿、脚、髋部、躯干。在每个关节上用打孔器打好洞，用双脚钉进行组装，使每个关节都可以活动。学生可以通过对肢体的摆动轻易变换出自己想要的人物动态，如跑步、跳跃、弯腰、坐、蹲等。利用这一道具，教师还进行了一个单元设计"学习画人物的动态"。

因此，学生能够借助教师的引导和自我实践操作来正确理解并掌握人物基本构造和表现技巧，并在此前提下，利用个人方式描绘角色的各类动作，从而创作出生动活泼的作品。这对他们的个性和创意的发展及创新思维的培育都具有积极的影响。

（二）空间的运用

1. "活动木偶"在课堂教学中的运用

（1）利用"活动木偶"认知人体结构

在人体的结构讲解中，教师通过信息技术将"活动木偶"呈现在多媒体上，使其各个部位可以被自由拖动。让能力较好的学生动手操作拼成一个人的样子，能力一般的学生只须把对应的部位拖入虚线勾勒出的"活动木偶"中，能力较弱的学生只须在指定的人体部位涂上颜色。这样的空间设计针对学生的不同情况分组要求，使每位学生都乐于积极尝试，加深了对人体结构的认知，更直接地感知整个人的大小和比例，也为"画人物"做好了充分的准备。

（2）利用"活动木偶"感知人物动态

在人物动态的欣赏中，教师将"活动木偶"变换出不同的动作，再搭配上相应的环境，让学生说一说这个人在干什么？你怎样判断出它的行为？由此让学生明白人物的肢体变换能表现出不同的动作效果。如，双腿交叉，双手举过头顶，可以看出他在跳舞；两脚一前一后，双手交替举起放在腰间，可以看出他在跑步；双脚跳起，双手举过头顶微曲，可以看出他在投篮。通过肢体不断地变换引起学生的学习兴趣。接着，让一位学生也来尝试摆动"活动木偶"，其他同学在台下观察四肢的状态来猜一猜木偶在做什么。看到木偶千奇百怪的姿势，学生都忍不住哈哈大笑，大家乐在其中，活跃了课堂气氛。这样有趣味的"活动木偶"不仅让学生认识了人的身体构造，还培养了他们观察和思考的能力。

（3）利用"活动木偶"延伸想象空间

在教《画跳舞的人》这一课时，由于学生的想象力较弱，教师可以在多媒体上展示各种各样的跳舞姿态，请学生来模仿，亲身体验动作的姿势，感受各个关节的活动。在此基础上，笔者设计了"摆一摆"的活动来突破这一难点。每位学生人手一个"活动木偶"，将刚才模仿的姿势摆出来，学生都饶有兴致地操作起这个"小玩具"。A层学生可以发挥想象，自由地摆出各种各样的舞蹈姿势，B层学生能照着一个舞蹈姿势摆一摆，C层学生则是照着木偶的样子摆一摆。

就这样，从做动作、摆动作到画动作，一步步地让学生自己动手感知，由浅入深地对画人物有了正确的认知。"活动木偶"的设计旨在提高学生的学习兴趣和发挥他们的想象力，使其敢于行动，勇于尝试。学生通过实践操作逐步探索人物的姿势变换，感受艺术学习的乐趣，成功地激发了他们的多感官参与，让他们能以更高的专注度去理解和掌握知识及技巧，学习效果得到显著提高。

2. 利用"活动木偶"设计学习任务单

在学生创作的过程中，可根据学生能力层次，分组要求。如，在画"跳舞的人"时，要求A层学生将自己摆好的木偶照样画出来，还可以根据想象画出多个姿势不同的人物；B层学生在教师的引导下摆一摆，描出摆好的姿势；C层学生只须照着老师摆好的姿势，在有虚线提示的纸上描一描。这样，每个层次的学生都能完成他们的学习任务，通过使用"活动木偶"来理解如何绘制"跳舞的人"，学生体验到了人体动作的美感。

画出人物动态只是画人物的一部分，画出动态后，教师还需要让学生为他们添上漂亮的衣服、丰富的表情、发型等。在后期的教学中，学生还可通过"活动木偶"来学习画人物的装饰。A层学生可在画好人物动态的基础上自行添加衣物、表情等，让人物变得更加丰满生动；B层学生利用"活动木偶"进行"换装游戏"，挑选自己喜欢的衣服给木偶穿上，照着样子画一画；C层学生只须为木偶穿上衣服，感受装饰带来的美。这样的任务单分层清晰，任务明确，操作有序，使每位学生都乐于积极尝试，延长了有效学习的时间。

3. "活动木偶"在教学评价中的运用

直接的语言评价对于智障学生来说只是激励的一部分，通过实践，教师发现，直接的视觉刺激更易于激发学生的学习意识，提高学生的学习效率，促进学生理解和感知学习内容，掌握和运用学习方法。直接奖励贴纸、手工花，甚至小饼干、糖果等都是他们很喜欢的方式。在教"画人物"时，教师除了通过语言、眼神、肢体等对学生的学习行为给予正面评价，也可以利用"活动木偶"，根据学生的学习态度和学习过程、学习效果等进行多方位评价。课前，教师设计了评价表贴在黑板上，帮助学生实时了解自己在课堂上的表现状况（见表1）。

表1

模块\姓名	学习态度	学习过程	作业情况
学生A			
学生B			
学生C			
学生D			
学生E			
学生F			

如，在上《跳舞的人》一课时，教师把各种舞蹈姿势的木偶人贴在对应的模块中，对学生的上课表现进行奖励与评价；在上《运动的人》一课时，则会用各种运动姿势的木偶人来代替。通过表格的形式及时反馈学生的学习状态与学习成效，形象生动的木偶人也为激发学生学习的内在动机锦上添花，使绘画与手工课堂的教学更扎实和高效，为进一步的教学打下了坚实的基础。

除了对学生的课堂表现进行评价外，教师还针对整个单元设计了单元评价表（见表2），在每节课的对应位置贴上相对应的动态木偶，非常形象地让学生明白自己的学习情况。

表2

课题\姓名	躺着的人	坐着的人	倒立的人	运动的人	跳舞的人
学生A					
学生B					

（续表）

课题 姓名	躺着的人	坐着的人	倒立的人	运动的人	跳舞的人
学生C					
学生D					
学生E					
学生F					
独立完成的贴3个木偶人；需要提示辅助完成的贴2个木偶人；需要大量辅助完成的贴1个木偶人					

4. "活动木偶"在课后练习中的运用

课后练习也是绘画教学中重要的组成部分。教师会利用课后的练习协助学生深化课堂所学的内容，并找出各个主题间的关联点，以提高课程品质。在每单元的最后一堂课中，教师先对描绘人像的相关理论与技巧做全面梳理，然后，借助"活动木偶"的活动形式设置一系列练习，以便观察学生对于这些概念的理解程度。如，在完成人物动态的学习后，引导学生在平时也仔细观察生活，尝试用"活动木偶"摆出让自己感兴趣的人物姿态，并用画笔记录下来。教师会让他们从最亲近的人开始，邀请他们在回家后以父母为主题创作一幅画。这种方式不仅可以加强学习效果，还能提升他们的创新思维和想象力。

三、研究成效与反思

（一）创设趣味多变的实践空间

"兴趣是最好的老师"，在创设空间时要牢记这一点。尽管描绘人像通常是一节单调乏味的课程，学生主要依赖于教师对内容的解释来理解。但活灵活现的人物模型"活动木偶"的设计成功地激发了学生的主观积极参与度，使他们能够从细致入微的角度洞察动作的变换，通过亲身经历感受角色形象的美感并从中吸取经验教训，掌握塑造技巧的能力。享受乐趣的学习过程使他们在不断

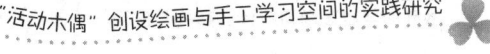

的训练下增强了艺术技能水平。作为一名教育者，应持续优化实际操作环境以提升课堂效果，帮助那些特殊的学生感受绘画与手工课所带来的生动与活力，激起他们的创造力和表达欲望。

（二）创设激发学生自主探究的实践空间

以往的教学方法通常是以教师主导而学生被动接受的形式，这使得学生的学识水平及对学习的热情无法得到提升。特别是绘画与手工这样的学科，这个情况会使课程的实施变得更为困难。教师必须深刻理解旧式教育的限制，并把更多创新性的教育观念融入授课过程，通过创造实际操作的环境来填补旧有教学法的缺陷。"活动木偶"的设计成功地激起了学生的兴趣，再加上"人体组装"和"你摆我猜"等小游戏，能鼓励他们自我探索，从而唤起他们的求知欲望和探究精神，让他们更加热衷于课堂上的互动环节。绘画与手工不同于其他学科，它的发挥空间很大。虽然特殊学生的想象力和创造力非常弱，但也要尽可能多地让他们去体验、去感受。

（三）创设增强学生情感体验的实践空间

通常情况下，实践空间包含观察、画图与游戏的学习环节，让学生通过持续的自我探究和实验来逐步了解人像的基本构造及形状等要素，并着手描绘动作。在这个阶段，教师如果利用当代科技手段，毫无疑问能够推动学生更好地掌握绘画技巧，增强他们学习的热情。例如，对于人类身体的构成及比例关系，仅凭教师的讲解或教材中的示例，学生可能难以完全领会其含义。教师可以利用多媒体技术，引导学生将"活动木偶"进行拆分和组合，使他们更充分地参与到教学活动中，创造更多的互动体验，既增强了课堂的趣味性，又达到了学练结合、玩中学、学中悟的目的。

当然，"活动木偶"只是作为一种教学支架，离开这个支架后，教师还要引导学生多多关注日常生活和周边环境，结合生活经验进行教学，协助学生拓宽眼界，让他们有条件接触并了解生活中的各色人物，引导他们领悟特定环境下人物应有的身体姿态，在心中构建与之相关的人物动作的画面，持续充实头脑中的角色库存，以便将来创作时使用。此外，还可以有效地将空间设计和信息科技相结合，使教学更贴近学生的日常生活，减少他们与绘画创作

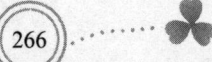

之间的距离感，从而让他们能更加自信地进入绘画领域，创造出更多的艺术惊喜。

参考文献：

［1］王京林.传达情感创新想象——浅析小学美术低段如何进行人物"造型·表现"教学指导.考试周刊，2021（A1）：166-168.

为智障学生构建愉快的美术教学实践空间

黄　旭

摘要：随着素质教育的快速发展，特殊教育引起了广泛关注。本文以特殊教育学校的美术教学为例，研究如何通过搭建美术教学实践空间为智障学生构建全新的学习场景。从智障学生的认知特点出发，明确为智障学生构建愉快的美术教学实践空间的重要意义，提出为智障学生构建愉快的美术教学实践空间的策略，旨在为智障学生提供更优质的美术学习环境，促进智障学生的进步。

关键词：智障学生　特殊教育　美术教学　实践空间

特殊教育面向的教育主体有一定的特殊性，这一群体在智力上、心理上存在一定问题，无法适应常规的教学。对智力障碍学生而言，其在信息感知、信息加工、语言系统及思维发展方面都有鲜明特点，与普通学生存在差距。为智障学生开展美术教学实践，需要搭建全新的实践场景和实践空间，提供针对性的美术教学环境，从而促进智障学生的成长。

一、智障学生的认知特点分析

智障学生由于生理发育较为滞后，神经系统发育普遍落后，在视觉、听觉、嗅觉、味觉及触觉等方面均有不同程度的障碍，对智障学生的认知特点进行分析，有助于为智障学生提供针对性的教学场景，提高美术教学质量。这些认知障碍特点主要包括以下四个方面。

（一）信息感知特点

智障学生的信息感知能力普遍低于正常学生，对事物的分辨和处理能力偏弱。在特殊教育的实践中，教育内容会根据学生的认知特点做出调整。结合美术教学例谈,笔者发现智障学生对于颜色的识别显著弱于正常学生,在进行颜色识别时,极容易出现错误。对于抽象的线条、具体的图形等,他们感知和理解的能力薄弱。智障学生的信息感知特点鲜明,为美术教学带来一定挑战。

(二)信息加工能力特点

信息加工能力指的是个体围绕信息的整合能力,包括在获得信息要素后,对信息进行整理、存储、记忆与加工,掌握信息的本质。智障学生在信息加工能力上的薄弱,导致无法第一时间了解和剖析信息的本质,并且由于智障学生对知识的记忆时间存在时限性,随着时间的推移,新旧知识的衔接容易产生问题。他们信息加工能力的薄弱,导致教学活动需要一定的重复性。

(三)语言系统特点

语言系统可以分为两个部分,分别是语言理解和语言表达。智障儿童的抽象能力较弱,对语言当中涉及的抽象内容较难理解,长期记忆是智障学生语言系统强化的主要方法。在语言表达上,智障学生无法及时地表达个人想法,对语境理解极容易出现偏差,经常会出现答非所问的情况,甚至是用重复性的语言。

(四)思维发展特点

智障儿童的思维发展进度缓慢,处于较低水平。轻度智障学生在11岁左右能具备一定的逻辑思维能力,14岁左右能理解抽象概念。但重度的智障学生基本无法形成正常的逻辑思维。在这种情况下,需要结合学生的基本认知特点,合理地安排教学方案,落实美术教学的具体细节。

二、为智障学生构建愉快的美术教学实践空间的意义

针对智障学生开展的教育实践,要充分考虑到每一个智障学生的个体认知特点,从而做到"对症下药",构建愉悦的教学环境和教学场景,使得美术教学的实践空间得到拓展,为智障学生的学习提供坚实保障。

（一）发挥补偿教育作用

对智障学生开展教育实践，既要考虑到智障学生的学习情况，也要关注智障学生的个体成长，美术教学实践空间的搭建，能够发挥补偿教育的作用。第一，美术教育实践空间能培养智障学生的自我控制能力，美术课与传统的课程呈现方式不同，更容易调动学生的积极性和主动性，以鲜明的色彩、多样的活动形式吸引智障学生的注意力。第二，培养智障学生的自信心。对智障学生而言，语言表达和交流存在障碍，无法及时地表达自己的想法，势必造成自卑、沟通障碍等问题，而美术作为一种会说话的艺术，能够让智障学生努力地表达自己，以直观的方式表达个人意愿并树立自信。第三，引导智障学生参与协作。教师可以在美术课堂上开展实践场景教学，搭建以美术为核心的实践性空间，能更好地鼓励和引导智障学生开展合作与交流，体会到合作的乐趣。

（二）培养智障学生的非智力因素

美术课程属于需要动手实操的实践性课程，在实操过程中，学生的逻辑思维也将得到进一步的增强。结合智障学生的基本特点，笔者发现智障学生对于美术有自己独到的理解，通过操作和参与其中，智障学生的综合能力能够得到强化。美术课程能提高智障学生的感知力，并通过内容感知充分调动智障学生的视觉、听觉和行动。美术教师针对智障学生开展教育实践，能够增强智障学生的情感体验、注意力及心理健康。可见，美术教学实践空间的搭建有助于培养学生的非智力因素，对智障学生的成长有积极意义。

（三）有利于智障学生的康复训练

智障学生的康复性训练是一个必要过程，将其融入课程对康复性训练效果的进一步增强有积极意义，要抓住这一点，做好美术教学实践空间的拓展。美术是与视觉紧密联系的，在美术教学中要充分使用图像，以色彩表现力提高智障学生的感知能力，调动智障学生的视觉、听觉与行动，做到手眼耳的协调，发挥康复训练的价值与效果。

三、为智障学生构建愉快的美术教学实践空间的策略

为智障学生构建愉悦的美术教学空间，需要考虑到每一个智障学生的基本特征，并结合美术教学的全过程，从教学目标、教学内容、教学方法及教学评价等方面出发，形成针对智障学生的完整的美术教学方案，为每一个智障学生的成长服务。

（一）明确美术教学实践空间的性质与教学目标

通过美术课程对智力障碍儿童开展美术教育是促进他们智力开发与补偿身心缺陷的教育手段，为培养他们自食其力打下基础。相对于普通儿童的美术教育来说，智力障碍儿童的课程应更多地注重矫正儿童的感知缺陷和肢体活动障碍，一些被普通学校当作隐性课程的课需要课程教案来明确提出，如感官知觉、粗大动作、精细动作、沟通、认知、社会适应、休闲娱乐、生活自理等。通过对美术教学实践空间的性质分析，笔者发现智障学生的美术教学有鲜明的特点。在知识与技能上，强调通过美术课堂的学习之后，智障学生可以掌握一定的美术基础知识，能尝试其他绘画工具、材料和制作过程，学会一定的绘画或者手工技能；在过程和方法上，要让智障学生能以个人或集体的方式参与美术活动，在美术活动中开展动手动脑的训练，培养智障学生的观察力、想象力、欣赏能力等，体会美术活动的乐趣；在情感态度与价值观上，要纠正他们的感知缺陷与不足，扩大视野，结合美术活动的基本特点培养学生的审美情趣。

（二）搭建美术教学实践空间的基本框架

对智障学生开展美术教学实践，要充分考虑每一个智障学生的基本特征，并在明确的教学目标的指引下，使智障学生的美术学习体验感得到增强。在本次针对智障学生的美术教学实践空间的打造上，形成包含绘画、纸艺手工、陶艺雕塑的全新空间，以这一类的教学内容带给智障学生新的学习体验。

在绘画实践空间中，包含了油画棒画、水彩笔画、黑白装饰画、水墨画、水彩画等多种类型。教师要引导智障学生使用绘图工具画出直线、曲线、弧线等，懂得基本的透视关系，学会前后遮挡和主次关系的构图，并教他们认识原

色，理解间色、复色的调配方式，学会不同绘画材料的着色方式。可以让他们参加简单的写生，也可以对一些特定的主题按照记忆进行表现。

在纸艺手工实践空间中，包含拼贴画、折纸、剪纸等内容。教师要教学生正确地使用刀、剪子等工具，并通过纸艺手工的基本特点强化智障学生的精细动作能力，熟悉剪、刻、折、撕、贴等方法，尝试自行创造。如，在装饰学习空间中，以参与室内装饰等形式引导智障学生主动进行纸艺手工的操作，强化精细动作能力。

在陶艺雕塑实践空间中，包含圆雕和浮雕的内容。陶艺雕塑的特点鲜明，需要智障学生进行动手实操，将多种材料结合，并学习搓、捏、挖、压等精细动作，能够做出简单的立体造型。

应结合智障学生的基本特点，搭建美术教学实践空间，绘画实践空间、纸艺手工实践空间及陶艺雕塑实践空间的形成，丰富了特殊教育学校美术教学的内容，为智障学生提供了具有针对性的内容，让他们收获了全新的美术学习体验。多元的美术教学内容还能唤起智障学生的参与兴趣，使他们能在愉悦的学习环境中接触美术，感受美术课堂的独特魅力。

（三）精选美术教学实践空间的教学方法

智障学生美术教学实践空间的打造，在确定了基本的教学目标和教学内容后，进入到教学方法的创新阶段，对智障学生的教学方法选择要区别于正常儿童，要保持教学方法的针对性、有效性。

例如，在《可爱的小鸭子》绘画教学中，教师要结合教材内容和多元教学资源，选择一幅简单的小鸭图案，在黑板上按照图案中的线条进行绘画，重复线条动作，让智障学生对线条有初步的了解。尔后，教师让智障学生进行模仿绘画，进一步加深他们对线条的了解和掌握，这种讲解式的教学方法是针对智障学生的一种有效的教学方法，有助于这一群体对绘画内容建立初步了解，并能使用线条、色彩等创造出更多新的作品，还能强化视觉记忆能力。又如，教师可以结合智障学生的特点，定期安排一些外出实践性活动，走出课堂，看看春天树梢的嫩芽、雨后黑色的泥土、天空中的白云变化等，课堂外实践性空间的创造让智障学生接触到的学习空间得到进一步的拓展，摆脱了传统课堂框架的限制和约束，使智障学生的体验感进一步提升。在实践活动后，可以引导智障学生进行绘画写生，以绘画的方式来表达情绪，传递出对于大自然的热爱，抒发自己的情感。

除了一些基础性的示范教学、外出实践教学外，校内的美术教学实践空间的搭建也要发挥作用，利用好校内的实践空间对智障学生实践能力的强化有积极意义。在《花衣服》一课上，包含了色彩、图形等内容，教师可以通过引导智障学生参与实践的方式让体验式教学法发挥作用。教师要在美术课堂上准备好基础性的活动用具，包括碎布块、旧报纸、水彩笔、胶水等工具，利用多媒体设备将衣服的简易制作过程进行呈现，短视频教学资源要形象、具体。然后，引导智障学生参与到具体实践中，亲自动手制作，并在他们完成作品后举办小型的手工服装展，让每一个智障学生的作品都可以得到展示，树立智障学生对于美术学习的自信心，充分感受美术课堂所展现出的独特魅力，深刻地感悟、体会美的存在。

由于智障学生的学习特点鲜明，要充分考虑到每一个智障学生的个性特征，在进行美术教学实践中积极构建愉快的教学实践空间，使得美术教学质量进一步提高，激发智障学生的主动性与积极性。在本次的美术教学方法的选择上，教师灵活运用了讲解法、示范法、实践教学法、体验教学法及多媒体教学法，确保每种方法的组合都能产生化学反应，使得智障学生的美术学习体验得到进一步的强化。

（四）开展美术教学实践空间的教学评价

教学评价是整个教学环节中的关键一环，从教学目标确定开始到指导教学评价结束，智障学生的表现如何都需要依靠教学评价进行总结。为此，在本次的实践中要充分考虑到这一点，对智障学生在美术教学实践空间中的表现进行科学评价。一方面，建立健全过程性评价方案。对智力障碍学生群体，在美术教学实践中，要考虑到他们的个体差异，做好内容的合理安排，以便于评价的结果具有准确性。具体而言，过程性评价关注的焦点是智障学生在美术课堂上的全过程表现，包括绘画色彩的认知、线条的使用、主动性等，这些都可以成为过程性评价的主要指标和要素。过程性的评价与实践，能真实地反映每一个智障学生的个性化特征，从而帮助教师及时地对美术教学实践空间进行调整和优化，确保每一个教学重点都可以清晰、具体；另一方面，打造动态的评价环境。如，在班级内张贴智障学生的成长表，采取小红花、小红旗等方式对每一个智障学生的表现给出科学评价，让智障学生可以看到自己的成长，从而在面对学习内容时更主动、更积极。全新的教学评价方案的生成，使得智力障碍学生的美术实践活动的全过程得到评价，并且让他们可以看到自己的成长状态，让每一个智障学生的成长空间得到拓展。

综上所述，智障学生成长环境的特殊性在一定程度上决定了教学内容需要做出调整与优化。特教教师要不断做出教学新尝试，教学实践空间的拓展成为了新的选择。在本次的美术教学实践中，教师针对智障学生进行了教学内容的重构和优化，全新的教学实践空间得以形成，为智障学生提供了良好的学习环境，并给他们带来了全新的学习体验，实践效果显著。

参考文献：

［1］崔莉莉.让美术为聋生打开另一扇窗——小学特殊教育中聋生美术教学的意义与路径［J］.天津教育，2023（20）：7-9.

［2］黄丽娟.特殊教育学校美术教学与美术治疗融合的现状及对策——以湛江特殊教育学校为例［J］.新智慧，2023（10）：15-16.

［3］林月月.特殊教育美术欣赏教学探究［J］.基础教育论坛，2023（02）：45-46.

［4］胡佳娟.特殊教育美术课堂中情境趣味化教学策略研究［J］.科幻画报，2022（12）：147-149.

［5］赵张杰.如何在特殊教育中加强美术教育［J］.河南教育（基教版），2022（06）：78-79.

［6］陈宜.特殊教育地方美术校本课程开发的研究［J］.基础教育论坛，2021（35）：105-107.

［7］向峰.探讨核心素养背景下特殊教育学校聋生初中美术的教学策略［J］.新课程，2021（29）：51.

［8］姜丽飞.特殊教育学校小学聋生美术欣赏课教学研究［C］//教育部基础教育课程改革研究中心.2021年基础教育发展研究高峰论坛论文集.北京：［出版者不详］，2021：1167-1168.

［9］赵新燕.信息化教学在特殊教育美术课堂中的应用研究［J］.山西青年，2021（11）：117-118.

后记

近年来，随着社会的发展，培智学校学生的障碍类型也发生了明显变化，多重障碍与自闭症儿童逐年增多，因此，培智课堂教学的变革势在必行。同时，培智学校义务教育课程标准的颁布，也为学校课程规范化建设及实施吹响了号角。培智课堂的教学研究是推动与落实课程改革理念的基础，立足课堂教学、解析培智学生发展需求、创新课堂教学方式、提高学生学习效果是关键。倾全校教师之力，助推教学之发展，以此为念，我们锲而不舍地勇攀教学研究之峰。"星星之火，可以燎原"，教学研究前进一小步，就可能坚定更多教师开展教学研究的信念，开启更多教师教学研究的灵感，激励更多教师实践教学研究，众志成城，铁杵磨针，我校教师必将攻克一个个教学难关，开创培智课堂教学崭新的一幕。

我校课堂教学规范化建设研究历经三个阶段：一是教研组全面诊断课堂教学，教师自主选择课堂教学研究视角，通过"广撒网，多敛鱼，择优而从之"的方式，汇集教师的优秀研究成果，进行推广应用。在该阶段，教师积累了大量的课堂教学研究经验，为后续聚焦课堂教学主题式研究奠定了扎实的基础。二是学习借鉴他人他校教学研究经验，教师进行校本化应用研究，其中，国内外特教专家提出并被多方论证的有效教学方法的校本化教学应用是这个阶段的主要研究方向，如，在自闭症儿童团体康复课中运用关键反应训练法（PRT）和辅助沟通系统（AAC）等，"工欲善其事，必先利其器"，在教学研究中，教师耗费了大量的时间和精力学习、内化这些教育理论、教学方法，并进行了系列化的教学实践探究，以期达到更好的应用效果。通过这一过程的磨炼，教师的专业素养得到了明显提升，形成了探索以专业技能改变课堂教学的思维模式，为下一阶段的研究奠定了理论基础。三是重视运用学校教育发展积淀，挖掘课程教学资源，渗透专业教育教学理念，开展课堂教学专题化、主题式研究。在这个阶段，学校以课题研究为媒介促课堂教学发展，譬如，以自然教育理念为基础，开发"果蔬汇"教学基地，开展基地融合课程教学研究，丰富课堂学习形式，创新知识应用途径，实现培智学生学会学习、应用学习的培养目标。接着，我们逐步细化课堂教学研究，关注课堂教学各要素、各环节的实践研究，如，本书中培智学校学科教学中实践学习空间的创设与应用研究、通过空间创设改变学生的学习心理、拓展学生知识应用练习方式等。教师每突破一个教学难题，专业能力就得以提升，发现新问题、明确新研究方向的能力也会同步发展，教学研究能力螺旋上升，教研相长，课堂教学质量的提高得以实现。

学校课程教学研究的发展离不开专家的指导帮助，华东师范大学刘春玲教授、于素红教授亲临学校指导教师开展教育教学研究；上海市教育委员会教学研究室蔡蓓瑛老师、邱轶老师一次次来校指导教师推进课堂教学研究。多位专家学者对我校教师教学研究倾注了大量心血，更是在本书编写的过程中给予了诸多指导帮助。专家的专业引领，赋能教师成长。在此，致以我们诚挚的谢意！

本书既是对我校课堂教学研究前一阶段成果的总结，又是我们开展下一阶段实践学习空间课例研究的基础，以及分障碍类型、分年龄段和学科融合实践学习空间创设与应用研究的基石。教师将以此为契机，探究学科教学发展的多元实践方向，提高培智学校课堂教学质量，最终，实现教师与学生双向成长。

奚 英

上海市浦东新区致立学校

2023.11.16

图书在版编目（CIP）数据

培智学生实践学习空间的建构与应用：基于培智学校课堂教学的实证研究 / 奚英主编. —上海：文汇出版社，2024.3
ISBN 978-7-5496-4159-8

Ⅰ.①培… Ⅱ.①奚… Ⅲ.①儿童教育—特殊教育—课堂教学—教学研究 Ⅳ.①G764

中国国家版本馆CIP数据核字（2024）第036079号

培智学生实践学习空间的建构与应用
——基于培智学校课堂教学的实证研究

主　　编 / 奚　英
责任编辑 / 张　涛　盛　纯
封面装帧 / 张　晋

出 版 人 / 周伯军
出版发行 / 文汇出版社
　　　　　　上海市威海路755号
　　　　　　（邮政编码200041）

经　　销 / 全国新华书店
排　　版 / 南京展望文化发展有限公司
印刷装订 / 浙江天地海印刷有限公司
版　　次 / 2024年3月第1版
印　　次 / 2024年3月第1次印刷
开　　本 / 720 mm × 1000 mm　1/16
字　　数 / 280千字
印　　张 / 17.75

ISBN 978-7-5496-4159-8
定　　价 / 65.00元